国家自然科学基金一般项目"农村居民食品安全消费行为
形成机理及引导机制研究——以江西省为例"（71463027）

农村居民食品安全消费行为形成机理及引导机制研究

——以江西为例

邹晓娟 ◎ 著

中国农业出版社

北 京

目 录

CONTENTS

第一章 绪论 ………………………………………………………………… 1

一、研究背景和研究意义 ………………………………………………… 1

（一）研究背景 …………………………………………………………… 1

（二）研究意义 …………………………………………………………… 3

二、相关研究文献综述 …………………………………………………… 3

（一）关于食品安全问题及其成因研究 ………………………………… 4

（二）消费者食品安全认知研究 ………………………………………… 5

（三）消费者食品安全消费意愿和特征及影响因素研究 ……………… 8

（四）关于食品安全消费行为特征及其影响因素的研究 …………… 12

（五）消费行为形成及引导的研究 …………………………………… 15

（六）简要评述 ………………………………………………………… 20

三、研究内容 …………………………………………………………… 21

（一）食品安全消费行为的理论分析 ………………………………… 21

（二）农村居民食品安全消费认知及影响因素分析 ………………… 21

（三）农村居民食品安全消费意向及影响因素分析 ………………… 22

（四）农村居民食品安全消费决策及其影响因素研究 ……………… 22

（五）农村居民食品安全消费行为形成机理探讨及影响因素分析 … 23

（六）主要结论与农村居民食品安全消费行为引导机制的构建 …… 23

四、研究方法和技术路线 ……………………………………………… 23

（一）研究方法 ………………………………………………………… 23

（二）技术路线 ………………………………………………………… 27

五、创新之处 …………………………………………………………… 28

第二章　核心概念界定与理论基础 ……………………………… 29

　一、核心概念界定 ………………………………………………… 29

　　（一）食品安全概念 …………………………………………… 29

　　（二）食品安全消费行为相关概念界定 ……………………… 30

　　（三）引导机制概念的界定 …………………………………… 32

　二、理论基础 ……………………………………………………… 32

　　（一）霍华德—谢思消费者行为理论 ………………………… 32

　　（二）公共物品理论 …………………………………………… 33

　　（三）服务型政府理论 ………………………………………… 34

　　（四）计划行为理论 …………………………………………… 34

　　（五）理性选择理论 …………………………………………… 35

　　（六）信息不对称理论 ………………………………………… 36

　　（七）引导型政府职能模式 …………………………………… 37

第三章　样本特征统计描述 ……………………………………… 38

　一、个体特征 ……………………………………………………… 38

　二、家庭特征 ……………………………………………………… 39

第四章　农村居民食品安全消费行为特征统计分析 …………… 41

　一、农村居民食品安全消费认知分析 …………………………… 41

　　（一）农村居民对农村市场食品安全情况认知分析 ………… 41

　　（二）农村居民对质量安全认证食品的知晓情况 …………… 42

　　（三）农村居民对食品安全法律法规的认知情况 …………… 43

　　（四）农村居民对食品安全事件知晓情况及责任归因分析 … 44

　二、农村居民食品安全消费态度分析 …………………………… 45

　　（一）农村居民对食品安全问题态度分析 …………………… 45

　　（二）农村居民食品安全消费益处的认同情况分析 ………… 46

　　（三）农村居民食品安全服务工作满意状况分析 …………… 47

　三、农村居民的食品安全消费意向分析 ………………………… 48

　四、江西农村居民食品安全消费行为分析 ……………………… 49

　　（一）农村居民购买食品时食品信息阅读行为 ……………… 49

　　（二）农村居民食品安全信息获取途径分析 ………………… 50

（三）江西农村居民安全认证食品购买情况分析 ················· 50

（四）江西农村居民的食品购买地点选择 ····················· 51

（五）农村居民遇食品安全问题时的维权行为 ··············· 52

（六）主要结论和建议 ····································· 53

第五章　农村居民食品安全认知影响因素分析 ············· 55

一、农村居民食品安全认知模型构建 ························· 55

二、研究假说 ··· 55

三、变量的选取与说明 ····································· 58

（一）因变量选取与说明 ································· 58

（二）自变量选取与说明 ································· 59

四、模型估计结果与分析说明 ······························· 62

（一）模型估计结果 ····································· 62

（二）模型估计结果分析和解释 ··························· 63

五、研究结论 ··· 67

六、提升江西农村居民食品安全认知的对策建议 ··············· 68

（一）创新农村食品安全知识宣传教育方式、方法，提高针对性 ··· 68

（二）提高农村居民对食品安全信息供给主体的信任度 ········· 69

（三）提高农村居民对食品安全问题的控制感 ··············· 70

（四）提升农村居民对政府处理食品安全事件的满意度 ········· 70

（五）农村食品安全监管要标准化和参与化 ················· 71

第六章　农村居民食品安全消费意向实证分析 ············· 73

一、模型构建与基本假设 ··································· 73

（一）模型构建 ··· 73

（二）基本假设 ··· 74

二、分析模型选择 ··· 77

三、变量的选取与说明 ····································· 78

（一）因变量的选取与说明 ······························· 78

（二）自变量的选取与说明 ······························· 78

四、模型估计 ··· 81

（一）模型估计结果 ····································· 81

（二）结果解释 ··· 81

五、研究结论 ……………………………………………………… 86

六、提升农村居民食品安全消费意愿的对策建议 ……………… 87

  （一）激发农村居民的食品安全消费动机 …………………… 87

  （二）提升食品安全消费信息源的公信力 …………………… 87

  （三）提高农村食品安全服务质量 …………………………… 88

  （四）提升农村居民对食品生产经营者及其产品的信任度 …… 89

第七章　农村居民食品安全消费决策及其引导研究 ………… 90

一、理论模型与分析框架 ………………………………………… 90

二、变量选取与说明 ……………………………………………… 91

三、农村居民食品安全消费决策相关变量描述性统计分析 …… 94

  （一）初始变量的描述性统计 ………………………………… 95

  （二）中间变量的描述性统计 ………………………………… 95

四、农村居民食品安全消费决策实证分析 ……………………… 96

  （一）中间变量对农村居民食品安全消费决策的多元回归分析 … 96

  （二）初始变量对农村居民食品安全消费决策的多元回归分析 … 97

  （三）初始变量对农村居民食品安全消费决策的路径分析 …… 100

五、研究结论与政策建议 ………………………………………… 103

  （一）研究结论 ………………………………………………… 103

  （二）农村居民食品安全消费决策引导对策建议 …………… 103

第八章　农村居民食品安全消费行为实证分析 ……………… 108

一、农村居民食品安全信息搜寻行为实证分析 ………………… 108

  （一）分析框架与研究假设 …………………………………… 108

  （二）模型构建和变量选取 …………………………………… 110

  （三）解释变量因子提取 ……………………………………… 112

  （四）实证分析 ………………………………………………… 113

  （五）主要结论与对策建议 …………………………………… 116

二、农村居民安全食品购买行为实证分析 ……………………… 117

  （一）研究假设与理论模型 …………………………………… 117

  （二）变量选取和说明 ………………………………………… 122

  （三）变量的统计描述 ………………………………………… 124

  （四）问卷质量检验 …………………………………………… 126

（五）因子分析 ··· 127

（六）模型估计方法 ·· 129

（七）主要结论 ·· 134

第九章　重要结论及关键模型构建 ···························· 135

一、本研究的主要结论 ·· 135

二、农村居民食品安全行为机理模型构建 ···························· 135

三、农村居民食品安全消费行为引导机制模型构建 ················ 136

（一）食品安全消费行为引导机制模型 ······················ 136

（二）主要构成要素 ·· 136

（三）相关主体的主要职能 ··· 137

（四）运行模式 ··· 138

（五）农村居民食品安全消费行为引导机制运行的保障对策和建议 ············ 139

参考文献 ·· 141

附录一：农村问卷调查法实施、问题、技巧探析 ············ 159

附录二：座谈法在社会调查中的应用探析 ····················· 168

附录三：农村居民食品安全消费行为调查问卷 ·············· 176

后记 ·· 185

第一章 绪 论

一、研究背景和研究意义

（一）研究背景

党的十八大以来，习近平总书记高度重视人民健康安全，在不同场合多次强调保障食品安全的重要性。"国以民为本，民以食为天，食以安为先，安以质为本，质以诚为根。"食品安全被视为"民生的底线"，关系人民群众身体健康和生命安全，关系经济发展和社会和谐，甚至直接影响到政府和国家的形象。食品安全问题在任何时期都是至关重要的时代课题（文晓巍、杨朝慧，等，2018），食品安全已成为当今衡量人类生活质量和社会管理水平的一个重要风向标。21 世纪初，全国性重大食品安全事件接二连三地发生，引起了党和国家的高度重视。2009 年以来，我国陆续颁布实施了《中华人民共和国食品安全法》，成立了国务院食品安全委员会，印发了《食品安全国家标准"十二五"规划》，作出了《国务院关于加强食品安全工作的决定》，以期能够对我国食品安全问题从法律上进行规制和根治；确保对食品安全的有效监管、责任分工和统一协调；全面清理整合现行食品标准，加快制定、修订食品安全基础标准；推进食品安全工作重心下移、力量配置下移，强化基层食品安全管理责任。党的十八大、中央农村工作会议、2014—2016 年中央 1 号文件，相继提出要改革和完善食品药品安全监管体制机制；确保广大人民群众"舌尖上的安全"；明确地方政府属地责任的重要性，应把食品安全纳入考核评价；提升食品安全水平应重视加强建设县乡食品安全监管能力，严厉惩治食品安全违法犯罪行为，增强群众安全感和满意度；全面提升食品安全水平，推行食品安全责任制，并把保障食品安全作为考核党政领导班子政绩的重要指标。这一方面显示出各级政府在保障人民食品安全中义不容辞的责任，另一方面也表明党和国家对食品安全问题的重视程度进一步提高。进入新时代，人民群众对美好生活的期待，很重要的一个方面是希望食品药品更加安全，党的十九大提出的"实施食品安全战略，让人民吃得放心"，显示了党中央对群众呼声的直接回应和对群众期盼的郑重承诺。

与此同时，新《食品安全法》的实施，加强了打击力度，使得违法成本更高，在减少食品安全违法方面显现出了成效。2014 年，新的食品抽检制度建立，至 2019 年 6 年间，国家食品安全监督抽检样本总量从 17 万批次扩大到 24.4 万批次，抽检总体合格率从 94.7％上升到 97.6％[①]。抽检结果显示，当前我国食品安全状况持续稳中向好，总体水平和提升速度都比较高。但从抽检发现的问题看，农药兽药残留、重金属污染、生物毒素污染问题需要高度关注；微生物污染问题仍较普遍；违规使用添加剂、非法添加仍是顽疾，质量指标不符合标准等问题仍然多发易发。三只松鼠开心果霉菌超标、独流调料造假、"脚臭盐"、九江大米遭镉污染、烤肠仿造肉等食品安全事件不间断发生。小作坊、偏远地区的食品销售部、流动食品商贩、学校周围的小餐馆、杂货店等，是食品监管的薄弱环节，凸显出我国食品安全监管的多盲点、高难度。

占人口比重 50.32％[②]的农村，尤其是食品监管盲区中的盲区，是食品安全监管最薄弱的环节，农村食品安全事故及安全隐患更为突出。首先，农村几乎成了"消废市场"，一些偏远山区甚至成为伪劣食品的倾销地。我国农村地域广阔，点多面广，农村食品安全监管难。再加农村食品安全监管力量薄弱，重视程度不够，导致农村"三无"食品、假冒伪劣食品泛滥、过期食品逍遥倾售。其次，农村居民较低的消费能力和不当的食品消费行为，为不安全食品提供了市场空间，给自身身体健康带来很大的安全隐患。在广大农村地区农村居民长期以来习惯以"食物/品表面没起霉、变色、变味"这一简单标准来判断食品质量好坏，对食品内在质量要求普遍不高，倾向于购买价格相对便宜的食品，从而给不安全食品提供了市场空间。最后，目前，大多数农村居民是以"386199 部队"为主，文化水平偏低、信息相对闭塞、食品安全认知和维权能力较差，从而加大了农村食品安全管理难度。实际上，农村多数食源性疾病甚至食物中毒事件的发生，多是由于人们缺乏食品安全知识和错误的饮食行为方式所致。

国内外研究和实践表明，食品安全的保障不仅是食品供应者和政府部门的职责，食品消费者同样扮演着至关重要的角色，是整个食品安全管理过程的最终目标指向。消费者食品安全意识、态度、消费倾向和消费行为不仅会对政府和食品企业的行为选择产生深刻影响，不仅对食品安全市场的发展趋势产生巨大影响，而且对食品安全生产和供给行为具有导向、监督和动力作用。同时，

---

① http：//www.cfsn.cn/front/web/site.searchshow？pdid=0&id=1194。
② 国家统计局.中华人民共和国 2017 年国民经济和社会发展统计公报［EB/OL］.http：//www.stats.gov.cn/tjsj/zxfb/201802/t20180228_1585631.html。

消费者食品安全消费行为也决定着食品安全管理方式和效率。我国新《中华人民共和国食品安全法》同样强调要增强消费者食品安全意识和自我保护能力。因此，要突破农村食品市场管理的"点多、线长、面广"的瓶颈，创新农村食品安全治理模式和机制，必须基于农村居民视角，了解其食品安全认知、安全消费意向和决策、安全消费行为形成机理及影响因素，引导农村居民养成安全的食品消费行为，提高农村食品安全治理效率和效果。为此，必须回答：①农村居民食品安全消费认知情况如何？对其食品安全消费影响如何？②农村居民食品安全消费意向及影响因素如何？其安全消费决策及影响因素如何？③农村居民食品安全消费行为特征、形成机理是怎样的？哪些因素是影响农村居民食品安全消费行为形成的关键要素？④如何引导农村居民进行食品安全消费？如何构建农村居民食品安全消费行为引导机制？能够准确地回答这些问题显得十分迫切，是创新农村食品安全治理模式的前提。

（二）研究意义

本书以农村居民食品消费行为为着眼点，通过对江西省农村居民进行人员访问式问卷调查、个人深入访谈及集体座谈获取研究所需数据资料，采用定量与定性的研究方法，分析我国农村居民食品安全消费行为形成机理及引导机制。首先，分析目前农村居民食品消费行为特征。其次，分别运用 Logistic 模型和有序 Probit 模型，探讨农村居民食品安全认知、食品安全消费意向、食品安全消费决策行为及其影响因素。再次，基于计划行为理论和消费者行为理论，运用多分类 Logistic 模型和路径分析方法，厘清农村居民食品安全消费行为的影响因素及其次优顺序，剖析并构建农村居民食品安全消费行为形成机理模型。最后，基于行为形成和改变理论、制度经济学和社会心理学相关理论，分析、构建农村居民食品安全消费行为引导机制并优化路径，并在上述研究基础上，提出完善农村食品安全治理制度和机制的政策建议。这不仅可以进一步验证、丰富和完善计划行为、消费行为、食品安全治理等相关理论，而且有助于提升农村居民食品安全消费意识和能力、引导、规范农村居民食品安全消费行为、降低农村食品安全风险、提高农村食品安全问题治理效率和效果，最终促进广大农村居民的身体健康和生命安全。因而本书具有重大的理论意义和重要的现实意义。

二、相关研究文献综述

自 20 世纪 80 年代以来，国内外爆发的一系列食品安全事故，严重损害了消费者的切身利益、降低了消费者对食品质量安全的信任程度，引发了许多国内外学者对食品安全消费问题的思考和研究，相关研究内容主要涉及以下几方面。

（一）关于食品安全问题及其成因研究

1. 关于食品安全问题的认识研究

食品安全是一个不断发展的概念，国内外对食品安全的理解也是一个逐渐发展的过程。国外对食品安全问题的认识经历了一个由侧重食品数量安全到侧重食品质量安全的转变过程。联合国粮农组织（FAO）认为，食品安全是确保食品按照预期用途准备和食用时不会对消费者造成伤害。到了 20 世纪 80 年代，学者对食品安全的研究开始由国家行动转向市场行为，由生产行为与供应总量拓展到消费行为与分配状况，同时逐步加强了对食品品质需求、食品卫生与营养安全以及食品获取与环境保护之间关系等问题的重视。世界卫生组织（WHO）指出，食品安全是指"食物中有毒、有害物质对人体健康影响的公共卫生问题"。国际食品政策研究所（IFPRI）的研究表明，食品安全除了基本的获取安全外，其他如健康、卫生的环境以及对社会弱势群体照顾的能力等因素，也对食品安全具有重要的影响（Von Brann eet，1992）。不同的研究视角对食品安全的认识存在差异，从社会学角度看，食品安全可看作是一种"社会约定"，这种"约定"涵盖了食品生产、流通、销售及消费的全过程（李磊，2005）。从经济学角度看，食品安全问题是现代生产和消费方式的产物（周应恒等，2003）。同时，食品安全是一个综合性的概念体系，包含食品数量安全、质量安全和营养安全三个层次的含义（胡颖廉，2016）。目前，大多数情况下（包括本书）食品安全主要指的是食品的质量安全。食品安全问题既源于企业自身质量伦理意识缺乏，也源于公众质量伦理意识的不足，在食品市场中，企业与消费者之间的信息是不对称的（余吉安、刘会，2016）。

2. 食品安全问题成因的研究

国内外学者关于食品质量安全问题大致归结于信息不对称（David-L. Ortega，2011；周应恒、霍丽玥，2003；张雷，2007）、消费者缺乏食品安全意识和知识（李庆江、陆友龙，等，2019）。Zwart 和 Mollenkopf（2000）认为，导致农产品质量安全问题的因素存在于整个农产品供应链的各个环节，其中一部分的原因是消费者自身在食品质量安全方面知识的缺乏。Willionson 等在英国通过邮寄调查表明，消费者对食品生物中毒类型、食品烹饪方法的重要性、食品交叉污染等方面的知识非常缺乏，即使是与农产品工业相关的专业人员也缺乏应具备的相关知识。消费者缺乏食物处理知识，食物处理方式不当可能是造成当前食源性食品安全事件频繁爆发的原因（Griffith，2003）。法律体系不完善、监管体制不健全及配套机制缺失等问题导致我国食品安全问题频发（宋芳、马军，2015）。除制度因素、表征因素外，影响食品安全的因素还包括过程控制因素，如消费者的收入、安全忧虑度、对绿色食品的了解度、对健康信息的关注度（谢敏等，2002；王志刚，2003；周洁红，2004）。徐晓新（2010）认为，消费者对食品安全程度的了解不够是引发食品安全问题的直接原因。张莉（2010）指出，大多数消费者对于较为专业的营养卫生知识都比较缺乏，尤其是食品标签的相关知识，如食品保质期、保存期、"三无"食品、"QS"标志等的具体含义以及"绿色食品""有机食品""无公害食品"含义的认识。刘敏（2012）的研究表明，导致我国食品安全问题频发的人为因素主要有三个：生产者盲目追求利益最大化、消费者对食品信息不知情、政府管理不到位。因为食品是一种"经验产品"，在未食用之前很难对其品质进行评价，消费者只有购买并食用后才能做出比较准确的评价。当前我国农村，食品生产小而散、食品批发零售环节隐患大以及农村居民食品安全意识和维权意识不强（李庆江、陆友龙，2019），导致假冒伪劣食品泛滥成为农村食品安全的突出问题（董小红等，2018；韩长赋，2018）。

（二）消费者食品安全认知研究

1. 食品安全风险认知及影响的研究

（1）食品安全风险认知的研究。食品安全风险认知是指人们对食品安全客观风险在主观上的知觉、判断和体验（于铁山，2015），它是消费者食品安全消费决策的基础。在食品安全问题中，风险认知既包括食品本身的安全风险，也包括消费者对于食品生产与经营的风险认知，在现实生活中，两者存在一定的偏差（刘金平，2011）。Arrow 和 Pratt 将感知风险分解为风险感知和风险态度，以便理解消费者食品安全风险认知。Michiel（2009）以禽流感事件为议题对荷兰消费者进行了深度访谈和探测性研究，发现消费者的偏好存在诸多差异，对食品安全的认知具有实质区别，表明多重消费者理性客观存在。Rojas（2008）对美国450名消费者面对面的调查发现，一半的消费者担忧所食用的食品安全，且这类消费者更加关注食品中的农药残留和添加剂等化学成分的安全性。我国公众对当前食品安全风险较为担忧，容易出现影响传播行为的负向乐观偏差，即悲观偏差，且食品安全风险认知下的传播行为较为活跃（赖泽栋，2014、2015）。北京大学学生对于食品添加剂有较高的风险认知和负性情绪（陈思、路西等，2014），而甘肃省兰州市消费者食品安全风险认知总体信任度评分较低，但对食品信息来源信任度较高（魏学玲、张兴璐，2018）。王二朋（2012）借鉴消费者风险认知与信任的理论成果，分析了消费者食品安全风险认知规律与信任构建规律。张文胜（2013）则构建了消费者食品安全风险认知及食品安全政策有效性模型。李佳洁、李楠等（2016）从系统性风险的理论出发，构建了认知食品安全系统性风险的 4 个维度，并以转基因食品安全风险为例，从 4 个维度解释了公众对这种系统性风险存在较大争议的原因。任雅楠、李楠等（2017）基于山西省吕梁某农村地区儿童家长对食品安全风险认知情况，将家长分为自我型、外向型和敏感型三种类型。不过，消费者食品安全风险感知、风险态度会随着食品安全信息渐渐淡出公众视野而改变（Kalogeras，1989）。

（2）食品安全风险认识影响研究。国内外相关研究表明食品安全风险认知主要是由社会和心理因素决定，食品自身的危害对风险认知影响较小（Yeung 等，2001；胡卫中等，2008）。通过建立消费者风险认知模型的分析发现，对可观察和可靠的食品安全信息的依赖水平，会显著影响消费者的风险认知能力（Tonsor 等，2009；Angulo，2005）。周应恒（2010）整理出影响风险认知的主要因素有"控制程度"和"忧虑程度"，次要因素有"了解程度"和"危害程度"。消费者最担忧食品添加剂的安全风险，性别、年龄、文化程度、收入水平、食品安全状况担忧度和食品安全事件关注度等因素显著影响消费者的食品添加剂安全风险感知（徐玲玲等，2013）。大连市消费者对认证食品的认知水平处于具备基本认知能力阶段，认知水平有待提高。影响消费者认知水平的因素主要有性别、年龄、食品质量安全问题的经历、对食品质量安全问题的关注程度、信息搜寻频率、为家庭购买食品频率以及选购食品时间等（刘增金，2011）。食品品牌、食品安全信息公布的及时性等企业方面因素及消费者的年龄、性别显著影响消费者食品安全风险认知，电视媒体对消费者食品安全风险认知有正向引导作用（于丽艳、王殿华，2013），而知识和企业风险控制等对于降低北京大学生食品安全风险认知和负性情绪都有显著影响（陈思、路西，2014）。于铁山（2015）的研究结果显示，社会地位分层的 3 个经典指标对于消费者的食品安全风险认知影响各不相同，其中家庭年收入与职业类别对于消费者的食品安全风险认知有显著正效应，而教育的影响并不显著。广西 7 个城市的中老年民众对保健食品有较高的风险认知水平，个体属性（教育）、知识水平、健康意识、信任信心（政府、企业品牌）、信息来源（专业医务工作者、标签说明、亲朋好友）对保健食品风险认知呈负向影响，而个体属性（经济）、信任（专家）、信息来源（媒体广告）呈正向影响（陈淑贤、张赞，2018）。新闻媒体对食品安全事件的信息来源和报道方式将深刻影响公众对食品安全的认知，并进而影响公众的食品安全感（周洁红，2005）。目前，农村食品安全风险较为严重，不同类型的食品风险程度不一，农户个人因素、家庭收入、对风险的可控性影响云南省农户对食品安全风险认知的水平（张云熙、王献霞，2016）。虽然农村居民对食品安全有一定的认知，但对食品标志及具体区别的认知明显缺乏，20～40岁、学历高的男性农村居民对三种安全认证食品的认知程度较高，性别、年龄和学历显著影响农村居民的食品安全认知（耿雪娟、王建英，2010、2011）。

2. 消费者食品安全意识和感知研究

国内外学者对消费者食品安全意识和感知方面的研究多为实证研究。

（1）安全意识和感知内容的研究。Brewer 和 Rojas（2008）通过对伊利诺伊州 405 名受访者的调查，发现消费者对食品安全的总体关注水平较前几年上升了，特别是对微生物超标型食品安全，以及进口食品的检测更为关注。Behrens 等（2010）则对巴西圣保罗的市民对食品安全的态度进行了调查，发现消费者对食品安全问题是比较关注的，但是由于认识不足，对粗加工食品以及方便食品的安全卫生问题不太重视。张晓勇等（2004）基于对天津消费者的调查与分析结果表明，中国的消费者对食物安全非常担忧，特别是对蔬菜和奶制品，对转基因食品和有机食品的认知很有限，而对绿色食品和无公害食品相对比较熟悉。彭海兰（2006）指出，消费者对肉类食品安全状况表示担忧，消费者对兽药残留、饲料添加剂、食品添加剂的不合理使用，以及病畜肉问题关注程度较高，对风险程度较高的微生物污染关注程度较低。在购买肉类食品过程中，颜色、气味等易于直接识别的特征是消费者用于判断肉类食品质量常用的质量信号，对价格、食品标签所提供的质量信息的信任程度不高。江苏城镇居民普遍意识到存在食品安全问题（吴林海，2009），郑谢欣沂（2010）从经济学的视角对苏北农民饮食状况和食品安全意识进行了解析。佛山市城乡居民食品安全意识的调查分析表明，佛山城乡居民的食品安全意识存在统计差异：城市居民购物时以关注食品质量内在信息为主，农村居民购物决策以价格为先，多在集市、小卖部等安全性低的地方购买食品，在遇到食品安全问题时，农村居民维权意识较低（李梅等，2011）。

（2）安全意识、感知特征的研究。公众对食品安全风险的感知存在着主观建构因素和人为放大效应（张金荣等，2013），受教育程度越高的消费者，认知、意愿与行为三者之间越可能不一致（钟甫宁、易小兰，2010）。我国学者主要是从消费者个体特征、食品信息关注度、消费者信心、购买率、消费满意度、消费习惯和意识等几个维度来论述食品安全意识和感知特征。蒋凌琳，李宇阳（2012）实证结果显示：浙江省消费者食品安全关注率、食品标签关注率和知识知晓率分别为 99.3％、95.4％和 67.3％。低年龄、高学历、高收入人群的食品安全认知情况与行为习惯相对较好，而农民、工人等职业人群相对较差。何坪华等（2006）认为，女性消费者对食品信息的知晓程度略高于男性消费者。随着食品安全危机的发展，公众的风险认知、信息需求以及再购买意愿会呈现出阶段性特征（赵源等，2012），并且，公众对当前国内食品安全状况满意度较低，对食品安全的相关信息比较关注。民众的食品安全感知受到媒体披露（马亮，2015）、媒体接触（Liu P and Ma L，2016）、监管资源投入（Ma L and Liu P，2017）等许多因素的影响。此外，民众个体的性别、年龄、学历、民族等人口统计特征、收入和家庭因素也会影响其对食品安全的感知水平（Wang H and Ma L，2018）。在控制了其他因素的情况下，新闻媒体披露的食品安全事件越多，公众感知的食品安全水平就越低，并且公众对新闻媒体的关注度显著增强了新闻媒体披露对食品安全感的负向影响（马亮，2015）。上海消费者对食品安全具有显著的诉求，诉求的强度与食品安全感知和政策信任度有关（王常伟、顾海英，2013）。

农村居民对食品质量安全的关注程度总体较高，对于食品安全法、政府监管的新举措和食品标签标识有基本认知（唐晓纯，2013），但认知程度与支付意愿普遍较低，对市场的食品质量信任度低，期待提高食品质量安全和实现生态安全消费（郑军，2010）。也有研究表明，农村居民食品安全意识不高，社会整体的消费习惯和消费意识还有待改善（张超一，2010；丁晓莉，2013）。在食品安全事件冲击下，消费者食品安全风险感知影响其风险应对行为（王二朋、卢凌霄，2015），应提升消费者食品安全风险认知能力和感知应对能力及防范水平（屈影，2015；项高悦等，2016）。

（三）消费者食品安全消费意愿和特征及影响因素研究

1. 关于消费者食品安全消费意愿的研究

食品安全消费意愿是基于当前价格、收入水平等各种情况的考虑，消费者倾向于消费安全食品的程度，涉及心理和预期等因素，包括食品安全购买意愿、支付意愿等。目前，学界对食品安全消费意愿的研究主要是从消费者对可追溯食品、安全食品的购买意愿、溢价支付意愿及其特征三个方面展开的。

（1）食品安全消费意愿及特征的研究。消费者对安全健康的食品（如有机食品、绿色食品）具有较高的购买意愿（Magkos F et al.，2006），但持有食品安全消费态度的农村消费者很大程度上未能转化为食品安全消费意愿（王建华等，2016）。消费者对有机标识具有较高的支付意愿，且对欧盟有机标识的支付意愿远高于对中国有机标识的支付意愿，对绿色标识与无公害标识的支付意愿则低得多（尹世久、徐迎军等，2015）。David L. Ortega 等（2011）基于食品安全风险认知视角，观察消费者对猪肉安全属性的消费偏好，发现中国消费者最愿意支付的是政府证实的食品项目，其次是第三方证实、可追溯系统和详细产品信息标签。当被告知了转基因技术及其潜在风险的相关客观信息之后，北京和河北两地城市大部分消费者愿意购买的比例急剧下降（Peter H et al.，2006）。相对收入水平较低的消费者，收入水平较高的消费者可能更关注食品安全，且有更强的购买意愿，也往往更倾向于购买安全食品（钟甫宁，2010）。Glynn T. Tonsor（2009）基于混合 Logit 模型，通过对牛排食品安全保障的调查分析发现，加拿大、日本、墨西哥和美国的消费者有更愿意支付在食品安全风险低水平上的非线性的偏好。Yin 等（2017）以婴幼儿奶粉为例的选择实验研究发现，中国消费者对奶牛养殖环节可追溯信息的支付意愿最高，其次为奶粉生产环节的可追溯信息，对奶粉销售环节可追溯信息的支付意愿最低。

（2）食品安全支付意愿的研究。消费者对食品安全的支付意愿（WTM）是指消费者对于食品中安全程度的改善所愿意支付的资金，它反映了消费者对食品安全的价值评价。2008 年三聚氰胺事件的发生很大程度上诱发了消费者对中国食品消费的警惕。与此相对应，学术界也开始关注消费者对可追溯或安全食品的高价支付意愿。消费者不愿为质量较高的食品支付过多的费用，年轻人和受过高等教育的男性是无公害食品的最早接受者（张晓勇等，2004），并且 23～35 岁的年轻人愿意为无公害农产品支付较高价格的概率更大（陈志颖，2006）。学历较低的消费者更倾向于不接受任何高价或只愿接受小幅高价，而高学历者更倾向于购买高价的可识别的安全食品（周应恒，2004）。

不少学者以猪肉为调查案例，采用选择实验或实验拍卖等方法进行研究，发现消费者对质量可以得到保证的食品的支付意愿高于对质量未能得到保证的食品（应瑞瑶、侯博等，2016）。对可追溯食品而言，消费者对信息真实性的政府认证属性具有最高的支付意愿（陈秀娟、秦沙沙等，2016）。一项关于食品质量认证标签（有机标签、绿色标签和无公害标签）的支付意愿的研究结果表明，消费者对有机番茄和绿色番茄的支付意愿显著高于对常规番茄的支付意愿，但对无公害番茄的支付意愿仅略高于常规番茄（陈默、韩飞等，2018）。Wang 等（2008）对北京消费者关于 HACCP 认证体系的一项调查发现，仅有不到 20% 的消费者知道 HACCP，而当被告知 HACCP 相关的信息之后，几乎所有的受访者均表示，愿意为有 HACCP 认证的产品支付额外的价格。还有学者通过研究发现消费者对绿色蔬菜的高价支付意愿高于绿色肉类食品（Yu X，Gao Z，Zeng Y.，2014）。

消费者虽然愿意为可追溯农产品支付更高的价格，但其支付程度较低，30.1%的消费者仅愿意为可追溯农产品多支付高出普通农产品价格的 10%（王锋、张小栓，等，2009）。可以接受有机农产品 20% 以下、20%～40%溢价水平的青岛消费者分别占比 51.6%、38.7%（冯洪斌，2013）。消费者的平均支付金额的意愿会因不同样本地区而存在差异。以可追溯猪肉食品为例，山东省地区的消费者对可追溯猪肉的支付溢价为 1.19 元（崔春晓等，2016），其省城镇消费者对超市猪肉质量安全状况有较高的认可度，愿意购买质量有保障、价格高于农贸市场 30% 以下的超市猪肉（冯叶等，2013）。而北京地区的消费者愿意支付每千克 4.5 元的溢价（王志刚等，2013）。与普通牛奶相比，哈尔滨市消费者愿意为安全乳制品（液态奶）多支付 24.27% 费用（戴晓武、于佳，2019）。

相比普通网络餐饮食品，消费者更愿意为 1 份价值 50 元的建立了可追溯信息的网络餐饮食品平均额外支付 2.89 元，但不同类型的消费者支付意愿存在差异（管红波等，2019）。

消费者特别在意健康的消费，愿意支付更多的费用来降低由杀虫剂残留引起癌症的风险（Fu 等，1999）。Marcus Mergenthaler 等（2009）的实证表明，越南消费者对没有农药残留芥菜的平均支付溢价为 60%。虽然 95% 的伊朗消费者愿意为有机食品支付额外价格，但只有 10% 的消费者愿意支付超过 35% 的价格（Haghjou M. et al.，2013）。消费者对低残留青菜食品安全的平均支付意愿达到了 2.68 元/斤[①]，其价格溢出为 335%。其中，南京的消费者对食品安全的支付意愿为 2.42 元/斤，中小城市扬州消费者的支付意愿为 2.77 元/斤（周应恒，2006）。

2. 关于消费者食品安全支付/购买意愿的影响因素研究

目前，我国消费者对转基因食品的购买意愿较低，其中性别、受教育程度、家庭是否有未成年人、转基因食品信息来源、转基因食品认知水平、食品偏好、转基因食品风险感知以及对政府管理食品问题的信任度等是影响我国消费者对转基因食品购买意愿的主要因素（冯良宣，2012）。

（1）在心理特征方面。食品安全市场存在信息不对称问题，食品安全风险感知是影响消费者食品购买的重要变量。消费者食品安全风险意识的差异也显

---

① 斤为非法定计量单位。1 斤＝500 克。——编者注

著影响其支付意愿（Yin S，Chen M，et al.，2017）。具有不同个体特征的消费者对食品质量认证标签的偏好存在异质性，食品安全风险感知显著影响消费者对认证标签的支付意愿，而且环境意识可以提高消费者支付意愿，但在绿色和有机两种认证之间并无显著差别（陈默、韩飞等，2018）。当消费者购买食品时，都会担心自己的消费目的能否达成，而不确定的因素会让消费行为变成一种风险的承担（Cox，1967）。Lobb 等（2007）基于计划行为理论（TPB）的实证结果表明，消费者对不同信息源的信任，通过影响风险感知，进而影响态度，间接影响消费者购买行为，尤其是对媒体以及独立机构等信息源的信任，显著降低了消费者购买不安全食品的可能性。一项对西班牙消费者的研究结果表明，消费者对食品安全状况的担忧度极大地影响了消费者的消费心理与购买选择（Angulo and Gil，2007）。

消费者对可追溯食品认知度越高，其支付意愿越高（朱淀等，2013）。在以消费者对企业机会主义行为的担忧、对食品安全的信任和对食品安全的认知为中介变量的基础上，消费者感知食品安全信息的不对称程度、食品安全的透明度对其购买意愿有显著的正向影响（高艳、石岿然，2015）。另外，消费者行为特征因素对消费者的购买意愿存在显著影响（王建华、高子秋，2020）。林雅娟（2012）证实了主观态度、知觉行为控制、产品知识以及感知利益是影响消费者有机蔬菜购买意向的主要因素。

（2）人口学特征。Buzby 等人（1995）发现，消费者对更安全的西柚的购买意愿与消费者的年龄、收入和态度显著相关。许多学者采用实验经济学方法，以猪肉（Zhang C，Bai J，Wahl T.，2012；Wu L，Wang H，Zhu D.，2015）、茶（Liu X，Xu L，Zhu D，et al.，2015）、羊肉（Tait P，Saunders C，Guenther M，et al.，2016）和西红柿（Muhammad S，Fathelrahman E，Ullah R.，2015）等为例，分析消费者对质量安全认证食品、"绿色食品"，以及生态友好型食品的高价支付意愿，指出消费者的年龄、受教育水平和家庭收入等因素均是影响其高价支付意愿的因素（Wongprawmas R，Pappalardo G，et al.，2016；Lu J，Wu L，et al.，2016）。周应恒（2006）的实证研究表明，安全食品的价格、消费者所居住城市的规模、家中小孩数、消费者对农药残留的风险感知、家庭总人口数、消费者对农药使用的承受指数和消费者的家庭平均月收入水平等变量对消费者的支付意愿有显著影响。家庭人均月收入越高，消费者选择安全农产品的概率越大（杨万江等，2005）。了解渠道、总人口、老人情况等变量显著影响消费者对可追溯网络餐饮食品的支付意愿（管红波等，2019）。也有研究表明，消费者对转基因食品的态度和购买意向与人口统计学特征之间的关联不是很明显（李苹绣，2010）。

（3）问题属性及环境特征。Hammitt 和 Haninger（2007）发现现实中的食品安全问题，与致病性食源性疾病联系更加密切，致病性食源性疾病的持续时间和严重程度，以及消费者类型会显著影响支付意愿。食品的内在属性，包括营养、口感和品质等，是影响消费者高价支付意愿的最重要因素（姜百臣、米运生，等，2017）。

消费者购物渠道的选择与当地的经济发展水平和市场发育程度密切相关（韩青，2008）。相较于昏暗环境，消费者在明亮环境中的食品支付意愿更高，因为明亮环境使消费者产生更高的食品安全感知，进而增加其对食品的支付意愿（冷亦欣等，2020）。基于计划行为理论、常人方法理论和期望模型理论的实证研究显示，主观规范和公共媒体正向影响绿色消费意向（李志兰等，2019）。

最后，在食品安全支付意向的研究方法方面，学者们多选用 Interval Censored（Batte 等，2007）、选择实验法（Janssen and Hamm，2012）、条件价值评估法（崔彬，2013），计量模型主要选用 Logit（刘增金，2014）、BDM 机制拍卖实验（尹世久等，2015），Bootstrap 法（张学睦、王希宁，2019），结构方程和层次回归模型法（李志兰等，2019）等方法。

（四）关于食品安全消费行为特征及其影响因素的研究

消费行为就是消费者寻找、购买、使用和评价用以满足需求的商品和劳务所表现出的一切脑体活动。因此，食品安全消费行为可以表述为寻找、选择、购买、使用、评价安全食品的活动。消费行为是一种复杂的过程，包括购买前、购买中和购买后的心理历程，而购买行为是其最主要表现。另外，对商品信息的搜寻也是消费行为的一种外在表现。目前，学界对安全食品（绿色食品、有机食品、无公害食品和可追溯食品等）购买行为、信息搜寻行为及消费决策开展了诸多研究。

1. 关于食品安全消费行为特征的研究

行为特征指的是由心理的、感知的、感觉和思考活动组成的个人内部心理活动过程和结构（王建华、高子秋，2020）。Resano-Ezcaray 和 H（2010）等通过研究发现，顾客的实际购买行为与其显示性偏好存在不一致性。消费者在购买行为发生之前非常关注食品安全，但在购买行为发生的过程中却忽视食品安全，主观认知和客观行为矛盾的现象突出（郑适等，2017）。个体对食品安全信息最关注的是新鲜度，其次是农药残留度，其后依次关注的是营养成分、价格、产品品牌等（张莉侠、刘刚，2010）。若消费者感知到采取某种行为对环境有益，他们更容易选择这种行为（Mei-Fang chen 2007）。消费者出于对家人的健康考虑，更偏向于购买安全的、更有保障的食品（刘增金等，2016）。越来越多的消费者开始了解食品安全认证，购买具有安全认证标签的食品（王二朋、高志峰，2016）。年轻、未婚的消费者以及女性、高收入和受教育程度高的消费者更倾向于购买添加剂含量低的牛奶（Kariyawasam，2007）。李剑峰（2004）发现，年龄越大的消费者越容易接受安全农产品，即对购买食品的经验积累多一些，购买的概率也相对较大。消费者对绿色蔬菜和有机黑猪肉的关注程度、购买意愿不同，购买时间、购买场所、购买频率以及购买支出占比等购买行为特征也存在一定差异（孙小燕、付文秀，2018）。

来自15个省市家庭肉类食物消费行为的抽样调查表明（巩顺龙，2011），城市居民家庭冷冻、清洁、隔离、烹调四个环节的肉类处理行为中，存在严重的食品安全风险。男性、低收入、低教育水平以及未婚居民是城市家庭食品安全消费行为风险控制的重点人群。王建华等（2016）发现，农村居民的食品安全消费行为存在不同程度的偏差，且偏差加剧了食品安全风险事件发生的概率。并且，农村居民家庭的食品消费有显著的习惯形成效应（贾男，2011）。

2. 关于食品安全消费行为影响因素的相关研究

人口统计特征、个性心理特征、食品属性、环境特征等都会不同程度地影响消费者的消费行为。

（1）个性心理特征。T. Briz 和 R. W. Ward（2009）指出消费者对有机（安全）食品的兴趣部分源于消费者对食品安全问题的关注，并指出环境保护、生活质量、自我满足、动物权利、对小规模本地农业的支持及有机食品营销等其他因素也会影响消费者的消费；有研究表明对有机（安全）食品更高的认知和更高的知识水平会对有机食品的态度和消费产生积极的影响（Gracia and Magistris，2008）；但也有研究表明，关于有机（安全）食品的一般知识并不能有效地影响有机食物购买和消费（Lynchehaun，2002）。目前，国外的研究已经转向了消费者的环保意识、消费者对政府的信任程度等综合性因素对消费者食品选购行为的影响，并据此制定消费者教育计划。我国学者对食品安全消费行为的分析更倾向进行实证研究（周洁红，2004；戎素云，2005；邱重植，2008；任旭林等，2010；王兆锋、俞红梁，2008；王志刚，2003；张晓勇，2004；王书华，2004；周洁红，2004、2005；杨金深，2005；张小霞等，2006；周应恒，2006；王可山，2007；饶田田，2010；等）。消费者购买品牌食品与安全认证食品的机制并不一样，食品安全风险感知是影响消费者品牌食品购买次数的重要因素，而政府公共管理信任是影响消费者购买安全认证食品次数的重要因素（王二朋、高志峰，2016）。大样本调查与实证检验结果表明，食品安全风险认知将促使消费者提升量化消费意识，进而提升食品消费决策精准和决策理性（周萍等，2020）。消费者情绪预期对绿色消费行为产生显著影响。自我的内疚正向影响绿色购买意愿（严欢、王亚杰，2019）。农产品由于具有"经验品"和"信任品"的特性，易造成信息不对称，故消费者的感知价值对农产品的购买意愿和行为具有很大的影响（张国政，2017）。此外，消费者的个人特征、家庭特征、消费者对熟食产品口感的要求、对熟食产品价格的重视程度以及对熟食产品品牌的重视程度等因素均能够对消费者的购买行为产生影响（胡天娇、刘灵芝，2020）。

食品安全风险感知直接促使食品安全信息搜寻（周应恒等，2004），在食品安全风险感知下，信息的搜索与获取是居民最直接的反应，而且食品安全风险感知会增加消费者对定制化信息的需求（张宇东等，2019；程培堁、殷志扬，2012）。此外，居民的食品购买经验显著作用其信息搜寻行为（陈卫平、牛明婵，2009）。个体食品购买经验越丰富，对食品安全信息搜寻行为的可能性就越小（刘瑞新、吴林海，2013）。

Fukukawa（2003）认为购买意愿会直接导致购买行为。但随着研究的深入，有学者发现在安全认证农产品的购买中存在着言行不一的现象（邓新明，2014）。Hassan 等（2016）在研究中指出，绿色食品的购买意愿与购买行为之间的相关系数为 0.26。华东地区消费者在安全认证猪肉消费领域存在购买意愿与购买行为不一致的现象，消费者情境因素（感知行为控制）和环境情境因素在购买意愿向购买行为转化的过程中发挥着重要的调节作用（王建华、高子秋，2020）。江苏省消费者对可追溯属性成品鲜牛乳的消费意愿和实际支付行为呈正相关性，但消费意愿不能完全转化为实际的购买行为，影响二者的因素也各不相同（张译文，2020）。

（2）食品属性。从认知的角度，食品安全可以分为客观性食品安全和主观性食品安全，其中主观性食品安全对消费者行为影响尤为重要（宋莲军，2019）。受访者选择超市及其所售猪肉的关键依据是社会信誉、质量和价格，但超市猪肉购买量的价格弹性较高、质量弹性较低。绿色食品、有机食品和无公害农产品等质量认证食品能对消费者的购买行为产生显著影响，是其做出选择的决定性因素（叶海燕，2014；刘增金，2016）。信息对绿色消费意向与绿色处理行为间的关系有显著正向调节作用（李创、邵莹，2020）。而产品知识会在消费者处理信息的过程中产生影响，因而也会对消费者的消费行为产生影响（Rao A R and Monroe K B，1988）。另外，消费者对绿色农产品的质量和价格较为敏锐，表明质量和价钱满意度动机也是对消费者消费选择有重要影响的关键要素之一（陈鑫、杨德利，2019）。产品特征是影响上海市消费者猪肉质量安全信息搜寻行为的因素之一（WILSON TD，2000）。

（3）人口统计特征和环境特征。学者们运用 Logistic 模型（黄建等，2014）、Tobit 模型和 Heckman 样本选择模型（全世文、曾寅初，2013），进行了消费者食品安全信息搜寻行为影响因素的实证研究。结果发现，食品质量安全信息搜寻的影响因素有主、客观因素，个体的学历、婚姻状况、对食品营养的关注度以及食品安全形势对食品安全信息搜寻行为产生显著影响（张莉侠、刘刚，2010）；居民对食品风险的态度越厌恶、受教育水平越高、个体家庭中有特殊群体需要照顾时，食品安全信息搜寻次数越多（全世文、曾寅初，2013）。

张蕾（2018）在研究中指出，影响消费者购买意愿转化为购买行为的刺激变量是由外部环境因素和消费者因素构成，其中消费者的自我效能感是非常重要的因素。购买方便性、政府对绿色农产品的监管及消费意愿对绿色农产品消费行为影响显著（姚文，2019）。

关于农村居民食品安全购买行为的研究处于起步阶段，相关研究较少。郑军（2005、2010）、王建英（2010）分别基于苏南苏北、山东省的调查数据，对农村居民食品质量安全消费意识和食品购买行为进行了实证分析。相对于城市居民，农村地区居民受经济条件和受教育程度的限制，食品安全消费意识较为淡薄，尤其对安全食品的认知水平和接受程度还处于初步认知状态，对食品安全消费的重视程度及食品安全消费行为选择都会受到影响（马井喜等，2013）。农户户主自我认定的健康状况在一定程度上影响着农村家庭食品消费模式的决策，且不同收入的农村家庭对食品的品质、健康和档次的要求差异明显（张明杨、章棋，2015）。行为态度、主观规范、知觉行为控制均能不同程度地影响农村居民安全农产品消费行为，且消费意愿与消费行为之间存在严重的不一致（王建华，2016）。由此可见，厘清农村居民食品安全消费行为传导的影响因素，是规范农村居民食品安全消费的基石。

（五）消费行为形成及引导的研究

1. 关于消费行为形成的研究

通过文献检索，发现有关食品安全消费行为形成的研究较少，但与之相近的消费行为形成的研究颇多，如山东省西北地区女性减盐行为形成（许忠济，2019）；绿色消费行为（Luchs，2010；Peloza，2013）；运用 SYS-GMM 估计方法实证分析农民消费行为的时期演化轨迹（王小华等，2020）；基于计划行为理论，构建出低碳消费行为形成路径（周男、费明胜，2012）；从两个维度构建食品可持续消费行为的研究框架，讨论不同学科对食品可持续消费行为动力机制的解释及其对应的引导策略（全世文，2020）；通过情景实验法对不同乳制品安全危机情景下的消费者决策行为形成机理进行研究（任建超、李隆伟、王云美，2017）；运用结构方程模型分析农村居民食物安全消费行为的传导路径（陈忠明，2019）。

MOA（Motivation-Opportunity-Ability）模型是解释个体行为的理论（Ölander and Thøgersen，1995），该模型认为个体行为相较于个体意识决策行为更像是一种习惯行为，将能力与机会因素纳入含有动机因子的模型中会提高模型的预测水平。在此基础上，越来越多的学者从宏观的角度展开实证研究（Shen, Ochoa, Shah and Zhang，2011；Wang, Liu, Hansson, Zhang and Wang，2011），薛嘉欣（2019）基于 MOA 模型引入环境因子，提出 E-MOA 模型，进一步完善亲环境行为的发生机制。食品安全消费行为是一种亲环境行为，亲环境行为形成机理模型可以作为其分析框架。食物消费行为与各种环境影响有关，口味和环境动机影响消费者对季节性水果和蔬菜的消费意愿，而消费者准备减少肉类消费主要受到健康和道德动机的影响，女性和偏好天然食物的消费者更愿意采用生态食物消费行为模式（Christina Tobler 等，2011）。传统文化（Chan R Y K D，2001）、个人价值观导向（Groot J I M D，Steg L，2008）、产品属性和参照群体（汪兴东、杨蓉，2016）、消费价值（Biswas A，Roy M，2015）、环境认知和环境态度（Dagher G K，2014）、消费者创新性（Persaud A 等，2017）以及环境情感和环境知识（Wang P 等，2014）等是绿色消费行为形成的常见影响因素，其中达赫尔和伊塔尼（Dagh-er and Itani）（2014）以黎巴嫩各年龄段消费者为样本的研究显示，感知环境问题严重性、感知环境责任、感知环保行为有效性和环保中的自我形象 4 个变量均促进影响绿色消费行为的形成。于伟（2009）基于群体压力和环境认知的视角，分析了消费者绿色消费行为形成机理，结果表明：消费者绿色消费行为的形成受到多种因素的影响，其中群体压力能够增强消费者的环保意识，从而促成绿色消费行为的产生。同时，消费者的环境知识也能够有效地提升对产品和服务感知绿色价值的认知，并间接影响绿色消费行为。因此，加大对全社会绿色意识的培育，丰富消费者环境知识是确保形成绿色消费行为的重要前提。感知价值在公众资源节约型消费行为形成中具有重要的中介作用，资源问题感知、资源节约知识和群体压力都通过感知价值对资源节约型购买行为产生影响，进而影响资源节约型使用行为（程志宇、王朝晖，2012）。

行为动机理论（Behavioral Motivation Theory，BMT）认为，内在需要经外部刺激会产生特定动机，继而引发某些特定行为。媒体说服对城市居民的感知环境问题严重性和绿色消费行为都具有显著的正向影响（杨贤传、张磊，2018）。消费者对有机食物的消费过程是按照认知—态度—行为这样的路径进行的（王楠、何娇，2016）。消费价值观是对预期消费方式或预期消费状态的主观设想，是态度的规范准则，消费价值观与消费行为密切相关（Fol-lows and Jobber，2000；Thogersen and Olander，2002）。产品特异性态度、感官吸引力和健康取向激发消费者食物安全消费行为（Brahim Chekima 等，2017）。先行策略对消费者的态度影响为正，并间接对消费行为产生正向影响，而"情境"变量的调节作用并不显著（申嫦娥等，2016）。

楼晓颖（2012）调查并分析了杭州市消费者食品安全消费者行为影响因素及行为形成机理。研究表明，消费者食品安全意识、知识水平及风险认知等因素直接影响着消费者的行为，且消费者食品安全意识与消费者行为之间相关性最显著。

我国城乡居民消费一直存在较大差距（朱诗娥、杨汝岱，2012），城市居民与农村居民在绿色消费感知及消费方式选择方面存在显著差异性，不加区别地研究会掩盖群体间的特殊性，也会降低研究结果的准确度。农村居民食物消费存在习惯形成效应，农村居民食物消费习惯总体上呈现波动下降的趋势。（翟天昶、胡冰川，2017）。农民绿色消费的不同意识维度对消费行为影响的力度和方向不同，在绿色消费意识—诱致性因素—绿色消费行为模型中，不同变量对消费行为影响的传导路径存在显著差异（张永强，2018）。农村居民的生态消费意识在转化为消费行为的过程中，会受到实施成本、参照规范、情景要素等外在因素的影响，从而导致了二者之间缺口的发生（刘文兴等，2017）。孙娟、李艳军（2018）从情境因素构建了农户农资产品锁定购买行为形成的机理模型，其实证研究表明：品牌感知价值、零售店感知形象直接影响农户锁定购买行为，并通过感知差异化和交易依赖关系而产生间接影响。此外，不同区域农户锁定购买行为模式与形成路径存有差异。

2. 安全消费行为教育和引导的研究

（1）关于安全消费信息偏好研究。Kornelis 等（2007）依据在荷兰进行的一项全国性典型调查，发现 67％的受访者偏好诸如政府、科研机构之类的公共机构，和诸如亲友、邻居之类的社会网络之类的食品安全信息来源，这类消费者又可以进一步分为两小类：一类仍对食品安全信息显示出强烈的关注，并倾向于从各种来源获取信息；另一类则对食品安全信息不太关注，主要是通过食品标签获取一些基本的食品安全信息。而 Loureiro 和 Umberger（2007）的实证分析结果表明，消费者对食品安全检验标识的偏好远高于可追溯性标识、原产地标识以及嫩度标识，只有当原产地与高质量的食品相关时，原产地标识对消费者才是有价值的信息，因而建议政府不必对原产地标识、嫩度标识进行强制性规制，但是对于安全检验标识的规制则应该是强制性的。Todt 等（2009）以转基因食品为议题，通过调研发现西班牙消费者普遍感知自身的消费权益过度受食品产业的影响，消费者强烈诉求根据科技知识和自身偏好进行食品消费决策，并要求政府提供快畅的信息、企业贴示转基因标签等方式保障其知情权。吴林海（2009）认为消费者需要更完整准确的食品质量安全信息，甚至是食品生产全过程的信息，以满足购买安全食品的需求，并且在选择食品时通过关注质量认证标识、价格和品牌，来规避食品安全风险。李建富等人（2011）对开封市城乡居民食品安全知信行为进行对比研究，认为食品卫生和安全问题已得到城乡居民的广泛关注，希望获得食品营养知识、食品安全知识和相关法规，辨别优劣食品知识意识较强。蒋凌琳、李宇阳（2012）认为电视和广播、政府相关部门分别是消费者获取知识的最主要和最信任来源，消费者最需要获取的知识是安全饮食知识。张玉华（2012）探讨了消费行为中的非理性及引导机制，指出在当前的经济生活背景下，应通过政府示范、企业引导以及个人教化三个方面加强对消费行为中非理性因素的引导，以期推动消费文明的形成与发展。陈凯等（2016）构建了引导用语对绿色消费行为意愿调节作用的理论模型。绿色消费引导用语应该使用较为柔和的语言（Meneses and Palacio，2007），当消费者认为某一行为重要且持有实施态度时，其对强势引导用语的遵从度高；而认为该行为不重要时，消费者对不强势引导用语的遵从度更高（Fazio 1986）。而 Bei 等人（1995）在绿色购买行为的研究中指出，商家可以通过强调环境问题的重要性促进绿色购买行为。

（2）关于安全消费行为教育影响的研究。基于个体消费行为引导的低碳经济实现路径，必须培育低碳消费的主流消费文化，制定基于低碳经济实现路径中政府和社会的保障措施（陈红，2013）。Dillawy 等采取实验方法研究了美国消费者对媒体报道鸡胸食品安全事件的反应，发现媒体报道正面或负面的食品安全信息均显著影响消费者的支付意愿，其中，名牌食品受到的影响更大，消费者对负面事件的记忆具有快速性和长期性。Mergenthaler 等（2009）运用意愿支付法，研究了越南消费者对于食品安全的态度，发现收入水平、媒体信息等会通过影响消费者的风险认知水平，进而影响其意愿支付水平。开展食物质量安全消费提示，强化食物安全消费引导，推动食物安全信任机制的建立能够有效改进食物安全消费行为（肖志勇，2013）。

　　（3）关于食品安全消费行为教育和引导的对策建议研究。Cope 等（2010）基于欧洲频发的食品安全事件引致消费者信心受挫的现实，提议食品风险治理机制应以透明和负责任的方式加强与利益相关者的沟通，并通过实证研究发现食品安全风险沟通机制的成效受到消费者的风险认知和食品安全信息需求的影响，主要包括消费者的个体偏好、信息需求差异、所处社会历史文化环境，以及信息的可鉴定性、预防性、一致性等因素。因此，今后采用国家或地区范围战略开展食品安全风险沟通比当前采用的泛欧洲战略更有效。Behrens 等（2010）建议在发展中国家重视信息传递机制的建立，以提高消费者对于食品安全问题的认知。了解和掌握消费者的行为心理特征，进而因势利导地启发、引导消费行为是社会、个人得以和谐健康发展的重要内容（和项豫，2007）。应该对城市消费者的食品安全消费行为进行规范教育，以降低城市家庭食物处理中的安全风险（巩顺龙等，2011）。应有针对性地提高消费者的食品安全认知水平、养成良好的饮食行为习惯和开展相关的食品安全知识宣传教育活动（蒋凌琳、李宇阳，2012）。叶蔚云等人（2010）认为应加强对居民进行食品安全操作宣教，特别应注重低学历、低收入、男性人群。何坪华、段蕴珈等（2010）认为，媒体应加大宣传力度，增加对食品安全报道的时间和强度，增强消费者对"问题产品"的辨识能力（何坪华、段蕴珈等 2010）。同时，还可以利用电视、广播、书刊、报纸等媒体广告，或邮寄宣传单等方式，以真实案例对消费者进行有效的形象宣传，提高消费者的风险认知，有针对性地提高各个消费群体的安全购买意识和能力（童晓丽，2006）。彭海兰（2006）认为政府应加强食品安全信息披露体系建设，为肉类食品生产者的安全生产行为提供激励机制。一方面，加强政府组织对食品质量信息的监管，保证食品认证标准的统一性和真实性，逐步降低认证食品的生产成本和信息传递成本，从而降低认证食品的总体价格水平，增强消费者对安全食品的购买能力（韩青，2008）。另一方面，政府应确保食品安全信息的客观性、真实性及信息渠道的畅通，通过有效的食品安全政策引导消费者理性消费（张文胜，2013）。曹志立和郑玉歆（2015）提出政府应运用多种途径加强法规政策的教育宣传、大力营造可持续消费的良好舆论环境，以引导居民形成正确的消费方式。关于学生消费行为教育和引导的研究表明，通过社会引导、学校引导、家庭引导以及自我克制方法，能使学生逐步树立起积极、健康的消费观念（张宁宁，2017）。加大资源节约型消费知识的传播、创新和完善大学生管理规章制度、塑造资源节约型消费的教师文化和主流校园文化，成为大学生资源节约型消费行为养成教育的重要举措（程志宇等，2014）。

朱金福（2013）认为应加强农村居民食品安全教育和培训，加强对农村的妇女儿童和老年人的食品安全自我保护意识和风险认知教育（唐晓纯，2013），通过开展有针对性的健康促进与健康教育，提高农村家庭防范和甄别肉类、谷类及其制品等食品原料污染、变质的意识和能力，改变贮存时间过长、聚餐食品制作和一餐多次使用等不良饮食习惯，是防治家庭细菌性食物中毒的关键措施，同时要把农村食品安全纳入农村公共卫生的范畴，加大政府的监管力度（唐振柱，2004）。

（六）简要评述

国内外关于食品安全问题及其成因、消费者食品安全认知、食品安全支付意愿和特征、食品安全行为特征、变化及其影响、食品安全消费行为形成及教育等方面进行了较为广泛和深入的研究，研究成果均为本书提供了理论指导，其中一些较为成熟的研究方法能为本书的研究工作提供重要的借鉴作用。同时，通过综述现有文献，我们发现目前的研究存在以下几方面的不足：

（1）从研究对象、性质上看，国外研究更多地针对发达国家消费者食品安全消费行为问题，较少研究发展中国家消费者食品安全消费行为问题；更多关注城市或人口聚集度高的地方的食品安全消费行为问题，很少研究人口较为分散的农村地区的居民食品安全消费行为问题。同样地，我国目前的研究也是更多地关注城市或经济发达地区的食品安全问题。

（2）从研究视角上看，现有研究成果大多是从消费者行为视角研究消费者食品安全的认知、购买和支付意愿等，而从社会心理学、制度经济学等多维度视角，以农村居民为研究对象，基于农村居民差异性研究农村居民食品安全消费行为形成机理及其引导机制的文献尚未发现。

（3）从研究内容上看，现有研究文献大多涉及食品安全认知、消费意愿、购买行为及影响因素等理论和方法，缺乏关于农村居民食品安全消费行为规律探讨，尤其是基于行为学习和改变理论，利用多元逻辑斯回归分析方法及路径分析建构农村居民食品安全消费行为引导机制的成果也未发现。

因此，基于目前研究的不足以及消费者食品安全消费行为对政府和食品生产者的行为选择产生深刻影响的论断，本研究拟在文献研究基础上，建立研究假设；基于多段抽样抽查和个案访谈所获取的定性和定量数据，采用 Logistic 模型分析我国农村居民食品安全认识及影响因素，利用有序 Probit 模型探讨农村居民食品安全消费意向、决策及影响因素；基于计划行为理论和消费行为经济学相关理论、Logistic 回归分析和路径分析，探讨食品安全消费行为规律、形成机理及影响因素；依据行为形成和改变理论，进一步运用系统分析法，构建农村居民食品安全消费行为引导机制并优化引导路径，提出相关对策建议，以规范和激励农村居民食品安全消费行为。研究成果旨在为政府完善农村食品安全治理体制、提升农村食品安全管理效率、保障农村居民食品安全消费提供决策参考。此外，基于本书研究支撑，探讨农村居民行为数据资料的收集方法。

三、研究内容

（一）食品安全消费行为的理论分析

基于社会心理学、消费经济学、组织行为学视角，以消费行为理论、计划行为理论、行为形成与改变理论为基础，通过文献梳理和评述，一方面建构农村食品安全感知、安全消费意向、安全消费行为及影响因素的理论假设和理论框架；另一方面为研究农村居民食品安全消费行为形成机理及其引导机制提供理论依据。

（二）农村居民食品安全消费认知及影响因素分析

（1）研究假设。认知理论认为，人的认知水平受个体特征、社会环境、信息特点、对信息的信任度等因素的影响。因此，本部分假定：农村居民个体特征、个性心理倾向、生活环境、信息特点及对信息的信任程度等几类变量（其中每一类变量又包括若干子变量）对农村居民食品安全认知有一定影响。

（2）模型构建。本部分将用 Logistic 模型进行分析。模型的一般形式为：农村居民食品安全认知＝f（农村居民个体特征、生活环境、信息特点、对信息的信任度等变量），函数式中的每一自变量又包括若干子变量（有待进一步研究确定）。

在上述模型中，因变量是"农村居民食品安全认知"，不满足线性回归关于因变量必须是连续变量这一基本条件，因此，是一个分类变量。根据研究对象，基于江西省抽样调查数据，本部分拟通过建立 Logistic 模型来分析农村居民食品安全认知影响因素及影响程度。模型的基本形式为：

$$Y = \ln(p/1-p) = \beta_0 + \beta_1 X_1 + \beta_2 X_2 + \beta_3 X_3 + \cdots + \beta_i X_i + \varepsilon$$

$$(1-1)$$

式（1-1）中，Y 是因变量，取值 1 表示农村居民对食品安全有一定的认知，取值 0 表示没有认知；p 为农村居民对食品安全的认识概率；β_0 为常数项；X_1、X_2、X_3、$\cdots$、X_i 表示上述研究假说中提出的几类若干个解释变量；

ε 为随机扰动项。

（3）样本选择和数据来源。根据多段随机抽样法，在江西省 11 个地级市 43 个县抽取 1 400 位农村居民进行问卷调查和典型访谈获得数据。

（4）研究方法。以 Logistic 模型为主，辅之以文献分析法、规范分析法。

（5）结果分析与政策含义。

（三）农村居民食品安全消费意向及影响因素分析

本部分根据社会心理学及消费行为相关理论，用假想价值评估法（CVM）评估农村居民食品安全消费意向，并利用逻辑斯回归模型分析农村居民食品安全消费意向影响因素及影响程度。

（1）研究假设：根据文献综述和课题组已掌握的资料，假设农村居民个体特征、家庭特征、消费水平、群体特征、农村区位特征、产品信誉等若干类（其中每一类变量又包括若干子变量）对农村居民食品安全消费意向有一定的正向或负向影响。

（2）模型构建：本部分假定因变量"农村居民食品安全消费意向"是为有序多分类变量，同样不满足线性回归关于因变量必须是连续变量这一基本条件。因此，这一问题需要采用概率模型进行分析。根据研究对象，此模型的基本形式为：

$$Pr(Y=1 \mid x_1, x_2, \cdots, x_k) = \Phi(\alpha + \beta_1 x_1 + \beta_2 x_2 + \cdots + \beta_k x_k)$$

$$(1\text{-}2)$$

式（1-2）中，Y 是因变量，p 为农村居民对某一食品安全需求的概率；β_0 为常数项；X_1，X_2，X_3，$\cdots$，X_i 为上述研究假说中提出的各类变量中的子变量，即解释变量。

（3）样本选择和数据来源：来自江西省 150 个样本村、1 400 个样本村民的问卷调查获得数据。

（4）研究方法：逻辑斯分析，辅之以文献分析法、规范分析法。

（5）结果分析与政策含义。

（四）农村居民食品安全消费决策及其影响因素研究

根据消费经济学、消费者消费（购买）决策理论，消费行为由内隐行为和外显行为构成，其中内隐行为主要有两个方面，即消费者的决策过程及影响决策过程的个人特征内部要素。后者又包括需要、动机、态度、个性、学习，同时，消费决策还受外部环境、对消费效果的预期、参照群体等因素的影响。

研究假设：个人特征、环境特征、对食品消费效果的预期、参照群体的消费方式、价格、文化和亚文化等变量对农村居民食品安全消费决策有不同程度的正向或负向影响。

模型及其建构方法、资料来源及结果分析同上。

(五) 农村居民食品安全消费行为形成机理探讨及影响因素分析

本部分主要选取农村居民在食品安全信息搜寻行为、对安全食品的购买情况、测量农村居民食品安全消费行为，阐明农村居民食品安全消费行为的特征、形成过程、形成机理及各影响因素的影响程度。研究结论可以帮助我们从总体上厘清农村居民食品安全消费行为影响因素的次优顺序。

(1) 假设因素：根据计划行为理论、社会心理学和消费经济学相关知识和文献研究结果，假设个人特征 (X_1)、信任因素 (X_2)、主观规范 (X_3)、知觉行为控制感 (X_4)、行为态度 (X_5)、食品安全认知 (X_6)、安全食品购买力 (X_7) 等变量对农村居民食品安全消费行为有影响。

(2) 模型构建：一般表达式：农村居民食品安全消费行为＝F（人口学特征、信任因素、主观规范、行为控制感、行为态度等因素）＋随机干扰项。

(3) 分析方法：因子分析、最优尺度回归分析、多元线性回归分析。

(4) 结果与解释。

(六) 主要结论与农村居民食品安全消费行为引导机制的构建

归纳前面研究的重要结论，依据行为形成和改变理论，运用系统分析和制度分析法，构建农村居民食品安全消费行为引导机制模型，厘清机制模型中各要素关系和功能，找出关键要素，并提出优化引导路径对策、建议。

四、研究方法和技术路线

(一) 研究方法

本研究采取文献研究方法和调查研究方法相结合，以文献研究方法对食品安全消费行为相关研究进行文献梳理和理论分析，以调查研究方法进行实证分析。

1. 文献研究法

以此方法着重对国内外关于食品安全问题、食品安全消费认知、食品安全消费态度、食品安全消费行为及其教育引导等主题的文献进行梳理、评述，以明确本研究的目的、内容、创新点、重点和难点，找到本研究的理论支撑和研究方法。

2. 调查研究法

(1) 抽样方法：①多段随机抽样方法。本研究问卷调查对象采取多段随机抽样方法抽取调查样本。首先在江西省 11 个地级市，根据各市规模大小，从中分别随机抽取 2~7 个县，共抽取 43 个样本县（区）（管辖县多的市抽取的县相应多）；其次按到县城距离和经济水平 2 个维度，在每个样本县中随机抽取 3~7 个乡（镇），再在每个样本乡（镇）中随机抽取 4~8 个样本村。最后，采取随机抽样和立意抽样相结合的方法在样本村选择 5~15 名农村居民（共 1 400 人）作为问卷访问对象。②判断抽样。本研究的集体座谈对象采取判断抽样方法抽取，以是否为国家、省两级食品安全示范县为维度，抽取江西省井冈山市、抚州市、广昌县、遂川县、分宜县、上高县的食品安全相关管理部门及其 2~4 个典型样本村/食品生产经营单位或个人进行实地调查和重点访谈。

（2）资料收集方法：本研究的资料收集工作是课题组成员带领在读硕士研究生、本科生，对江西省农村居民展开抽样问卷调查和个人深度访谈，系统地掌握了江西农村居民食品安全感知、安全消费意向、安全消费行为特征及其影响因素。同时，在食品安全相关管理部门的配合下，通过集体座谈了解江西农村食品安全管理现状及其管理体制缺陷。

①问卷调查法。本项目问卷调查分试调研问卷和正式调研问卷。首先，依据设计好的结构性调查问卷开展试调研，通过专家咨询、课题组成员总结讨论、问卷量表效度和信度检验，反复修改问卷，最终形成包括样本特征、农村食品安全认知、安全消费态度、行为特征等主要内容的正式调研问卷（表 1-1）。

表 1-1　农村居民食品安全消费行为调查问卷主要内容

项目	调查内容
被访者的个人信息	包括性别、年龄、文化程度、婚姻状况、身体状况、是否从事过食品有关工作等
被访者的家庭情况	包括家庭人口数、家庭月均食物支出、家庭年收入、家庭中是否有风险人物（孕妇、过敏体质者、慢性疾病者、传染病者）等
农村居民食品安全认知情况	包括对食品安全事件发生可能性的看法、对农村市场上不同种类食品的安全性认知情况、对质量安全认证食品认知情况和对食品安全相关法律法规的了解程度等
农村居民对食品安全的态度和看法	包括对问题食品的担忧度、接受度、对社会控制食品安全问题的态度和政府处理食品安全事件的满意度等
食品安全服务及评价	包括农村食品安全宣传教育情况、食品安全监管情况和农村居民对食品安全服务各项工作满意度等

②问卷调查过程及样本分布。本研究的问卷调查对象为江西省农村居民。问卷数据采集过程主要分为三个阶段，分别是预调查阶段、第一阶段正式调查和第二阶段正式调查。预调查阶段选取了南昌县所管辖的几个乡镇进行了实地

走访和问卷调查，这个阶段的调查主要为课题组设计问卷服务，调查结束后对收集的样本数据进行了信度效度检验，对问卷进行了修改和完善，同时也为后期的调研工作打下了良好的基础。第一阶段正式调查从 2015 年 5 月至 2016 年 2 月，第一阶段共收集有效问卷 795 份。第二阶段正式调查时间从 2016 年 3 月至 2016 年 5 月，共收集有效问卷 409 份，综合两个阶段收集到的问卷，调研总共发放问卷 1 400 份，最后纳入研究的有效问卷为 1 204 份，有效回收率为 86%，涵盖了江西省 11 个市下属的 43 个县，同时在数据收集的过程中，针对食品安全示范县还进行了重点访谈，来加深样本数据资料的深度，问卷样本情况详见表 1-2。

③问卷补充调查。为了确保前期问卷调查资料的真实性、准确性，并且为延伸研究需要，利用本科学生教学实习之机，采取实地人员问卷访问、电话问卷调查、网络问卷调查等方式，就农村食品安全治理、农村食品安全风险交流等主题开展了两次问卷补充调查，先后发放问卷 300、400 份，收回有效问卷 252、345 份，有效率分别达到 84%、86.3%。

表 1-2　问卷调查样本分布情况

调查地级市	调查县	有效样本（个）	百分比（%）	调查地级市	调查县	有效样本（个）	百分比（%）
吉安市	安福县	154	12.8	九江市	都昌县	13	1.1
	泰和县	96	8.0		星子县*	13	1.1
	万安县	12	1.0		永修县	71	5.9
	永丰县	12	1.0		武宁县	19	1.6
南昌市	安义县	45	3.7	新余市	分宜县	9	0.7
	南昌县	55	4.6		渝水区	110	9.1
	新建区	19	1.6		仙女湖区	10	0.8
抚州市	金溪县	7	0.6	宜春市	高安区	13	1.1
	临川区	14	1.2		丰城市	11	0.9
	东乡区	23	1.9		奉新县	89	7.4
景德镇市	乐平市	6	0.5		袁州区	20	1.7
	浮梁县	16	1.3	鹰潭市	贵溪市	14	1.2
	昌江区	26	2.2		余江县	6	0.5

（续）

调查地级市	调查县	有效样本（个）	百分比（%）	调查地级市	调查县	有效样本（个）	百分比（%）
萍乡市	芦溪县	13	1.1	赣州市	赣县	19	1.6
	湘东区	20	1.7		龙南县	10	0.8
上饶市	鄱阳县	18	1.5		南康市	7	0.6
	余干县	29	2.4		安远县	23	1.9
	信州区	19	1.6		石城县	12	1.0
	上饶县	7	0.6		信丰县	21	1.7
	广丰区	8	0.7		兴国县	55	4.6
	万年县	35	2.9		于都县	12	1.0
	玉山县	13	1.1		共计	1 204	

*注：星子县已撤销，设庐山市；1 204 份为有效问卷数。

④问卷资料收集的时间安排。农村和城市的环境、居民生活习性及生活方式差异明显。农村以农耕活动为主要生产方式，具有季节忙时、闲时的特点。因此调研人员充分把握农业生产的周期性特点，合理避开农忙时期，挑选农闲时间进行问卷调查，保证农村居民有充足时间填写调查问卷。

⑤问卷资料数据收取方式。首先，鉴于江西农村地域方言差异大、调查对象——农村居民文化水平普遍偏低（被访者初中及以下文化水平占比58.1%；35 岁以上被访者占 69.7%，其中教育年限 9 年及以下的占 71.3%，6 年及以下的占 31.3%）、理解能力不高及问卷篇幅较长、内容结构复杂等特点，本问卷调查采取个别发放、调查员当面询问或指导填答为主、自填为辅的方式进行，以提升问卷调查效率和数据资料的信度。其次，调查人员是在辅助被访者完成问卷并现场确认完整性后再进行回收，由此确保问卷质量和后期数据统计分析工作顺利进行。

⑥集体座谈和个人深度访谈法。为获得更为广泛、深入的资料，本研究采取结构式和非结构式的集体座谈会、个别深度访谈和实地调查等方法，对判断抽样得出的样本部门/个人，对典型样本村干部、当地食品安全管理部门管理者和工作人员进行了集体座谈和个人访谈，以尽可能全面地获取农村居民食品安全消费行为及其管理情况的详细信息资料。集体座谈对象包括以下几类：a. 样本市（县）市场管理局、卫生局、质检局、工商局、农业局等食品安全或与食品安全相关的主管领导及工作人员；b. 农村食品生产经营者代表；c. 村食品安全协管员及村民代表。

3. 分析方法 ·本项目主要采用统计分析（SPSS、AMOS）工具，运用内容分析法、系统分析法、Logistic 模型、有序 Probit 模型、Logistic 最优尺度模型和多元线性模型等定性和定量相结合的方法，具体如表 1-3 所示：

表 1-3 本项目主要研究方法

研究内容	研究方法
消费者食品安全消费行为理论分析	内容分析法
农村居民食品安全认知及影响因素分析	Logistic 模型
农村居民食品安全消费意向及影响因素分析	Logistic 模型
农村居民食品安全消费决策形成机理及影响次优顺序因素分析	多元回归分析、路径分析
农村居民食品安全消费行为形成机理及影响因素分析	多元回归分析
农村居民食品安全消费行为引导机制及路径优化	系统分析法、制度分析法

（二）技术路线

本项目研究工作依以下技术路线图 1-1 进行。

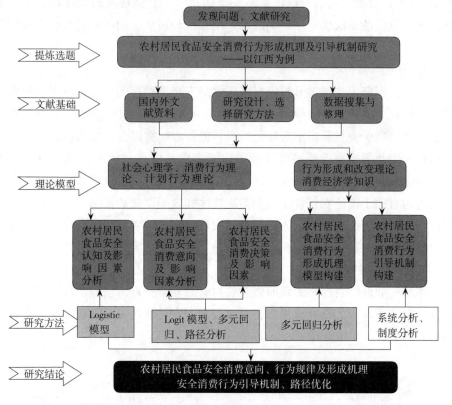

图 1-1 农村居民食品安全消费行为形成机理及引导机制研究技术路线图

五、创新之处

1. 研究视角新颖

食品安全问题是一重大民生问题，引起了国内外广泛的关注。本研究选择我国食品安全监管盲区的特殊消费群体——农村居民作为研究对象，基于农村居民多重理性、类别差异化视角，分析农村居民食品安全认知、安全消费意向和决策特点及其影响因素，以构建消费行为形成机理模型及其安全消费行为引导机制，拟为创新我国农村食品安全治理方法，提高治理效率和效果提供对策建议，可谓选题新颖、视角独特。

2. 研究方法有突破

本研究采用大样本问卷数据和访谈资料作支撑进行实证研究，以消费行为理论、计划行为理论、行为形成和改变理论以及制度经济学、社会心理学相关理论支撑并借鉴他人的相关研究成果和经验，运用文献分析法、有序 Probit 模型、Logit 模型探讨农村居民食品安全认知、安全消费意向和决策、安全消费行为形成机理及次优顺序影响因素，用系统分析法、制度分析法构建农村居民食品安全消费行为引导机制，提出优化路径的对策建议。

3. 研究内容有特色

研究内容突出"通过分析农村居民食品安全消费行为形成机理以构建农村居民食品安全消费行为引导机制"。本研究认为：我国农村地域广、消费者食品安全消费意识差且具多重理性等特点，使得农村食品安全监管不仅成本高而且困难，因此很难直接照搬国外和国内城市食品安全的管理模式、方法和体制，来保障我国农村的食品安全。因此，本研究建立在"农村居民食品的安全消费行为有助于提高农村食品安全治理效率和效果"的假设基础上，用系统分析法和制度分析法，基于行为学习和改变理论，构建农村居民食品安全消费行为引导机制，并进行引导路径优化，这是本研究的内容特色。

4. 研究成果实用性强

本研究的最终目标是为政府创新农村食品安全治理方法和治理体制提供新思维、新方法，因此研究成果必将对政府制定农村食品安全管理决策具有重要的参考价值。

第二章 核心概念界定与理论基础

一、核心概念界定

（一）食品安全概念

科学地把握食品安全的内涵是研究食品安全及相关问题的起点。早期的国内外学者将食品安全等同于食品数量安全。联合国粮农组织（FAO）于1974年在世界粮食大会上提出了食品安全这一概念，并将其定义为"保证任何人在任何时候都能够获取满足生存与健康需求的足够食品"[①]。1983年，萨乌马（FAO前总干事）对食品安全这一概念做了进一步解释，将其定义为"保证任何人可以买到并买得起其需求的基本食品"[②]，这表明食品安全强调的是数量供给安全，侧重于满足人们的基本需求。然而，随着社会生产力的提高，世界粮食产量不断增加，人们的食品需求基本上能够得到满足，对食品安全的认识也开始发生了变化，即由先前侧重食品数量安全到侧重食品质量安全。1996年，世界卫生组织（WHO）在《加强国家级食品安全性计划指南》中将食品安全定义为"食品的制作要按原有用途，消费者食用时不会使其健康受到损害的一种担保"（王其苑等，2007）。

此外，国内学者基于不同学科背景和研究目的，对食品安全的认识并不相同。刘冬兰（2006）、李苹绣（2010）、姜启军等（2010）、边昊（2012）等认为食品安全是科学技术概念、政治概念、经济概念、法学概念、社会概念。从狭义方面，食品安全是国家提供给大众可以食用的食品是否可以满足社会运转和消费者正常生活需要程度的衡量，广义的范畴更加的广泛，包含了生产、储存、加工等方面的衡量（刘宏伟，2008）。李晓安、钱星（2005）对食品安全和食品卫生做了区分，强调食品安全二次污染和原材料安全隐患是不同的。李名梁（2013）基于前两者的研究基础指出，食品安全一方面包含原材料、添加剂的安全，同时也包括食品生产过程中相关用具的使用安全。除此之外，边昊

[①] FAO. Report of the World Food Conference [R]. Rome，1974。

[②] FAO. World Food Security：a Reappraisal of the Concepts and Approaches [R]. Director-General's Report，Rome，1983。

（2012）等学者从科学技术、经济等方面对食品安全做了解释，丰富了食品安全概念的多元化。

综上可知，食品安全不仅是一个不断发展的概念，同时也是一个涉及科学、政治、经济、法学、社会学等的综合概念。国内外学者对食品安全内涵的界定并不统一，而了解和把握食品安全的内涵，是研究的前提和起点，因此，本研究将采用《中华人民共和国食品安全法》（2015 年颁布）关于食品安全的定义，即食品安全是指食品无毒、无害，符合应当有的营养要求，对人体健康不造成任何急性、亚急性或者慢性危害。

（二）食品安全消费行为相关概念界定

1. 食品安全消费意向的概念

消费意向是消费行为最有效的预测工具。国内外许多学者都对消费意向进行了大量研究，至今仍未形成统一认识，但是大多数学者都是从心理学角度解释消费意向。Dodds（2000）认为消费意向是指消费者愿意购买或消费某种产品或服务的可能性，是其心理活动的主观感受。Roger D. Blackwell（2006）对购买意向、购物意向、支出意向以及消费意向做出了界定，他指出，购买意向，即消费者认为应该买什么；购物意向，表示消费者计划在哪里购买产品；支出意向是指消费者认为应该花多少钱；而消费意向是指消费者进行特定消费活动（表 2-1）。冯建英等（2006）、郝静等（2009）认为消费意向即消费者愿意采取固定消费行为的概率大小。马小辉（2012）将消费者的安全食品消费意向界定为消费者在了解了各方面关于食品安全信息后，出于规避食品安全风险目的，对安全的食品表现出来的消费意愿倾向。

综上所述，本研究将食品安全消费意向界定为：消费者依据自身需要并在了解了各方面食品安全信息后，表现出来的对安全食品的购买打算（或倾向）、支付意愿。

表 2-1 不同类型的消费者意向测量

购买意向	在未来的一年里你将会购买奔驰汽车吗？
购物意向	在未来的一个月里你会去沃尔玛购物吗？
支出意向	今年你在圣诞节礼物的支出是否不低于 1 000 美元？
消费意向	你会看下一届超级杯吗？

2. 食品安全消费决策概念

消费行为包含一系列过程，如消费认知、消费决策、消费反馈等，其中消费决策是连接消费认知和反馈的桥梁，居于消费行为的核心地位，因此有必要对消费决策展开相应研究。

消费决策理论成形于 19 世纪中期—20 世纪 30 年代，在 20 世纪 30 年代—70 年代末得到进一步发展并开始慢慢成形。凯恩斯提出的"有效需求理论"重点强调了消费决策问题研究的重要地位。之后到 20 世纪 80 年代，消费决策理论进一步成熟，进入了快速发展阶段。随着学者们对消费决策理论的深入研究，不同学者由于学科背景的差异，对消费决策的定义也是有所不同的。

消费者购买决策本质上分两个阶段，第一个阶段是形成考虑集，第二个阶段是对考虑集中的品牌进行评估并形成最终选择，即消费决策过程分为筛选和选择两个阶段（Gensch，1987）。筛选阶段主要是运用非补偿性筛选规则降低选项数量以形成选择集，选择阶段的任务是依据需要投入更多精力的补偿性准则，从选择集中挑选出最好的选项，并将其用于最终决策结果。消费决策是一个多阶段过程，但食品消费领域的研究依然倾向于把消费决策看作是一个整体。

本研究把食品安全消费决策界定为消费者在食品消费选择前对食品品牌、安全性、功能、口碑、风险等属性做出较为谨慎的评价，并在此基础上做出较为理性的选择，想用最少的付出来获得到能够满足消费者对食品产品或服务的安全需要的过程，消费者食品安全消费决策是其消费机理的行为阶段。

3. 食品安全消费行为概念

亚当·斯密（Adam Smith）早在 1776 年指出"消费是所有生产的唯一终点和最终目的"。消费者行为学则明确了消费的含义，即消费是指消费者在何时、何地、采用何种方法，以及在何种情况下购买、使用乃至处理产品的一系列活动。我国《消费经济词典》对消费的解释则是人们通过对各种劳动产品的使用和消耗，满足自己需要的行为和过程。

消费作为人类复杂活动的行为，是行为主体为达到一定目标或是满足某类需求而表现出的活动。对于国内外经济学界一直以来的研究重点——消费行为，则涉及个体或群体对商品或服务的选择、购买、使用、处理和评价等一系列活动。因此消费行为的主体是消费者，消费行为是持续性的过程，消费行为可能会与不同参与者联系。

国内外学者尚未对食品安全消费行为作出统一界定。本研究综合食品安全、消费行为的界定及消费行为的主要特征，认为食品安全消费行为是指消费者为满足自己或家人健康、营养、安全的需要所进行的食品选择、购买、使用、处理和评价等活动。概括来说它不仅包括消费者收集有关食品的信息、进行购买决策、实际的购买行为，还应该包括对食品的食用和购买后评价等一系列行为。由此可见，食品安全消费行为是消费者心理活动、实际行为与客观环境相互作用的持续性、系统性的过程，这一过程会受到诸如消费者心理特征、经济环境、文化背景、社会环境等因素的影响，其影响因素的多样性和复杂性，决定了消费者行为的多样性和复杂性。

本研究基于食品安全消费行为概念，将农村居民食品安全消费行为界定为，在适应食品安全消费行为一般性特征的基础上，反映自身或群体特性及所处的环境背景影响下、农村居民所采取的食品安全选择、购买、使用、处理和评价等的一系列行为。

(三)引导机制概念的界定

机制这一概念最早是运用于物理学、工程学中，用于解释机器的构造方式及其相互作用的原理。之后在生物医学界得到发展，用来解释有机整体构成要素间的关系和运转规律。现今，机制已在社会及自然领域都得到普遍广泛的应用，泛指事物的内在结构及其相互作用的原理和过程。

引导机制的概念源于机制一词，各个学者对其含义的界定有所不同。于孟晨等（2007）认为引导机制是行为主体对特定对象进行的有计划、有目的、有组织的影响，以期达到预期效果的活动过程。唐云涛（2010）认为引导机制是为完成一定目标而建立的运作控制系统，能够发挥指引、激励和教育等功能，也是促使研究对象良性发展的系统过程（曹萌，2012）。因引导机制建立者以及作用对象所处的背景环境差异，引导机制的含义、组成要素和运行模式不尽相同（王莺，2014）。就本研究的农村居民食品安全消费行为引导机制而言，应是食品安全相关主体对农村居民的食品安全消费行为所进行的系统、连续和有效的影响作用，以推动农村居民采取合理、理性的食品安全消费行为的活动过程及相互作用关系。

二、理论基础

(一)霍华德—谢思消费者行为理论

对农村居民食品安全消费行为的研究，要建立在消费行为理论基础上，构建符合农村居民食品安全消费行为模型，并利用问卷调查数据和访谈资料，验证模型得出科学结论。

霍华德—谢思消费者行为理论是由美国学者霍华德和谢思共同提出，认为消费者行为产生与变化主要是投入（刺激）、内在、外在和产出四种因素综合作用的结果。投入因素是引起消费者产生购买行为的刺激因素。内在因素介于投入与产出因素之间。外在因素主要由相关群体、社会阶层、文化、亚文化等组成。由于投入因素的刺激，加上内外因素的共同影响，导致结果有产出或反应因素。同时，产出或反应因素能够用不同形式和内容展现出来，例如注意力、了解、态度、意愿以及行为等（图 2-1）。本研究采用该理论研究农村居民食品安全消费意愿部分。

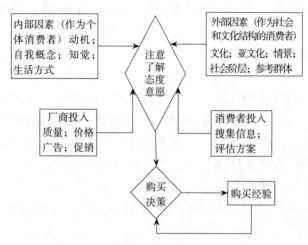

图 2-1　霍华德—谢思消费者行为理论

（二）公共物品理论

公共物品（产品）理论是研究公共事务的一种现代经济理论，最早由萨缪尔逊在《公共支出的纯理论》一书中提出。他认为，公共物品是指个人消费某种产品或劳务而不会导致其他人对该产品或劳务消费的减少。马斯格雷夫等人对此进一步研究与完善，逐步形成了公共物品的两大特性——消费的非竞争性（Non-Rivalry）和非排他性（Non-Excludability）。依据西方经济理论，因市场失灵，市场机制难以在所有领域达到"帕累托最优"，尤其是在公共物品方面。公共物品属性产生的"搭便车"问题，使市场机制难以给予生产公共物品充足的资源，从而难以实现全体社会成员的公共利益最大化。同时外部效应的存在使私人不能有效提供公共物品，因此政府提供公共产品或服务成为必要，政府规制是提高资源配置效率的方法之一。食品安全问题发生的根本原因是信息不对称。食品交易主体间存在的信息不对称必然导致市场失灵，故需要政府规制弥补市场缺位。

食品是人类生存的基本资料，不安全食品不但会对国民的身心健康造成损害，还会扰乱正常的社会公共生活秩序，影响到社会的稳定，因此，食品安全是准公共物品，食品安全问题不仅会导致消费者的经济损失、危害身体健康，而且会降低政府公信力，进而影响社会稳定，因而具有外部性，需要政府干预，使外部效应内部化，以保障农村食品安全，并对农村居民食品安全消费意向、行为进行引导，降低农村居民食品安全消费风险。同时农村食品安全信息以及农村食品市场监管皆属于准公共物品，由此也需要政府来供给。

（三）服务型政府理论

罗伯特·登哈特主张用新公共服务理论来取代先前占据主导地位的新公共管理理论，在其 2000 年出版的《公共组织理论》一书中提出，要用新公共服务理论调整和重塑政府与社会、政府与公民间的关系。2002 年，登哈特夫妇出版《新公共服务：服务，而不是掌舵》一书，全面系统阐释了新公共服务的理论，强调了政府的服务职能、重视人的作用、公共利益、政府责任、公共服务和公民权等内容。在吸收和借鉴登哈特夫妇的新公共服务理论基础上，中国学者结合我国实际情况，提出了"服务型政府"这一概念，强调政府的主要职能是提供公共产品和公共服务（朱光磊，2013）。

（四）计划行为理论

计划行为理论（Theory of Planned Behavior，TPB）的思想渊源可追溯至 Fishbein 的多属性态度理论（Theory of Multiattribute Attitude，TMA），该理论认为预期行为结果和结果评估决定行为态度，行为态度进一步决定行为意向，这是从微观层面分析消费者行为较有代表性的理论。之后 Ajzen 和 Fishbein 在多属性态度理论基础上发展形成了理性行为理论（Theory of Reasoned，TRA）。该理论认为行为可由个体意志完全控制，行为意向直接影响个体采取某种具体行为，其他可能性影响因素都通过行为意向间接影响行为。但该理论忽视了个体相关条件、个人主观意愿以及行为过程中的个体自控力，过于强调主观意志对行为的作用，对行为解释存在较大偏误。因此 1991 年 Ajzen 将知觉行为控制加入理性行为理论，发展形成了计划行为理论，同年 Ajzen 发表的《计划行为理论》标志该理论成熟。

计划行为理论是基于信息加工角度，从期望价值出发研究个体行为的影响因素，预测行为意向，试图对个体行为一般决策过程进行解释。计划行为理论包含三个层次，第一层是行为意向，直接决定决策主体的行为；第二层是行为态度、主观规范和知觉行为控制，这三方面是行为意向的影响因素。其中行为态度是个体内在因素，指对特定行为的总体评价，包含情感与认知两方面。主观规范是个体外在因素，指个体在执行某一特定行为所感知到的来自社会群体或阶层对其造成的压力，反映重要他人或团体对其行为决策的影响。知觉行为控制是时间机会因素，指个体对执行特定行为的难易程度的评估，反映个体对行为执行过程中起促进或阻碍因素的感知。第三层是信念，是行为态度、主观规范和知觉行为控制的认知与情感基础，会受到个人及社会文化环境背景的影响。由此可见：行为、行为意向、行为态度、主观规范和直觉行为控制这几个概念之间在一定程度上存在着较为紧密的关联性，简单来说，行为意向对某一行为是起着决定性作用的，但是不得不承认行为态度、主观规范和直觉行为控制这三个因素又对某一行为意向起着决定性作用。计划行为理论模型框架如图2-2所示。

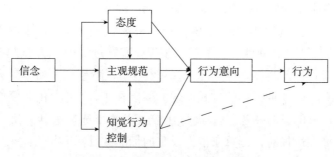

图 2-2　计划行为理论模型框架

计划行为理论发展至今已在多个领域得到广泛运用，如消费者健康行为领域，个体食品选择领域等，并被充分论证能显著提高对行为的预测和解释力，由此成为近年来微观层面的消费者行为分析的代表性理论。Ajzen 指出，计划行为理论是一种开放性模型，根据研究目的积极纳入其他对行为意向产生影响的变量能使研究更为严谨，因此国内外学者基于自身研究对计划行为理论进行积极拓展。

计划行为理论较为全面地阐述行为态度、主观规范、知觉行为控制这三个重要因素对行为的导向功能，因此是农村居民食品安全消费行为形成机理的重要理论基础。

（五）理性选择理论

理性选择理论的最早提出者是詹姆斯 G. 马奇，这一理论假定在决策过程中是相因而生的，且偏好是其基础。具体来讲，相因而生是指个体所采取的某一决策行为取决于他们对当前行动将会导致的结果的期望。各备选方案也是由其预期结果来解释的。而以偏好为该理论的基础的原因在于对结果的评价通常是参照个体的偏好而发生的。当个体在对各个备选方案进行对比时，往往要比较哪个备选方案能够带来的预期结果可以更进一步满足他们的偏好。通常情况下，人们会用备选方案及其带来的结果来阐释自己的某一行为，与之类似，他们在阐释别人的某一行为时，也往往会设想出某组期望结果和偏好，以此来使别人的某种行为更符合理性选择。在某一行为的理性选择这一过程中，选择主要取决于两个因素：一是考虑哪些备选方案；二是对未来猜测。其中对未来猜测又包含两部分，一部分是对未来状况的猜测，另一部分是对决策者感受的猜测，前一个猜测由选择来决定，后一个猜测则主要关乎决策者的感受。绝大部分关于理性决策的标准解释均认为，当决策者做出某一选择时，会思考到各个备选方案将带来的后果，且他们会选择那些带来预期收益最大的备选方案。然而，对决策规则的行为学进行研究的学者却发现，决策者似乎更加青睐于选择那些能带来预期结果"满意化"的方案，而不是那些带来预期结果"最大化"的方案。"最大化"有力说明，个体在选择备选方案过程中，侧重于选择的最佳方案，"满意化"则说明，个体在选择备选方案过程中，所选方案优于某一设定标准或者目标。当然，在实际选择过程中，"满意化"和"最大化"这两者是不可能只会以某种纯粹的方式展现。原因在于，"最大化"要求个体在选择时，要对所有的备选方案一一进行比较，由此来选择最佳方案，而"满意化"要求个体在选择时，侧重于依据设定的标准或目标，并依此来选择那些好的方案。前者要求个体对所选的备选方案的偏好具有前后一致性，也就是把个体的多方面的偏好归为单一标准，当然在现实生活中，这一标准是不必确实存在的。后者则将个体偏好的多方面均设定了标准，并将这些标准作为独立约束条件，在这种情况下，如果个体在选择方案过程中，能够首先找到满足各个标准的好的组合，那么即使随后会出现一些更好的组合，个体也不会放弃之前的选择而去选择随后的更好组合。当然，在"满意化"选择下，也可能会出现没有一个组合可以符合全部标准的情形，当出现这种情形时，个体是没有办法做出决策的。实质上，农村居民食品安全消费决策也是理性选择的一种形式，理性选择理论也可以作为理论依据对他们的食品安全消费决策进行指导。

（六）信息不对称理论

信息不对称（Asymmetry of Information）理论起源于 20 世纪 70 年代，属于信息经济学范畴，发端于美国经济学家 Akerlof 的逆向选择论文《柠檬市场：产品质量的不确定性与市场机制》。

信息不对称是指经济活动中交易双方所掌握的信息不均匀，其中持有更多的交易内容的一方为信息优势方；持有少数信息的则为信息劣势方，这一现象会对各自的市场交易行为和运行效率产生影响。Akerlof（1970）著名的"柠檬市场"（The Lemon Market）理论指出，当卖方对产品质量拥有比买方更多的信息时，买方因处于信息劣势而难以准确了解产品质量情况，通常容易对商品作出低估判断，只愿支付低于商品的平均价格水平，这会导致优质品价格被低估而退出市场，即出现"逆向选择"。而卖方因信息劣势一方难以获取自身行动状况，而可能采取损害对方利益的隐蔽行为，即形成"道德风险"问题。这两方面现状是市场失灵的典型表现，也是信息不对称导致的直接后果，由此会引发消费者的信息搜寻，影响消费者对产品的认知情况和对产品质量的预期以及消费者的风险感知度，最终影响消费者的消费行为决策。

（七）引导型政府职能模式

张康之在其《建立引导型政府职能模式》一文中第一次提出了引导型政府职能模式，它不但能够适用于后发国家工业社会的管理型政府，而且经过完善可直接适用于后工业社会的服务型政府。在这种职能模式下，政府与社会处于相互制约、相互合作的依赖有机体中。引导型政府职能模式有以下三个特点：一是公共性，政府部门提供公共物品与服务是发挥政府职能的重要体现。引导型政府职能模式强调政府职能的公共性。二是科学性，科学性主要通过其前瞻性和主动性的外在特征与不断创新磨合的内置原理所体现。三是前瞻性与主动性，前瞻性注重事前控制的提前预见性，引导型政府职能是在承认和认识市场经济发展规律的基础上，依据市场规律的缺陷和未来发展的需要，运用主动性发挥引导经济和社会的发展的职能。而放任型政府职能与干预型政府职能分别注重回应的事后控制与事中控制。

因此，为了保障农村居民的食品安全，政府可以运用引导型政府职能模式，在尊重市场经济发展的前提下，用战略性眼光主动引导农村居民食品安全消费行为，做到事前控制食品安全，降低农村居民食品安全风险。

第三章　样本特征统计描述

本研究共发放问卷 1 400 份，经过问卷审核和复查，最终获取有效问卷 1 204 份，即有效样本数（被访农村居民）为 1 204 人。有效样本能较好地代表研究总体，其人口学特征（个体特征和家庭特征）是行为的重要变量。下面基于江西农村居民食品安全消费行为问卷数据，运用描述性统计分析方法，重点分析、描述被访农村居民的个体特征和家庭特征主要变量。

一、个体特征

本研究的被访者的个体特征主要包括性别、年龄、文化程度、身体状况、是否从事与食品相关的工作及社会身份等变量，描述统计分析结果如表3-1 所示。①性别方面，被访者中男性农村居民所占比例为 47.4%，女性农村居民所占比例为 52.6%，女性农村居民所占比例比男性高 5.2 个百分点，可以看出被调查者的性别比例比较均匀。②年龄结构，本研究被访者中老年（40～65 岁）占比较大（53%），其次是 19～29 岁的中青年，所占比重为 37.9%，其余为 18 岁以下的未成年人和 66 岁以上的老年人，这与当前农村居民的留守情况一致。③文化程度方面，被访农村居民文化水平整体偏低，小学及以下和初中文化水平被访者高达 58.19%，文化程度为高中或中专的被访农村居民所占比例为 21.1%，而文化程度为大专和本科及以上学历的被访农村居民分别占比 11.3% 和 9.5%。④身体状况方面，被访者的身体状况总体较好，其中 48.5% 的被访农村居民表示身体状况很好，表示身体状况较好占比 33.1%，仅有 2.5% 和 0.2% 的被访农村居民表示身体状况较差和很差。⑤被访者是否从事与食品相关工作方面，绝大多数被访者（82.4%）没有从事过与食品相关的工作，17.6% 的被访农村居民表示从事过与食品相关工作，主要原因在于，当前，我国农村大部分居民的主要赚钱手段还是以进行农业生产和外出务工为主，而外出务工的形式和地点选择主要是建筑行业和工地。⑥社会身份方面，本研究中的调研对象以农村居民为主（90.3%），村干部为仅 9.7%。

表 3-1　被调查样本个体特征描述性统计分析结果

特征	分类指标	人数（人）	有效比（%）	特征	分类指标	人数（人）	有效比（%）
性别	男	571	47.4	文化程度	≤小学	271	22.5
	女	633	52.6		初中	429	35.6
年龄（岁）	≤18	31	2.6		高中/中专	254	21.1
	19～29	247	20.5		大专	136	11.3
	30～39	210	17.4		≥本科	114	9.5
	40～49	335	27.8	婚姻状况	已婚	1 009	83.8
	50～65	304	25.2		未婚	179	14.9
	66 以上	77	6.4		丧偶	12	1.0
身体状况	很好	584	48.5		离异	4	0.3
	较好	398	33.1	从事食品相关工作	是	212	17.6
	一般	189	15.7		否	992	82.4
	较差	30	2.5	是否为村干部	否	1 087	90.3
	很差	3	0.2		是	117	9.7

二、家庭特征

表 3-2 显示被访农村居民的家庭结构，以夫妻户、夫妻小孩户、三代同堂户为主，累计占比为 94.6%；家中有从事食品相关工作的占少数（14.6%），表明农村居民家庭通常都有儿童和老人，这类家庭在食品选择上会更重视食品安全性。同时，近一半的被访者（49.7%）家中有 12 岁以下年龄的儿童。少数被访者家中有特殊成员、过敏体质者及孕妇（分别仅占 9.9%、5.4%）；家庭月均食物支出方面，被访农村居民家庭月均食物支出等级分布较为平衡，家庭月均食物支出范围在 501～1 000 元的被访农村居民居于首位，所占比例为 30.7%，家庭月均食物支出小于等于 500 元和在 1 001～1 500 元之间的被访农村居民所占比例分别是 15.9% 和 27.9%，而家庭月均食物支出在 1 501～2 000 元之间和大于 2 000 元的被访农村居民所占比例差别不大，二者分别占比 13.5% 和 12.0%；家庭年收入方面，被访农村居民家庭年收入以中低水平为主，其中家庭收入在 2 万～4 万元之间的被访农村居民所占比例居于首位（33.7%），家庭年收入在 40 001～60 000 元之间的被访农村居民所占比例排在第二位（26.0%），低收入（家庭年收入小于 2 万元）、中高收入（家庭年收入在 60 001～80 000 元之间）和高收入（家庭年收入大于 8 万元）的家庭占比分别为 15.9%、12.9% 和 11.5%。

表 3-2　样本家庭特征的描述性统计分析结果

特征	分类指标	人数（人）	有效比（%）	特征	分类指标	人数（人）	有效比（%）
家庭结构	独居户	37	3.1	家庭年毛收入（元）	≤2 万	192	15.9
	夫妻户	85	7.1		2~4 万	406	33.7
	夫妻小孩户	495	41.1		40 001~6 万	313	26.0
	三代同堂户	559	46.4		60 001~8 万	155	12.9
	其他	28	2.3		≥8 万	138	11.5
家中有无食品工作者	无	1 028	85.4	家庭月均食物支出（元）	≤500	192	15.9
	有	176	14.6		501~1 000	370	30.7
家中有无过敏体质者	无	1 085	90.1		1 001~1 500	336	27.9
	有	119	9.9		1 501~2 000	162	13.5
家中是否有孕妇	否	1 139	94.6		≥2000	144	12.0
	是	65	5.4	有无 12 岁以下儿童	有	598	49.7
样本总数	1 204 人				无	606	50.3

第四章 农村居民食品安全消费行为特征统计分析

依据前文对食品安全消费行为研究文献的梳理，本研究将基于心理、外在表现两个维度，从认知、态度、意愿和具体行为等方面刻画农村居民食品安全消费行为特征。

一、农村居民食品安全消费认知情况

（一）农村居民对农村市场食品安全情况认知分析

当前农村市场仍然存在较大的食品安全隐患。在 1 204 个被访者中，认为当前仍存在食品安全隐患的占比高达 79.8%（表 4-1），这说明食品安全风险仍是当前江西农村食品市场的主要问题，是影响农村居民安全感和美好生活的重要安全问题之一，降低农村食品安全风险是我国食品安全治理工作的重要任务。

表 4-1 江西农村居民食品安全隐患认知分析

事项	分类指标	人数（人）	有效比例（%）
是否认为农村依然存在食品安全隐患	否	243	20.2
	是	961	79.8

本研究通过对"农村居民消费频率较高的食品种类""不同生产者加工的食品"和"不同销售地点的食品"这三个维度分析被访者对食品安全的具体认知，发现江西农村居民对（自家种植）蔬菜、鲜活肉类及超市或专卖店的食品的安全性认可度较高（表 4-2）。若将"不太安全"和"很不安全"这两比例之和归为"不安全"，将"很安全"和"较安全"这两比例之和归为"安全"，则具体分析结果如下：①被访农村居民对农村市场的奶粉、饮料和卤菜三类食品安全性评价低，认为奶粉类、饮料和卤菜这三类食品"不安全"的被访者分别占比为 35.3%、39.3% 和 53.9%，认为"安全"的比例分别为 30.0%、25.3% 和 17.6%，"不安全"占比高于"安全"占比，可见，农村居民认为奶粉类、饮料类和卤菜类这三类食品是不安全的。但被访者对鲜活肉类和蔬菜的安全性认同较高，比例分别为 33.9% 和 56.9%，"不安全"的比例分别为

28.2％和17.5％，"安全"占比高于"不安全"占比，这可能是鲜活肉类、蔬菜的生产过程是自己较为熟悉的缘故，自己养殖、种植过，因而对其产生了信任和依赖。②被访农村居民对个体作坊生产加工的食品的安全性最为质疑，最信赖自己种植、加工的食品。认为个体（作坊）加工食品"不安全"的占比为73.1％，认为正规品牌食品厂加工的食品"安全"占比56.7％，认为自己种植或加工的食品"安全"的占比为85.4％。③对不同销售地点的食品认知方面，认为超市/食品专卖店销售的食品是"安全"的占比最高（占比55.3％），认为县城农贸市场和乡镇农贸市场销售的食品安全性"一般"的占比最高（分别占比50.2％，44.4％），而认为流动摊贩销售的食品是"不太安全和不安全"的占比最高（占比73.6％）。由此可见，农村居民对不同销售地点的食品安全性判定由高到低依次是超市/食品专卖店销售的食品、县城农贸市场销售的食品、乡镇农贸市场销售的食品、流动摊贩销售的食品。综上可知，农村居民对不同食品的安全性认知存在差异。

表4-2　农村居民对农村市场上食品安全分类认知情况

单位:％

类别	事项	很安全	较安全	一般	不太安全	很不安全
食品种类	奶粉类	4.2	25.8	34.7	31.3	4.0
	饮料	2.9	22.4	35.5	34.1	5.2
	鲜活肉类	5.3	28.6	38.0	25.2	3.0
	卤菜	3.5	14.1	28.6	36.5	17.4
	蔬菜	18.5	38.4	25.7	14.6	2.9
不同生产者加工的食品	个体（作坊）无证加工厂	2.4	7.8	16.7	37.9	35.2
	正规品牌食品加工厂	8.9	47.8	31.7	8.6	3.0
	自己种植或加工	56.7	28.7	9.7	3.9	1.0
不同销售地点的食品	超市/食品专卖店	8.6	46.7	33.7	9.9	1.1
	县城农贸市场	3.3	25.3	50.2	19.5	1.8
	乡镇农贸市场	1.6	14.8	44.4	34.0	5.2
	流动摊贩	1.1	4.8	20.5	40.3	33.3

（二）农村居民对质量安全认证食品的知晓情况

调查显示，被访农村居民对绿色食品、有机食品及无公害食品这三类安全认证食品了解程度较低（表4-3）。①对绿色食品的认知方面，5.4％和24.8％的农村居民对绿色食品表示"相当清楚"和"比较清楚"；表示"一般"占比17.9％；表示"不太清楚"占比40.1％；表示"不清楚"占比8.9％。②对有机食品认知方面，表示"不太清楚和不清楚"共占比达58.2%，高于清楚者近28个百分点。③对无公害食品认知方面，表示"相当清楚"和"比较清楚"的农村居民比重和为21.0%，远低于"不太清楚"和"不清楚"二者比例之和（59.6%）。综合比较得知，被访农村居民对绿色食品认知度相对较高一点，但是他们对这三类认证食品认知度均比较低。

表4-3 农村居民对质量安全认证食品的认知情况

单位:%

质量安全认证食品	认知程度					合计
	相当清楚	比较清楚	一般	不太清楚	不清楚	
绿色食品	5.4	24.8	17.9	40.1	11.8	100
有机食品	3.3	17.6	20.9	38.5	19.7	100
无公害食品	3.1	17.9	19.4	39.6	20.0	100

（三）农村居民对食品安全法律法规的认知情况

本研究主要从《中华人民共和国食品安全法》颁布和执行、食品安全问题投诉、食品包装规定、问题食品赔偿规定几个方面考察农村居民对食品安全法律法规的认知状况。如果将"不清楚"和"不太清楚"这两个比例之和归为"不清楚"，将"很清楚"和"比较清楚"这两个比例之和归为"清楚"，则可以推论出如下结果：①不清楚《中华人民共和国食品安全法》已颁布和执行的农村居民占比65.6%，高于清楚者51.3个百分点；②对食品质量问题的投诉渠道/方法的认知，表示"不清楚"的农村居民占比65.9%，表示"一般"的占比20.5%，表示"清楚"的占比13.6%；③清楚对直接入口的食品包装规定的被访农村居民占比仅为9.1%，而不清楚者占比高达70.9%；④对购买到问题食品赔偿规定的认知，表示"不清楚"的农村居民占比77.2%，表示"清楚"者仅占比6.7%（表4-4）。综上所述，不清楚食品安全法律法规内容的农村居民占比均在六成以上，农村居民对食品安全法律法规的认知水平较低。

表4-4 农村居民对食品安全法律法规的认知情况

单位:%

食品安全法律法规内容	认知程度					合计
	不清楚	不太清楚	一般	比较清楚	很清楚	
《食品安全法》已颁布和执行	25.7	39.9	20.1	11.8	2.5	100
食品质量问题的投诉渠道/方法	23.4	42.5	20.5	11.6	2.0	100
直接入口的食品包装规定	26.2	44.7	20.1	7.8	1.3	100
购买到问题食品的赔偿规定	29.1	48.1	16.2	5.3	1.4	100

(四) 农村居民对食品安全事件知晓情况及责任归因分析

食品安全事件的爆发与责任紧密相连，人们在面临和处理食品安全事件时，总是想方设法判定责任，找到责任承担者。食品安全事件的责任判定固然必不可少，然而在错综复杂的社会大背景下，责任判定的复杂度、难度相对较大。因此，有必要弄清农村居民对不同食品安全事件责任归因状况。本研究问卷中，列举了"地沟油""毒奶粉""瘦肉精""毒豆芽"这四类食品安全事件，并设置"知晓""听说"和"不知晓"这三个选项来考察农村居民对这四类食品安全事件的知晓度。统计分析结果显示，农村居民对这四类食品安全事件的知晓度均在七成以上，知晓度较高（表4-5）。

表4-5 同时显示了农村居民对于这四类知晓度高的食品安全事件的主要责任归因情况。农村居民对于知晓度高（知晓度在76.6%以上）的三类食品安全事件——地沟油、毒奶粉和瘦肉精事件，责任归因首先是"政府监管不严"（占比均在63.0%以上），其次是"生产者无良知"；第三是"食品安全标准/法规不严"或"公众风险意识不强"。而对于知晓度排在最后的毒豆芽事件的责任归因排在前三位的是"生产者无良知""政府监管不严"和"公众风险意识不强"，依次占比40.5%、36.4%、12.2%。总体上看，农村居民对于食品安全事件责任判定更多倾向于政府，其次是企业，最后才是个体。这也从侧面反映出，当前江西农村居民对于食品安全事件原因的看法存在强化政府责任而弱化个体责任的倾向。这意味着，一方面，政府对农村食品安全问题治理义不容辞，有着不可推卸的责任；另一方面，政府在农村食品安全问题治理过程中将要面临巨大的压力，一旦没有处理好食品安全问题，就可能遭到农村居民的谴责，进而面临严重的信任危机。

表4-5 农村居民对食品安全事件责任归因的认知情况

单位:%

食品安全事件	知晓度	责任归因				
		食品安全标准/法规不严	政府监管不严	公众风险意识不强	生产者无良知	其他
地沟油	87.5	12.3	44.0	8.9	32.6	2.1
毒奶粉	86.4	10.8	41.6	9.9	35.1	2.6
瘦肉精	85.2	7.8	41.4	11.9	35.8	3.2
毒豆芽	76.7	6.9	36.4	12.2	40.5	3.9

二、农村居民食品安全消费态度分析

态度是对他人、事物、观点的评价（Ajzen and Fishbein，2005；Crano and Prislin，2006）。农村居民食品安全消费态度在本研究中是指农村居民对食品安全问题、事件、消费及相关工作的认同、评价及满意情况。

（一）农村居民对食品安全问题态度分析

本研究将目前社会上的食品安全问题划分为四类："变质/过期"食品、"药物残留/超标"食品、"添加剂违规"食品和"假冒伪劣"食品。农村居民对食品安全问题态度分别用农村居民对这些问题食品的恐惧程度、担忧程度以及风险接受程度进行测量，以揭示农村居民对食品安全问题的态度。恐惧程度划分为五个等级，依次是"不可怕/担忧/接受""不太可怕/担忧/接受""一般""比较可怕/担忧/接受"和"非常可怕/担忧/接受"。分析结果见表 4-6 所示。

1. 农村居民对食品安全问题的恐惧情况

调查分析结果显示，48.3％的被访农村居民认为变质/过期食品"非常可怕"，感到"比较可怕"的也占到 37.8％。对"药物残留/超标""添加剂违规"和"假冒伪劣"食品表示"非常可怕"的被访者均过半，甚至高达 2/3，分别占 59％、56.6％、62.8％。由此可以看出，当前农村居民对食品安全问题存在"谈食变色"现象。

2. 对食品问题的担忧情况

在理论上，农村居民对食品安全问题的担忧度与恐惧度是一致的。从表 4-6 中可以看出，几乎过半的被访者对变质/过期、农药超标、违规添加及假冒伪劣四类食品安全问题"十分担忧"，分别占 45.7％、54.9％、54％、58.1％，选择"比较担忧"的也在 30％左右，这与农村居民对食品问题的恐惧程度相一致。

表 4-6　农村居民对食品安全问题的态度分析

单位：%

类别	事项	变质过期	药物残留超标	添加剂违规	假冒伪劣
食品安全问题的恐惧度	不可怕	2.3	1.5	1.3	1.7
	不太可怕	5.8	2.7	2.7	3.1
	一般	5.7	4.0	6.7	5.1
	比较可怕	37.8	32.9	32.6	27.2
	非常可怕	48.3	59	56.6	62.8

（续）

类别	事项	变质过期	药物残留超标	添加剂违规	假冒伪劣
食品安全问题的担忧度	不担忧	1.4	0.9	0.9	1.7
	不太担忧	6.1	3.0	3.7	3.5
	一般	11.2	8.4	9.6	9.0
	比较担忧	35.5	32.8	31.9	27.7
	十分担忧	45.7	54.9	54.0	58.1
食品安全问题风险接受度	不能接受	64.0	62.9	62.2	65
	较不能接受	21.7	27.7	27.5	22.3
	一般	9.2	6.1	7.1	8.6
	较能接受	4.2	2.6	2.3	2.9
	完全能接受	0.9	0.8	0.8	1.2

3. 对食品问题的风险接受程度

"食品安全没有零风险"，风险有大小，关键在控制。只要食品经过科学评估、通过制定严格的标准和监管措施，使食品风险危害控制到对消费者健康没有不良影响程度，则此食品安全风险是可接受的。但是，被访农村居民关于"您能接受这些食品安全问题风险吗"这一问题的应答时，大多数人选择不能接受，其比重均在 2/3 以上，分别占比为 64.0%、62.9%、62.2%、65%，说明农村居民对食品安全风险容忍度很低，这也表明，当前农村居民对食品安全风险知识的了解太少，农村食品安全风险交流有待加强。

（二）农村居民食品安全消费益处的认同情况

本研究中，食品安全消费益处分为三个方面，"有益于身体健康""有益于环境保护""有益于降低医疗成本"。表 4-7 显示，被访农村居民对"食品安全消费有益于身体健康"认同程度最高，选择"完全同意"的为 66.3%，"比较同意"为 26.2%，二者合计达 92.5%。其次是对"食品安全消费有利于环境保护"的认同，同意者占比达 83.0%（完全同意和比较同意分别占 52.6%、30.4%点）；对"食品安全消费有益于降低医疗成本"的认同者占比也达 82.5%。这表明，当前大多数农村居民对食品安全消费益处有较高的认同度。

表 4-7 农村居民食品安全消费益处认同度

单位：%

类别	事项	完全同意	比较同意	说不准	不太同意	不同意
食品安全消费益处认同度	有利于身体健康	66.3	26.2	4.5	1.9	1.1
	有利于环境保护	52.6	30.4	13.0	3.2	0.8
	有利于降低医疗成本	49.2	33.3	13.9	3.2	0.4

（三）农村居民食品安全服务工作满意状况分析

农村食品安全服务工作具有公共属性，是食品安全治理的重要工作，是提高农村居民食品安全知晓度、监管参与率及农村地区食品安全水平的重要途径，决定食品安全治理成效，受到党中央和社会各界的高度重视。农村居民对政府食品安全服务工作评价不仅会促进食品安全监管工作的改善及其效率的提高，还会影响其消费抉择行为。农村居民对安全食品的购买，很大程度上依赖于政府食品安全服务工作的效果与力度。农村食品安全服务工作主要包括食品安全消费知识的宣传工作、监管工作、投诉处理工作、信息通报工作以及食品安全风险的防范工作等。调查问卷中，农村居民对政府这五项工作的满意程度用"非常满意""比较满意""一般""不太满意""很不满意"五个等级进行测量。分析结果显示，被访农村居民对食品安全服务工作的满意情况不容乐观，具体表现在以下五方面（表4-8）。

1. 农村食品安全消费知识的宣传工作尚不到位

被访农村居民对食品安全消费知识的宣传表示"非常满意"和"比较满意"的分别占比5.3%、16.9%，表示"不太满意""很不满意"的比例分别达36.5%、9.9%。这说明政府对食品安全消费知识的宣传教育没有满足农村居民的需求，远没达到其期望水平。可能原因在于，目前对于大多数农村居民来说，政府是其重要的食品安全消费知识供给者和信任源，农村居民一方面对政府期望高，又一方面又因为农村地广、分散，食品安全消费知识宣传通达率较低，导致农村居民对政府的食品安全消费知识宣传工作心理落差较大，从而产生不满情绪。

2. 目前多数农村尤其是偏远农村依然处于食品安全监管盲区

食品安全的监管是保证食品安全的重要途径，也是公众吃得安心的保障。但从表4-8的分析结果可以看出，江西农村居民对政府食品安全监管工作大多持不满意态度，表示"不太满意"和"很不满意"的被访者共达48%（分别为35.5%、12.5%），高于满意者28.7%。通过对农村居民的深度访谈了解到，目前食品监管部门对乡村餐馆、农村小卖部等商家的监督、检查仍然没有达到常态化，农村依然存在无证经营食品的现象。

表4-8 对政府食品安全服务工作的满意程度

单位：%

问题	非常满意	比较满意	一般	不太满意	很不满意
食品安全消费知识的宣传工作	5.3	16.9	31.4	36.5	9.9

（续）

问题	非常满意	比较满意	一般	不太满意	很不满意
食品安全的监管工作	3.9	15.4	32.6	35.5	12.5
食品安全问题投诉的处理工作	3.4	12.0	34.4	36.1	14.0
食品安全问题信息的通报工作	3.7	14.2	34.3	35.0	12.8
食品安全风险的防范工作	4.0	12.7	35.4	33.8	14.1

3. 农村食品安全问题投诉处理不尽人意

及时、公正地处理食品安全问题的投诉能提升农村居民的尊重感、幸福感和信任度，能促进农村居民参与农村食品安全治理的自觉性和积极性，同时也能逆向推动食品生产、经营者提供安全食品。但调查结果显示，被访农村居民对该项工作表示"非常满意"的仅占比 3.4%，选择"不太满意"的最多，占比 36.1%，"很不满意"的占 14%，是"非常满意"的 4 倍多。从调查中了解到，多数农村居民在购买到假冒伪劣食品时，会自认倒霉，从而使不法商家继续售卖违法食品，进而损害更多消费者的合法权益。

4. 农村居民对当前食品安全问题信息通报工作多有不满

政府部门对食品安全问题信息的通报是农村居民获得食品安全知识的重要途径。通常情况下，政府利用电视网络等发布最新官方消息，让消费者能够及时了解，维护消费者的知情权，使消费者在消费过程中能够重新选择替代产品，降低消费风险。但对 1204 名农村居民的调查数据分析发现，对于食品安全问题信息的通报工作，不满意者（"不太满意"与"不满意"之和）占比 47.8%，高于满意者（非常满意、比较满意）近 30 个百分点。

5. 农村食品安全风险防范工作亟待加强

食品安全风险防范是政府事前预防食品安全问题的关键环节。但数据显示，被访农村居民对此项工作感到"非常满意""比较满意"的分别仅占4.0%、12.7%，不满意者高达 47.9%（"不太满意"33.8%与"很不满意"14.1%之和）。这说明政府部门对当前农村居民食品安全事前监管不足。

三、农村居民的食品安全消费意向分析

消费意愿是消费行为的重要预测指标。食品安全消费意愿是指在当前物价、利率以及收入水平等各种情况的考虑下，消费者倾向于消费安全食品的程度。农村居民购买安全认证标志食品是食品安全消费的重要体现。基于文献梳理和研究目的，本研究用"是否愿意购买安全食品""是否愿意为安全食品支

付额外费用"以及"您最多可接受安全食品溢价水平"三个变量来测量农村居民食品安全消费意愿。

表 4-9 数据表明，多数被访农村居民具有食品安全消费意向，愿意购买安全食品的被访者达 80.3%（967 人）。其中，956 人（占比 79.4%）被访者愿意为安全食品支付额外费用。这可能与随着经济生活水平的提高，农村居民对安全食品诉求日渐强化有关（付相波，2012）。将这种潜在的消费意向转化为直接的购买行为，有利于降低农村居民食品安全风险。

但进一步询问被访者接受安全食品溢价水平意向时，高达 75.9% 的人只愿意接受 0%~20% 的溢价水平，21%~40% 溢价水平接受者占 15.7%，而愿意支付 41%~60% 及以上溢价水平的接受者仅占 8.4%。由此可以看出，被访农村居民食品安全消费意愿和额外支付意向高，但安全食品溢价支付水平偏低，这与学者王慧敏等（2012）对北京市消费者、余建斌（2012）对广州市消费者的安全食品愿意承担的溢价水平调查结果类似。这与前文综述的观点基本相同。

表 4-9　农村居民食品安全消费意愿分析结果

变量	取值	人数（个）	比重（%）	变量	取值	人数（个）	比重（%）
安全食品	是	967	80.3	安全食品额	是	956	79.4
消费意愿	否	237	19.7	外支付意愿	否	248	20.6

变量	水平	0%~20%	21%~40%	41%~60%	61%~80%	81%~100%	>100%
可接受的安全	人数（人）	726	150	46	16	14	4
食品溢价水平	比重（%）	75.9	15.7	4.8	1.7	1.5	0.4

四、江西农村居民食品安全消费行为分析

由前文所界定的食品安全消费行为概念可知，食品安全消费行为是一个连续性的过程，包含消费者为满足自身或群体的食品安全需要所进行的选择、购买、使用、处理和评价食品安全等活动。为保证研究的可行性和有效性，本研究结合问卷内容，选取江西农村居民选购食品时对食品安全信息关注行为、安全食品购买频率以及食品购买地点选择三个变量测量农村居民食品安全消费行为，并进行描述性统计分析。

（一）农村居民购买食品时食品信息阅读行为

购买食品时关注食品信息是农村居民食品安全消费行为的重要表现。表 4-10 结果显示，2/3 以上被访农村居民（62.9%）在购买食品时会阅读食品包

装说明（选择"完全符合""比较符合"分别占比 20.5％、42.4％）。仅有少部分（13.3％）被访农村居民不会阅读食品包装上的信息（选择"不太符合""不符合"者分别占比 9.6％、3.7％）。这表明，当前江西大多数农村居民具有选购安全食品常识。

表 4-10　江西农村居民购买食品时阅读食品包装信息行为分析

购买食品时会仔细阅读包装说明	频率（次）	百分比（％）
完全符合	247	20.5
比较符合	510	42.4
一般	287	23.8
不太符合	116	9.6
不符合	44	3.7

（二）农村居民食品安全信息获取途径分析

多重响应题项"您获取食品安全信息的主要途径是什么？"的分析结果显示（表 4-11），电视广播、亲朋好友及报纸杂志是当前农村居民获取食品安全信息的重要来源。应答的被访农村居民中，获取食品安全信息途径排在首位的是广播电视，个案百分比为 53.7％；其次是亲朋好友，占比 42.4％；排在第三位的是书报/杂志，占比 29.9％。相比前三种途径，通过网站（占比24.4％）、微信（占比 21.1％）和科普宣传/讲座（占比 13％）这三种传播渠道获取食品安全信息的农村居民相对较少。这说明，当前新兴媒体在农村食品安全信息传播过程中尚未发挥出应有的作用。

表 4-11　农村居民对食品安全信息传播渠道的认知情况

食品安全信息传播渠道	选项被选次数（次）	个案比（％）
网站	294	24.4
亲朋好友	498	42.4
书报/杂志	360	29.9
科普宣传/讲座	157	13.0
微信	254	21.1
广播电视	646	53.7
其他	88	7.3
合计	2297	190.8

（三）江西农村居民安全认证食品购买情况分析

质量安全认证食品通常包含绿色食品、有机食品和无公害食品等获得国家食品专门机构认可的食品，其质量安全相比普通食品更有保障。被访农村居民在判断自己日常购买食品行为与"我总是购买有质量安全认证食品"的相符程度时,回答"完全符合""比较符合"者占比分别为23.1%、36.8%,即近60%被访农村居民尽可能购买安全认证食品,只有少数被访农村居民(占比11.1%)不太购买安全认证食品(表4-12)。这反映出多数农村居民在具有一定食品安全消费意识的同时,也会采取实际食品安全消费行为。

表 4-12　江西农村居民质量安全认证食品购买情况分析

我总是购买质量安全认证食品	频率(次)	百分比(%)
完全符合	278	23.1
比较符合	443	36.8
一般	349	29.0
不太符合	101	8.4
不符合	33	2.7

(四)江西农村居民的食品购买地点选择

农村居民食品购买场所的选择既反映了他们购买安全食品的常识和经验,又体现了他们对安全食品来源(经营者或市场)的信任度。表4-13显示,被访农村居民购买奶粉、饮料、鲜活肉类、卤菜以及蔬菜水果等日常生活食品所选择的购买地表现出以下特征:

(1)规模型超市是农村居民最为信赖的奶粉购买场所。对于像奶粉类这种精加工食品,他们更信赖县城大型超市的奶粉质量(有47.1%被访者常去县城超市购买奶粉),其次就是乡镇超市的奶粉质量(被访者购买占比23.6%)。相比农村集市、县城集市和村里小店,这两类食品购买场所的规模相对较大,政府对之监管较为严格,因此食品相对有更好的安全保障。而在调查中了解到,目前农村居民中主要是孕妇、婴幼儿这类较为"特殊"的人群消费奶粉,所以对奶粉质量安全更加关注。

(2)便利性是农村居民购买饮料类食品的首要考虑因素。随着农村生活水平的提高,饮料类食品的消费量不断增大,特别是逢年过节、红白喜事,饮料类食品是饭桌上的必备品。考虑到交通的便利性及自家饮用少,被访农村居民购买饮料点的选择位列前三的依次是,乡镇超市(30.5%),县城超市(27.9%)和村里小店(27.0%)。尽管县城超市和乡镇超市是农村居民饮料的主要购买地点,但也不乏较多农村居民会选择规范性较低的村里小店。访谈中,被访农村居民表示由于饮料价格相对低廉,购买原因主要是出于对口感的喜爱、解渴等原因,购买时间比较随机,所以便利性是其主要考虑的因素。

（3）多数农村居民习惯于就近购买鲜活类食品。对于鲜活肉类、卤菜品及新鲜蔬菜类食品，被访农村居民中选择就近（农村集市）者购买最多，分别占比 42.6％、34.6％、37.3％；其次就是到乡镇超市的购买者占比大（分别为 20.1％、23.3％、26.7％）。可能原因在于，一是鲜活肉类、蔬果类食品是日常消费食品，购买时间成本和交通便利性是农村居民考虑的首要因素；二是农村乃乡土熟人社会，就近购买或到乡镇超市购买这三类食品更为放心；三是农村居民更加相信就近集市的蔬菜大多是农户自家种植，吃起来口感好、更为安全。

表 4-13　江西农村居民食品购买地点选择情况

单位：次、％

食品类别	常去购买地点（频率/百分比）				
	农村集市	县城集市	县城超市	村里小店	乡镇超市
奶粉类	176（14.6）	144（12.0）	567（47.1）	102（8.5）	284（23.6）
饮料	215（17.9）	127（10.5）	336（27.9）	325（27.0）	367（30.5）
鲜活肉类	513（42.6）	209（17.4）	185（15.4）	191（15.9）	242（20.1）
卤菜	416（34.6）	237（19.7）	209（17.4）	137（11.4）	28（23.3）
蔬菜/水果	449（37.3）	195（16.2）	258（21.4）	149（12.4）	321（26.7）

（五）农村居民遇食品安全问题时的维权行为

目前食品安全监管部门、消费者协会等组织机构赋予消费者投诉食品安全问题权力，以维护和保障其自身消费权益。但 1 204 名被访农村居民应答"在您遇到食品安全问题后，是否会向有关部门进行投诉"这一问题时，选择不向有关部门投诉的有 878 人，占比 72.9％（表 4-14），即将近 3/4 的人选择"不投诉"，大多数农村居民遇到食品安全问题时选择忍气吞声、自认倒霉，这无形中助长了食品经营者的无良行为。

在进一步询问被访农村居民"遇到食品安全问题为什么不投诉？"时，"不知道如何投诉"占主要原因，占比 37.9％（333 人），其次是觉得"投诉太麻烦，需要花费太多的时间和精力"，224 人选择这一选项，占比 25.5％，原因可能与政府有关部门关于农村居民如何维护食品安全权益的知识宣传少，投诉流程环节多、过程复杂等有关。选择"投诉不能解决问题"的也占将近 1/5（18.2％）。此外，有 2.5％的人选择"相关部门不作为"，投诉后没有得到（及时）回应或对问题解决不满意。

表 4-14　江西农村居民就食品安全问题的维权行为及原因

事项	分类指标	人数（人）	有效比例（%）
您遇到食品安全问题时是否投诉	否	878	72.9
	是	326	27.1
	合计	1204	100.0
不投诉的主要原因	不知道如何投诉	333	37.9
	投诉不能解决问题	160	18.2
	投诉太麻烦	224	25.5
	未造成严重后果	127	14.5
	相关部门不作为	22	2.5
	其他	12	1.4
	合计	878	100.0

（六）主要结论和建议

①当前江西农村存在较大的食品安全风险。79.8%被访农村居民认为农村食品市场存在食品安全隐患，个体（作坊）无证加工厂、流动摊贩生产销售的食品及卤菜存在较大的安全隐患，分别有 73.6%、73.1%和 53.9%的被访者认为其"不太安全/不安全"，而农村居民对（自家种植）蔬菜、鲜活肉类及超市或专卖店的食品的安全性认可度较高。②江西农村居民对绿色食品、有机食品及无公害食品这三类安全认证食品了解程度较低，但对绿色食品认知度相对较高。③当前江西农村居民对于食品安全事件原因的看法存在强化政府责任而弱化个体责任的倾向。政府监管不力是目前农村居民对食品安全事件的首要归因，其次是企业，最后才是个体。④目前，绝大多数江西农村居民（80%以上）对食品安全问题持恐惧、担忧态度，2/3 以上被访者表示不能接受食品安全问题带来的风险。对食品安全消费的（对健康、环境及医疗成本）益处认同人数比重大（80%以上），并且近半数被访者对当前江西农村食品安全知识宣传、监管、信息发布、投诉处理及风险防范等服务工作持"不太满意/不满意"态度。⑤江西农村居民食品安全消费意愿较高，愿意购买安全食品、为安全食品支付额外费用的被访者分别占比 80.3%、79.4%，但可接受的安全食品溢价水平偏低，多数被访者（75.9%）只愿意接受 0%~20%的溢价水平，说明目前农村居民食品安全消费意愿很难转变成实际的食品安全消费行为。⑥大多数农村居民形成了一定的食品安全消费知识阅读习惯，2/3 以上被访农村居民在购买食品时会阅读食品包装上的说明，广播电视（53.7%）、亲朋好友（42.4%）、报纸杂志（29.9%）、网站（24.4%）及微信（21.1%）是其主要

的食品安全信息获取渠道。⑦被访农村居民通常会选择自认为安全可信的场所购买食品，例如，到县城（47.1%）/乡镇（23.6%）较大的超市购买奶粉、到自己熟悉的附近农村集市购买鲜活肉类、农家自种蔬菜（42.6%、37.3%），并在条件允许的情况下，总是尽可能地购买有质量安全认证的食品（人数占比近60%）。⑧江西农村食品安全维权机制不健全，维权服务滞后，被访农村居民大多缺乏食品安全消费维权知识，"不知道如何投诉"占37.9%，25.5%的人认为维权程序烦琐，觉得"投诉太麻烦，需要花费太多的时间和精力"，因而当遇到食品安全问题利益受侵害时，大多数人（72.9%）不投诉，选择忍气吞声、自认倒霉，认为（18.2%）投诉了也不能解决问题。

基于以上分析，本研究针对江西农村食品安全治理工作提出几个简短建议：①加大对农村居民的食品安全知识的宣传教育，加强农村食品安全风险交流，提升农村居民正确识别、化解食品安全风险的能力。②畅通农村食品安全信息传播渠道，规范新兴媒体食品安全信息传播行为，优化农村食品安全知识传播方式方法，及时面向农村发布食品安全信息。③提升农村食品安全服务工作效率和效果，加强农村食品安全治理能力建设，促进农村食品市场食品抽检工作常态化，保障农村食品安全，提高农村居民对食品安全服务工作的满意度。

第五章 农村居民食品安全认知影响因素分析

一、农村居民食品安全认知模型构建

通过第一章的文献梳理，可概括出影响食品安全认知的五个维度：①食品安全服务特征；②食品安全态度特征；③信任特征；④卷入程度特征；⑤人口统计特征（包括个体特征、家庭特征）。然而，横向上看，我国文化背景、经济背景均不同于西方发达国家。纵向上看，我国城市与农村的文化背景、经济背景亦不相同。这就必然导致我国农村居民食品安全认知与西方发达国家、我国城市居民的食品安全认识有所差异。基于此，本研究在借鉴国内外学者的研究成果上，结合调研中获取的相关信息及当前农村实际情况，构建出农村居民食品安全认知初始模型，见图5-1。

二、研究假说

依据农村居民食品安全认知初始模型及调研资料，本研究将影响农村居民食品安全认知的五个维度分别分解成若干具体因素（变量），并提出相应假说。

个体特征主要包括性别、年龄、受教育程度。已有众多研究结果表明，个体特征是影响消费者食品安全认知的重要因素，农户性别、年龄等个体特征显著地影响农户对食品安全风险的担忧程度（杨柳、邱力生，2014）。女性食品安全认知高于男性（齐振宏等，2013；冯菁楠等，2015；Kariyawasam，et al，2007；蒋凌琳等，2012），特别是在食品新技术的风险认知上，女性比男性更加敏感（siegrist，1999）。但是也有研究持相反观点，认为男性食品安全认知高于女性（耿雪娟等，2011；朱金福，2013；于铁山，2015）。年龄方面，不同的研究得出的结论相反。有学者认为，消费者食品安全认知与其年龄正相关（Kerzner等，1995）；也有学者实证得出，消费者食品安全认知与年龄呈负相关关系（刘增金等，2011；储成兵，2015）。受教育程度方面，既有研究认为，受教育程度与消费者食品安全认知呈负相关关系（Slovice，1983），也有研究指出，受教育程度与消费者食品安全认知呈正相关关系（耿雪娟等，2011；朱金福，2013；王甫勤，2010），还有学者认为两者之间不相关（于铁

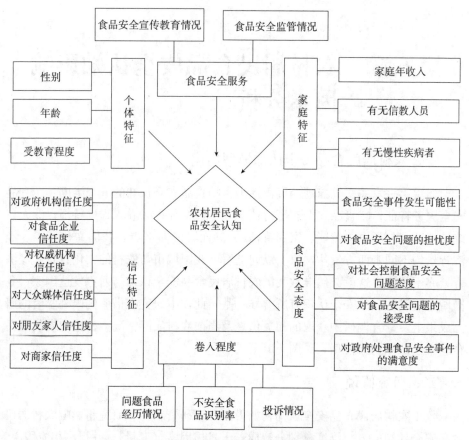

图 5-1 农村居民食品安全认知初始模型

山，2015；储成兵，2015）。由此可见，个体特征对消费者食品安全认知的具体影响尚未达成定论。基于此，提出假说 H1：

H1：个体特征对农村居民食品安全认知有影响。具体而言，女性农村居民食品安全认知高于男性，年龄、受教育程度对农村居民食品安全认知的影响可能为正、也可能为负。

家庭特征主要由家庭收入和家庭成员构成。收入水平与消费者食品安全认知呈负相关关系（Smith 等，1999），并且影响消费者的食品添加剂风险感知（徐玲玲等，2013）。而刘增金等（2011）则认为收入水平与消费者食品安全认知之间不存在关系。此外，消费者中是否有特殊人群显著影响其食品安全认知（杨柳，2014；李倩如等，2015）。为进一步考察家庭中特殊成员对农村居民食品安全认知是否有影响，本研究选取家中是否有宗教信仰者和慢性疾病者进行论证，并基于上述分析，提出假说 H2：

　　H2：家庭特征对农村居民食品安全认知有显著影响。具体而言，家庭年收入、家中是否有信教人员、家中是否有慢性疾病者分别显著影响农村居民食品安全认知。

　　农村食品安全问题发生的根本原因是信息不对称。农村居民因自身知识水平及信息搜寻能力有限，目前，大多数农村居民通常是凭经验或依据从其较为信任的信息源中获取的食品安全信息和知识购买食品。因此，信任因素是公众食品安全风险感知的决定性因素（张金荣，2013）。公众对食品安全信息供给者信任度越高，其食品安全风险感知越低（黄建，2014）。公众对政府信任度显著影响消费者食品安全风险感知，但是对媒体信任度却不是显著性影响因素（郭雪松等，2014）。基于此，提出假说 H3，具体表达如下：

　　H3：信任特征对农村居民食品安全认知有影响。具体而言，农村居民对政府机构、权威机构、朋友家人、食品企业、大众媒体及商家等食品安全信息源的信任度分别显著影响其食品安全认知。

　　食品安全态度主要是指消费者对食品安全问题、事件的看法，属于社会心理范畴。研究表明，社会心理因素显著影响农村居民食品安全认知（周应恒，2010；Angulo and Gil，2007；张文胜，2013）。食品安全风险的情绪反应（恐惧度和担忧度）、接受度显著影响公众食品安全风险感知（张金荣等，2013）。因此，本研究提出假说 H4，具体表达如下：

　　H4：食品安全态度显著作用于农村居民食品安全认知。具体而言，农村居民对食品事件发生的可能性看法、食品问题担忧和接受程度、社会控制食品问题的态度及对政府处理食品安全事件满意程度分别显著影响其食品安全认知。

　　卷入即吸引进去，可以理解为对某个活动、某个事物、某个产品与自己的关系或重要性的主观体验状态。卷入度是吸引进去的程度。不同的学者对卷入程度的界定侧重点不同，得出的结论也略有差别。冯良宣（2013）、黄建等（2014）对卷入程度的研究侧重于消费者对食品信息的搜寻或对食品安全事件关注程度。卷入程度影响消费者对转基因食品感知风险（黄建，2014），但在知晓层面的影响不显著（陈默等，2015）。食品购买卷入程度和食品安全知识间接正向影响风险感知能力（姜素芳，2019），而亲身经历与消费者的食品安全风险感知有密切关系（Mclntosh 等，1994）。

　　本研究认为卷入程度是指一种波及或参与程度，结合当前农村实际情况，本研究的卷入程度包括三部分：问题食品经历、不安全食品识别程度、投诉情况。由此，提出假说 H5。

H5：卷入程度对农村居民食品安全认知有显著影响。具体而言，问题食品经历、不安全食品识别程度、食品安全问题投诉分别显著影响农村居民食品安全认知。

食品安全服务主要是指为保障食品安全所提供的公共服务，主要包括食品安全宣传、教育、监管等工作。通过文献梳理发现，加强宣传和监管对提升消费者对食品认知的作用，学界给予了充分肯定，但是这两个因素纳入食品模型进行食品安全认知实证研究的文献尚少。食品安全宣传教育的目的在于提高农村居民食品安全意识和认知，引导其进行安全的食品消费，避免不安全的食品消费行为发生。而食品安全监管的目的在于强化农村居民食品安全风险意识。基于此分析，提出假说 H6：

H6：食品安全服务对农村居民食品安全认知有显著正向影响。具体而言，农村食品安全宣传、教育及食品安全监管，均正向影响农村居民食品安全认知。

三、变量的选取与说明

（一）因变量选取与说明

本研究将"农村居民食品安全认知"设定为因变量，考虑到食品安全风险主要来源于食品本身、食品生产者和食品销售者，故在问卷设计中，将农村居民食品安全认知分为三个方面：第一个方面是对食品种类的安全认知，罗列了农村市场上常见的五类食品（奶粉类、饮料、鲜活肉类、卤菜和蔬菜）；第二个方面是对食品生产者所提供的食品的安全认知，列举了三类食品生产者加工的食品，包括个体（作坊）无证加工的食品、正规或品牌食品厂加工的食品、自己种植或加工的食品；第三个方面是对不同销售地点的食品的安全认知，列举了超市/食品专卖店、县城农贸市场、乡镇农贸市场和流动摊点这四个销售地点销售的食品。食品安全认知程度用李克特 5 级量表测量，依次赋值 5，4，3，2，1，分值越大，表明农村居民对食品安全认知越高，反之，认为食品安全性越低。鉴于本研究用二元 Logistic 回归分析农村居民食品安全影响因素，故需要将食品安全认知转换为二值变量（认知高是 1，认知低是 0），将上述农村居民食品安全判断的分值相加，得到的总分值位于 12 到 60 之间，中位数分值为 36，并把小于或等于中位数分值的结果归为农村居民对食品安全认知低，赋值为 0，而大于中位数分值的结果归为农村居民食品安全认知高，赋值为 1，最终将生成新变量确定为回归分析因变量。

（二）自变量选取与说明

基于前面的研究假说，将以下 6 个维度的 22 个变量作为解释变量纳入模型，每个解释变量的具体含义如下：

（1）个体特征。纳入本研究模型的个体特征主要包括三类：①性别；②年龄；③受教育程度，其中，性别分"男""女"两类，分别赋值为 1，0；年龄是连续变量，根据研究需要将其转化为定序变量，即"25 岁及以下"，赋值为 1；"26～40 岁"，赋值为 2；"41～65 岁"，赋值为 3；"65 岁以上"为一组，赋值为 4；受教育程度从小学及以上到大学及以上分为五个等级，这五个等级依次赋值 1，2，3，4，5。

（2）家庭特征。主要包括家庭年均收入、家庭中有无有宗教信仰人员、家庭中有无慢性疾病者，其中家庭年均收入分为五个等级："2 万元及以下""2 万～4 万元""4 万～6 万元""6 万～8 万元""8 万元及以上"，依次赋值为 1，2，3，4，5；家庭中有无有宗教信仰人员和家庭中有无慢性疾病者这两个变量的选项均包含"有"和"无"两类，分别赋值为 1，0。

（3）信任特征。农村居民对食品安全信息供给者的信任度由"很不信任"到"非常信任"五级变化，信任度由低到高，依次赋值为 1，2，3，4，5。本研究列举了六类食品安全信息供给主体，依次是：政府机构、食品企业、权威机构、大众媒体、朋友家人、商家。

（4）食品安全态度。主要由五部分组成：第一部分，农村居民对近两年内食品安全事件发生可能性看法，可能性由"非常小"到"非常大"五级变化，程度逐渐增强，依次赋值为 1，2，3，4，5；第二部分，农村居民对列举的食品安全问题的担忧程度，选取了"变质/过期""药物残留/超标""添加剂违规"和"假冒伪劣"这四类食品安全问题来测量农村居民对食品安全问题的担忧度，其担忧程度由"不担忧"到"十分担忧"五级递增变化，依次赋值为 1，2，3，4，5，并将这四类食品安全问题担忧分值加总，总分值在 4 到 20 之间变化，将"5 分及以下"设定为"不担忧"，"6～10 分"设定为"不太担忧"，"11～15 分"设定为"比较担忧"，"16～20 分"设定为"非常担忧"，基于此，农村居民对食品安全问题担忧程度由"不担忧"到"非常担忧"四级递增变化，依次赋值为 1，2，3，4；第三部分，农村居民对社会控制食品安全问题的态度，控制度由低到高五级变化，同理，可以将社会控制度划分为"完全不能控制"到"完全可控制"四级递增变化，依次赋值为 1，2，3，4；第四部分，农村居民对政府处理食品安全事件的满意程度，通过选取社会知晓度高的四类食品安全事件——"地沟油""毒奶粉""瘦肉精""毒豆芽"事件，考察农村居民对政府处理这四类食品安全事件的满意程度，同理，农村居民对政府处理食品安全事件的满意程度划分为"非常不满意"到"非常满意"四级递增变化，依次赋值1，2，3，4。

(5) 卷入程度。包括问题食品经历情况、不安全食品识别程度、食品安全问题投诉情况，本研究通过询问农村居民是否购买过问题食品（如"问题调味品""问题奶粉""问题饮料""变质鲜活肉""变质熟/卤食品""问题果蔬类""变质干货"和"变质饼干糕点"等），来测评问题食品经历情况，只要农村居民选择了上述问题食品中任何一项，则定义为有过问题食品经历，赋值为1，八类问题食品都没有选择，则定义为没有过问题食品经历，赋值为0；通过列举常见的食物中毒事例——"烂生姜""牛肉炒栗子""鸡蛋加糖精""萝卜炒木耳""发芽土豆""未煮熟的蚕豆""其他"，来测量农村居民不安全食品识别情况，倘若农村居民选取任何一项，赋值为1，全部选项都没有选择，赋值为0，最后将选取的结果进行加总，总分值在0到7之间，中值为3.5，把大于中值的结果归为不安全食品识别程度高，赋值为1，把小于中值的结果归为不安全食品识别程度低，赋值为0；投诉情况通过"是"和"否"来测量，分别赋值1，0。

(6) 食品安全服务。通过询问农村居民本村是否进行过食品安全的宣传/教育/监管来反映食品安全服务工作开展情况，肯定回答用"是"表示，赋值1，否定回答用"否"表示，赋值0。

上述6个维度22个解释变量具体含义和赋值情况如表5-1所示。

据此，可以将农村居民食品安全认知设定为以下函数形式：

农村居民食品安全认知＝f（个体特征、家庭特征、信任特征、食品安全态度、食品卷入程度、食品安全服务）＋随机扰动项。

在本研究中，由于因变量"农村居民食品安全认知"分为"高"和"低"，是一个二分类变量，故采用二元Logistic回归模型分析其影响因素最为合适。

设$y=1$的概率为p，则y的概率分布函数为：$f(y)=p^y(1-p)^{1-y}$，该函数的期望值为p，方差为$1-p$。假设有i个解释变量，依次为x_1，x_2，x_3，…，x_i，所对应的所构建的Logistic模型如下：

$$f(p)=\exp(\beta_0+\beta_1 x_1+\cdots+\beta_i)/[1+\exp(\beta_0+\beta_1 x_1+\cdots+\beta_i x_i)]$$

$$(5\text{-}1)$$

式 (5-1) 中，y表示因变量，x表示自变量，x_i（$i=1$，2，3，…，i）表示各具体的自变量，E (.) 表示以自然对数（2.71828）为底的指数函数，β_0为截距，β_i表示对应的偏回归系数。对$f(p)$进行Logistic转换，得到函数如下：

$$\text{Logit}(p) = \ln\left[\frac{p(y=1)}{(1-p(y=1))}\right] = \beta_0 + \sum_i \beta_i x_i \qquad (5\text{-}2)$$

表 5-1　变量选取、说明与描述统计

变量名称及代码	变量赋值	均值	标准差
个体特征			
性别（X_1）	男＝1，女＝0	1.53	0.50
年龄（X_2）	25 岁及以下＝1，26～40 岁＝2，41～65 岁＝3，65 岁以上＝4	2.58	0.81
受教育程度（X_3）	小学及以下＝1，初中＝2，高中/中专＝3，大专＝4，本科及以上＝5	2.26	1.14
家庭特征			
家庭年收入（X_4）	2 万及以下＝1，2 万～4 万＝2，4 万～6 万＝3，6 万～8 万＝4，8 万及以上＝5	2.65	1.25
有无有宗教信仰人员（X_5）	有＝1，无＝0	0.07	0.26
有无慢性疾病者（X_6）	有＝1，无＝0	0.12	0.32
信任特征			
对政府机构信任度（X_7）	很不信任＝1，不太信任＝2，不确定＝3，比较信任＝4，非常信任＝5	3.86	1.01
对食品企业信任度（X_8）	很不信任＝1，不太信任＝2，不确定＝3，比较信任＝4，非常信任＝5	3.29	0.99
对权威机构信任度（X_9）	很不信任＝1，不太信任＝2，不确定＝3，比较信任＝4，非常信任＝5	3.80	0.94
对大众媒体信任度（X_{10}）	很不信任＝1，不太信任＝2，不确定＝3，比较信任＝4，非常信任＝5	3.29	0.98
对朋友家人信任度（X_{11}）	很不信任＝1，不太信任＝2，不确定＝3，比较信任＝4，非常信任＝5	3.86	0.97
对商家信任度（X_{12}）	很不信任＝1，不太信任＝2，不确定＝3，比较信任＝4，非常信任＝5	2.08	0.96
食品安全态度			
食品安全事件发生可能性（X_{13}）	非常小＝1，比较小＝2，一般＝3，比较大＝4，非常大＝5	2.94	1.16
对食品安全问题的担忧度（X_{14}）	不担忧＝1，不太担忧＝2，比较担忧＝3，非常担忧＝4	3.75	0.55
对控制问题食品能力看法（X_{15}）	全部不能控制＝1，多数不能控制＝2，多数能控制＝3，全部能控制＝4	3.01	0.78

（续）

变量名称及代码	变量赋值	均值	标准差
对食品安全问题的接受度（X_{16}）	不能接受＝1，较不能接受＝2，较能接受＝3，能接受＝4	1.58	0.76
卷入程度			
问题食品经历情况（X_{18}）	有过问题食品经历＝1，没有过问题食品经历＝0	0.76	0.42
不安全食品识别率（X_{19}）	不安全食品识别率高＝1，不安全食品识别率低＝0	0.56	0.50
投诉情况（X_{20}）	投诉过＝1，没投诉过＝0	0.30	0.46
食品安全服务			
食品安全宣传教育情况（X_{21}）	宣传过＝1，没宣传过＝0	0.20	0.40
食品安全监管情况（X_{22}）	有人监管＝1，没人监管＝0	0.22	0.41

四、模型估计结果与分析说明

（一）模型估计结果

基于二元逻辑斯回归模型和江西农村居民调查数据，采用软件 SPSS20.0，分析农村居民食品安全认知影响因素，回归模型拟合结果如表 5-2 所示。

表 5-2　模型估计结果

变量	系数	标准误	Wald 值	df	显著性	发生比
性别（X_1）	−0.281*	0.160	3.074	1	0.080	1.324
年龄（X_2）	0.116	0.117	0.989	1	0.320	0.891
受教育程度（X_3）	−0.108	0.086	1.587	1	0.208	1.114
家庭年收入（X_4）	−0.086	0.064	1.810	1	0.178	1.090
有无有宗教信仰人员（X_5）	−0.500	0.316	2.505	1	0.113	1.649
有无慢性疾病者（X_6）	0.326	0.251	1.684	1	0.194	0.722
对政府机构信任度（X_7）	−0.089	0.089	1.001	1	0.317	0.914
对食品企业信任度（X_8）	0.284***	0.093	9.206	1	0.002	1.328
对权威机构信任度（X_9）	0.158*	0.094	2.826	1	0.093	1.171
对大众媒体信任度（X_{10}）	0.033	0.087	0.141	1	0.708	1.033

（续）

变量	系数	标准误	Wald 值	df	显著性	发生比
对朋友家人信任度（X_{11}）	0.224***	0.085	6.877	1	0.009	1.251
对商家信任度（X_{12}）	0.178**	0.086	4.258	1	0.039	1.195
食品安全事件发生可能性（X_{13}）	−0.222***	0.071	9.716	1	0.002	0.801
食品安全问题的担忧度（X_{14}）	−0.285*	0.147	3.778	1	0.052	1.330
对控制问题食品的态度（X_{15}）	0.161	0.103	2.466	1	0.116	0.851
食品安全问题的接受度（X_{16}）	0.225**	0.106	4.492	1	0.034	0.799
对处理问题食品的满意度（X_{17}）	0.248**	0.101	5.985	1	0.014	1.282
问题食品经历情况（X_{18}）	−0.525***	0.195	7.229	1	0.007	1.691
不安全食品识别率（X_{19}）	−0.144	0.162	0.790	1	0.374	1.155
投诉情况（X_{20}）	0.054	0.179	0.092	1	0.762	0.947
食品安全宣传教育情况（X_{21}）	0.166	0.212	0.616	1	0.432	0.847
食品安全监管情况（X_{22}）	0.117	0.205	0.325	1	0.569	0.890
常量	−1.243	1.045	1.416	1	0.234	0.288

−2 对数似然值=976.340，Cox & Snell R^2=0.141，Nagelkerke R^2=0.189；
Hosmer-Lemeshow 检验值为 4.824，P=0.776。

　　表 5-2 是模型拟合的最终结果，数据显示了 Logistic 回归模型中各解释变量显著性参数估计及模型系数综合检验、自变量和因变量之间的关联性、模型适配度检验结果，本研究选取的显著性统计水平为 10%、5% 和 1%。

　　表 5-2 中的对数似然值和 R 平方统计量，用于检测自变量和因变量之间的关联强度。Cox & Snell R^2 和 Nagelkerke R^2 的值分别是 0.141，0.189，说明纳入分析的 22 个自变量与因变量相关，模型拟合效果较好。模型适配度检验采用 Hosmer-Lemeshow 检验法，表中的 Hosmer-Lemeshow 检验值为 4.824，P=0.776＞0.05，没有达到显著性水平，表明整体模型的适配度或契合度好，并且自变量之间无多重共线性，说明纳入分析的自变量能够有效地预测因变量。

（二）模型估计结果分析和解释

　　根据表 5-2 的回归结果，对个体特征、家庭特征、信任特征、食品安全态度、卷入程度和食品安全服务所包含变量的具体影响进行分析和解释如下：

1. 个体特征变量对农村居民食品安全认知的影响分析

　　（1）农村居民的性别在 0.1 显著性水平下显著负向影响其食品安全认知。性别变量通过了 10% 统计水平显著性检验，并且系数为负，说明在控制其他变量情况下，女性农村居民食品安全认知高于男性，其食品安全认知优势比是男性农村居民的 1.324 倍。这与本研究假设相符。

（2）农村居民的年龄和受教育程度对其食品安全认知没有显著影响。年龄和受教育程度 2 个变量均未通过统计显著性检验，说明在控制其他变量的情况下，年龄和受教育程度分别对农村居民食品安全认知的影响不显著。从个人访谈中了解到，目前，无论文化程度高低还是年龄大小的农村居民，均不太花时间和精力刻意去搜寻食品安全信息和知识，大多还是遵守传统的食品消费习惯，因而年龄和教育程度对其食品安全认知作用不明显。

2. 农村居民的家庭特征对其食品安全认知没有显著影响

表 5-2 显示，农村居民家庭特征中的家庭年收入、家中是否有慢性疾病者、是否有信教者三个变量均未通过显著性检验，即这三个家庭特征变量对农村居民的食品安全认知不能产生显著作用。

3. 信任特征的影响

（1）农村居民对食品企业的信任度显著影响其食品安全认知。对食品企业信任度变量通过了 1% 统计水平显著性检验且其系数为正，说明在控制其他变量的情况下，农村居民对食品企业信任度越高，则其食品安全认知越高，并且农村居民对食品企业信任程度每提高 1 个单位，其食品安全认知优势比将增加 32.8 个百分点。这与本研究假设相悖。其主要原因是，食品企业是食品安全信息的重要供给者，其提供的食品安全信息主要显示在食品包装上，农村居民认为食品包装上的信息是按照国家标准提供的，并且经过相关部门的检验，故农村居民越是信任食品企业提供的食品安全信息，其食品安全认知越高。

（2）农村居民对权威机构信任度是影响食品安全认知的重要因素。对权威机构信任度变量通过了 10% 统计水平显著性检验且其系数为正，说明在控制其他变量的情况下，对权威机构信任度越高，则其食品安全认知越高，并且农村居民对权威机构信任程度每提高 1 个单位，其食品安全认知优势比将增加 17.1%，研究假设通过检验。权威机构是食品安全信息重要供给者，其提供的食品安全信息更具专业性和科学性，更能赢得农村居民的信任和接受。

（3）对朋友家人信任度显著影响农村居民食品安全认知。对朋友家人信任度变量通过了 1% 统计水平显著性检验且其系数为正，说明在控制其他变量的情况下，对朋友家人信任度越高，农村居民食品安全认知越高，并且农村居民对朋友家人信任度每提高 1 个单位，农村居民食品安全认知优势比将增加 25.1%，研究假设得到验证。农村是熟人社会，亲友是农村居民的重要沟通者，也是其主要信任者。基于同理心原则，农村居民更容易相信并接受亲友传递的食品安全信息和知识，在相互交流中提高食品安全认知。

（4）农村居民对商家信任度显著影响其食品安全认知。对商家信任度变量通过了5%统计水平显著性检验且其系数为正，说明在控制其他变量的情况下，农村居民对商家信任度越高，则其食品安全认知越高，并且农村居民对商家信任程度每提高1个单位，其食品安全认知优势比将增加19.5个百分点，这与本研究假设相悖。可能的解释是，农村乡土社会性强，平时的经济、生活交往大多基于熟人层面，农村居民平时购买食品多是选择熟悉的商家，自然相信商家出售的食品及其提供的食品安全知识，因而熟悉的商家成了影响农村居民食品安全认知的重要因素。

（5）对政府机构的信任度不显著影响农村居民食品安全认知，研究假设没有通过显著性检验。可能的原因在于，近年来层出不穷的食品安全问题及农村地区食品安全监管的不力，导致农村居民对政府部门的信任度严重下降，因而也降低了其对政府部门提供的食品安全信息的关注和信任，因而也使得农村居民不愿意从政府部门获取食品安全信息知识去提升食品安全认知。

（6）对大众媒体信任度不是影响农村居民食品安全认知的重要因素。对大众媒体信任度变量未通过显著性检验，说明在其他条件不变的情况下，对大众媒体信任度变量对农村居民食品安全认知的影响不显著，研究假设未通过检验。当前国家对大众媒体传播食品安全信息行为缺乏有序规范，食品安全信息和知识泛滥、鱼龙混杂，特别是部分网络、微信、微博等新兴媒体为吸引公众眼球，报道食品安全事件时，存在夸张性甚至虚假性报道，农村居民对其缺乏筛选、甄别能力，农村居民获取食品安全信息后容易主观放大食品安全风险，食品安全认知不仅没有得到提高，反而令人更困惑、迷茫。

4. 农村居民食品安全态度对其食品安全认知的影响分析

（1）对食品安全事件发生的可能性评价显著影响农村居民的食品安全认知。对食品安全事件发生的可能性的评价在1%显著性水平下通过了显著性检验且系数为负，说明在控制其他变量的情况下，农村居民认为食品安全事件发生可能性越大，则其食品安全认知越低，并且食品安全事件发生可能性每降低1个单位，农村居民食品安全认知优势比将会提高80.1%，本研究假设得到验证。

（2）农村居民对食品安全问题的担忧度是影响其食品安全认知的重要因素。对食品安全问题的担忧度变量通过了10%统计水平显著性检验，并且其系数为负，说明在控制其他变量的情况下，对食品安全问题的担忧度越高，农村居民食品安全认知越低，并且农村居民对食品安全问题的担忧程度每提高1

个单位，其食品安全认知优势比将会降低 33 个百分点，这与本研究假设一致。

（3）农村居民对社会控制食品安全问题的态度不是影响其食品安全认知的重要因素。对社会控制食品安全问题的态度变量未通过显著性检验，说明在其他条件不变的情况下，这一变量对农村居民食品安全认知没有显著性影响，研究假设未通过统计检验。不管是认为社会能控制多数或全部食品安全问题的 73.2% 的农村居民，还是认为社会不能控制多数或全部食品安全问题的 26.8% 的农村居民，其食品安全认知均比较低。

（4）农村居民对食品安全问题的接受度显著影响其食品安全认知。对食品安全问题的接受度变量通过了 5% 统计水平显著性检验且其系数为正，优势比 0.799，说明在其他条件不变的情况下，对食品安全问题的接受度每提高 1 个单位，农村居民食品安全认知优势比将提高 79.9%，与本研究假设一致。

（5）农村居民对政府处理食品安全事件的满意度显著影响其食品安全认知。对政府处理食品安全事件的满意度变量通过了 5% 统计水平显著性检验并且其系数为正，优势比为 1.282，说明在其他条件不变的情况下，农村居民对政府处理食品安全事件的满意度越高，则其食品安全认知越高，并且对政府处理食品安全事件的满意程度每提高 1 个单位，其食品安全认知优势比将增加 28.2%，研究假设通过统计检验。政府在农村食品安全监督管理过程中处于主导地位，农村居民只能将食品安全保障工作寄希望于政府，因此，政府处理食品安全事件的结果越能让农村居民满意，他们对食品安全就越放心，越相信政府部门提供的食品安全信息知识，其食品安全认知将会得到提高。

5. 卷入程度对农村居民食品安全认知的影响分析

（1）农村居民问题食品经历显著影响其食品安全认知。问题食品经历变量通过了 1% 统计水平的显著性检验并且其系数为负，说明在控制其他变量的情况下，与没有经历过问题食品的农村居民相比，有过问题食品经历的农村居民食品安全认知更低，其食品安全认知优势比是没有过问题食品经历农村居民的 1.691 倍。这与本研究假设相悖。有过问题食品经历的农村居民在评价农村食品安全状况时受到问题食品经历的影响，容易主观放大食品安全风险，导致其原有的食品安全认知水平降低。

（2）食品安全问题投诉不显著影响农村居民食品安全认知。问题食品投诉变量未通过显著性检验，说明这一变量对农村居民食品安全认知没有显著性影响。这与本研究假设不一致。对其解释可能为，描述统计分析显示，遇到食品安全问题时，选择投诉的农村居民占比低，即使少部分人投诉了，但效果不佳，农村居民并没有从投诉处理反馈中学到多少食品安全知识，因此，食品安全问题投诉这一变量对农村居民食品安全认知没有形成什么影响。

（3）不安全食品识别率对农村居民食品安全认知的影响不显著。不安全食品识别率变量未通过显著性检验，说明在其他条件不变的情况下，不安全食品识别率对农村居民食品安全认知没有显著性影响。这与本研究假设不符。原因可能是：虽然不安全食品识别率本质上反映的是农村居民食品安全知识的丰富程度，但是当前农村居民食品安全知识普遍缺乏，普遍不具备食品安全甄别能力，因而农村居民无法从识别安全食品中获取食品安全知识。

6. 食品安全服务对农村居民食品安全认知的影响分析

（1）食品安全宣传教育对农村居民食品安全认知影响不显著。食品安全宣传教育情况变量并未通过显著性检验，说明在其他条件不变的情况下，这一变量对农村居民食品安全认知影响不显著，这与本研究假设不一致，原因可能是80.3%的被访农村居民反映本村并没有进行过食品安全宣传教育，且19.7%农村居民表示，尽管知道本村进行了食品安全宣传教育，但其并没有积极参与学习。此外，调研了解到，当前农村开展的食品安全宣传教育活动的方式多以发放宣传单或宣传小册子为主，而农村居民对此关注度不高，并未从中获取多少食品安全知识。

（2）食品安全监管情况不是影响农村居民食品安全认知的显著性因素。食品安全监管情况变量未通过显著性检验，说明在其他条件不变的情况下，这一变量对农村居民食品安全认知影响不显著，这与本研究假设不一致。对其解释可能为：当前多数农村的食品安全监管工作仍处于盲区，食品安全监管信息难以通达至农村居民。

五、研究结论

通过前面对农村居民食品安全认知的影响因素模型拟合及结果分析，得出以下主要研究结论：

（1）农村居民的个体特征中的性别因素对其食品安全认知有显著影响，女性农村居民的食品安全认知高于男性。

（2）农村居民对食品企业、权威机构、朋友家人和商家的信任程度等变量显著正向影响其食品安全认知。农村居民对食品企业、食品权威机构、亲友越信任，则其食品安全认知就越高。

（3）农村居民对食品安全事件发生可能性判断、食品安全问题的担忧度、食品安全问题的接受度及政府处理食品安全事件的满意度显著影响其食品安全认知。农村居民认为食品安全事件发生可能性越大，对食品安全问题的担忧度越高，则其食品安全认知越低；农村居民对食品安全问题的接受度越高、对政府处理食品安全事件的满意度越高，则其食品安全认知越高。

（4）农村居民问题食品经历对其食品安全认知有显著性影响。与没有过问题食品经历的农村居民相比，有过问题食品经历的农村居民食品安全认知反而更低。

六、提升江西农村居民食品安全认知的对策建议

农村居民食品安全认知水平的提升不仅有利于提高其食品安全的鉴别能力、促进食品安全消费行为，反向促进食品生产经营者提供安全食品，从而降低农村食品安全风险，提高农村食品安全治理效率，产生外部正效应。因此政府有激励、帮助农村居民提升食品安全认知的责任。

（一）创新农村食品安全知识宣传教育方式、方法，提高针对性

尽管食品安全宣传教育情况变量并未通过显著性检验，但是这一变量的系数为正，说明食品安全宣传教育与农村居民食品安全认知正相关，且当前我国农村地区开展的食品安全宣传教育活动少，宣传教育方式以传统媒体为主，针对性弱，吸引力低，效果差，所以，应创新当前农村食品安全知识宣传教育方式，增强农村食品安全宣传教育的针对性和吸引力。具体来讲，可以采取以下措施：

第一，成立农村食品安全宣传教育工作小组，完善工作人员考核激励机制。对农村食品安全宣传教育工作小组成员进行培训，提高其食品安全知识和宣传教育能力，并对农村食品安全宣传教育活动的效果进行考核，根据考核结果奖励相关工作人员，提高他们开展农村食品安全宣传教育活动的积极性。

第二，创新农村食品安全宣传教育方式。一方面，要重视和创新传统宣传教育方式。当前农村居民偏爱传统的食品安全信息传播渠道，这就决定了农村食品安全宣传教育活动要重视传统的宣传方式。在开展"食品安全进农村"的宣传教育活动过程中，积极发挥农村基层的作用，充分利用乡镇和村委会的宣传橱窗，张贴食品安全宣传画，同时在人流量较大的农村集市、广场等地举办有关食品安全知识的图片展、动漫展、视频展、现场讲座等，以这种喜闻乐见、直观性强、宣传教育效果明显的方式向农村居民宣传食品安全知识，提高农村居民参与的积极性，丰富其食品安全知识，进而提高其食品安全认知。另一方面，要充分发挥新兴媒体的宣传教育作用。随着网络技术的发展，互联网、微博、微信等新兴媒体传播食品安全信息的优势和作用也开始凸显。政府可以发挥官网的载体作用，建立官方认证的公众微信号、微博号，开设农村食

品安全专栏，加强与农村居民之间的食品安全信息沟通和交流，及时、高效、便捷地为农村居民提供食品安全信息。

第三，增强农村食品安全宣传教育内容的针对性。由于性别因素有显著性影响，因此在进行农村食品安全宣传教育前，要对不同性别的农村居民开展调研，与他们深入地交流，详细了解他们需要的食品安全知识，喜欢的食品宣传方式，从而制定出针对性强的食品宣传方式。此外，根据目前农村居民对食品安全法律法规的认知状况，可以将有关食品的包装规定、问题食品的赔偿规定、投诉渠道等法律法规内容加以解读，将晦涩难懂的食品安全法律法规内容以通俗易懂的语言和形式传递给广大农村居民。

（二）提高农村居民对食品安全信息供给主体的信任度

根据本研究的实证分析结果，农村居民对食品企业、商家、权威机构和朋友家人这四类食品安全信息供给主体的信任度显著影响其食品安全认知。因此，要想提升农村居民食品安全认知，就必须提高农村居民对食品企业、商家、权威机构和朋友家人这四类食品安全信息供给主体的信任度。具体而言，可以采取如下措施：

第一，规范食品企业及商家食品安全信息的供给。政府要认识到食品企业和食品经营者是食品安全信息的重要提供者，提供和宣传食品的原料成分、生产方式、添加剂含有量、质量安全认证、食品功能和作用等，并且这些信息和知识最容易引起农村居民的注意。如果食品企业和商家在供给这些食品安全信息时，没有受到政府的规制和约束，就极有可能为了获利，提供虚假的引导性食品安全信息，影响农村居民对食品安全性的判断。因此，政府有必要规范食品企业和商家食品安全信息的供给行为，确保食品企业和商家向农村居民传递真实可靠的食品安全信息，进而提高农村居民对食品企业和商家的信任度。

第二，加强食品权威机构的建设，扩大权威机构的影响力。食品权威机构传递的食品安全风险、安全消费、食品营养、质量检测结果等知识和信息更具有专业权威性。因此，政府要加大对权威机构的扶持力度，加强权威机构的硬件设施和软件设施建设，扩大权威机构在农村地区的影响力，让更多农村居民知晓和信任权威机构。

第三，规范引导农村居民的食品安全信息传递行为。由于朋友家人在传播食品安全信息过程中不带有目的性，因而更能够获得农村居民的信任。但不容忽视的是，一旦农村居民的朋友家人在传递食品安全信息过程中放大问题食品的危害性，极易造成农村居民对食品安全问题的恐慌，不利于农村居民对食品的安全性作出客观、理性的评价，进而不利于农村居民食品安全认知的提升。

因此，政府要重视农村居民亲友、邻里、熟人圈等非正式食品安全信息知识的交流和传播，及时掌握、甄别并澄清食品安全虚假信息，及时查处、依法惩罚制造食品安全虚假信息引起社会恐慌者。

（三）提高农村居民对食品安全问题的控制感

根据本研究的实证分析结果可知，对食品安全事件发生可能性看法、对食品安全问题的担忧度、对食品安全问题的接受度这三个变量显著影响农村居民食品安全认知。这三个变量反映了农村居民对食品安全问题控制的感知。因此，政府要增强农村食品市场安全食品的供给能力，提升食品安全事件的处理能力和效率，进而提升农村居民对政府食品安全治理能力的信任度，从而提升其对政府控制食品安全问题能力的感知。具体来讲，可以采取如下措施：

第一，鼓励有食品质量安全保障的大型购物超市在农村开设连锁店。政府应该鼓励大型超市创新经营方式，比如与当前农村地区其他购物场所经营者进行合作，设立规模适度的连锁店，对经营者进行标准化培训，让他们掌握科学、安全的食品经营方式。另外，政府可以对在农村开设便利店的大型购物场所提供税收优惠，并帮助其建立标准化、统一化的门店，降低其入驻农村的经营成本，提高大型购物场所创新经营方式的积极性。

第二，农村食品安全检测要科学化、常态化。提升农村市场食品安全检测水平和能力，及时更新农村食品安全的检测设备和技术，对农村市场食品检测常态化、随机化，及时公布检测结果并提供接地气的食品安全知识咨询服务，让农村居民了解食品安全检测信息。

第三，增加安全食品的供给量。一般而言，质量安全认证食品比普通食品在安全性方面更有保障，质量安全认证食品在农村市场上的供给量越大，农村居民的食品安全就越有保障。因此，政府应降低质量安全认证食品进驻农村市场的门槛，设立专门的质量安全认证食品经营专区，并对农村市场上的质量安全认证食品价格进行调控，让农村居民能够买得起质量安全认证食品。

（四）提升农村居民对政府处理食品安全事件的满意度

农村居民对政府处理食品安全事件的满意度显著影响其食品安全认知，这就要求政府在处理食品安全事件上要积极应对，提升农村居民对处理结果的满意度。相比以往，政府处理食品安全事件更积极主动，但不可否认的是，一旦发生食品安全事件，部分媒体为吸引公众的眼球，对食品安全事件的报道存在夸大危害性和严重性的现象，农村居民通过这些媒体了解食品安全事件相关信息后，容易主观放大食品安全风险，降低其食品安全认知。在当前媒体发展水平参差不齐，职业道德自律不强的背景下，政府处理食品安全事件的结果要达到农村居民的满意度，需要采取如下措施：

第一，政府要主动、及时、客观地公布食品安全事件的相关信息。政府对食品安全事件的实情进行隐瞒是农村居民不能容忍的，同时也会让其他渠道的信息趁虚而入。因此，一旦发生食品安全事件，政府要第一时间公布相关信息，包括问题食品流通状况、处理状况、危害程度等，满足农村居民对食品安全事件的信息需求，避免农村居民过度揣测或听取其他渠道传播的片面、失真的食品安全事件信息。

第二，公开政府应对食品安全事件的程序和措施。食品安全事件发生后，政府理性的处理方式是确保应对政策公开透明的途径之一。保证食品安全事件处理方式的公开性和透明性。需要改变以往简单化、自上而下的政策制定模式，积极动员农村居民参与食品安全事件处理的讨论，获取农村居民对食品安全事件处理的认可和支持，取得农村居民对政府处理食品安全事件结果的理解，进而达到提升农村居民对政府处理食品安全事件满意度的目的。

第三，规范媒体的传播行为。政府要加强媒体行业准则和职业道德方面的宣传，使媒体从业人员知晓并遵守这些行业准则和职业道德，并本着客观、公正、科学的原则，为农村居民传播真实、有效的食品安全信息。此外，对于散布食品安全信息谣言的媒体要按照相关法律法规进行处罚。

第四，提高政府对食品安全网络舆情的管理能力。当前网络媒体发展迅猛，其传播优势日益凸显，对政府网络舆情的管理能力提出了挑战。因此，各级政府部门要重视食品安全网络舆情管理，对互联网论坛、博客、微博、微信等平台上传播的食品安全事件相关信息要及时监测，关注社会对食品安全事件讨论的焦点，特别是要对一些冠以"致癌""致命""有毒"等食品安全事件相关信息，及时组织食品安全专家和权威机构，为群众答疑解惑，避免这些食品安全信息引起农村居民对食品安全问题的过度恐慌，从而正确引导食品安全网络舆情。

（五）农村食品安全监管要标准化和参与化

尽管食品安全监管工作变量没有通过显著性检验，但是这一变量的系数为正，说明食品安全监管与农村居民食品安全认知正相关，加之当前农村地区已成为食品安全问题的重灾区，且农村居民对食品安全事件责任归因存在强政府责任倾向。这就决定了政府在农村食品安全监管方面具有不可推卸的责任。但是为了避免事后监管和突击式监管对农村居民食品安全认知造成的负面影响，政府可以从以下几个方面加强农村食品安全监管：

第一，健全食品安全标准。政府可以联合食品行业，生产者或生产协会、专家和公众，结合我国实际情况制定和健全我国食品安全标准，并将食品安全标准发布到官方网站或向农村居民宣传食品安全标准，为食品生产者、购买者和监管者的生产、选购和监管提供依据。

第二，设立食品安全有奖举报制度，提高农村居民参与的积极性。农村食品安全监管具有"点多、面广、线长"特点，政府监管难度大，而设立食品安全有奖举报制度，可以吸引农村居民参与食品安全监管，起到事半功倍的效果，提高监管效率。政府可以设置专门的举报奖励管理机关，公布食品安全有奖举报受理程序、奖励情形、条件、奖励额度等，让农村居民知晓并积极参与食品安全有奖举报，协助农村食品安全监管部门有针对性地开展工作，提高监管效率，改善农村食品安全状况。同时，要建立、健全举报人信息保密制度，保障食品安全问题举报人本人和家人的人身和财物安全，消除农村居民参与食品安全监管的后顾之忧。

第六章 农村居民食品安全消费意向实证分析

一、模型构建与基本假设

（一）模型构建

消费意向是指消费者愿意购买或消费某种产品或服务的可能性，是其心理活动的主观感受，也即消费者愿意采取固定消费行为的概率大小。而食品安全消费意向是指消费者在了解了各方面关于食品安全信息后，出于规避食品安全风险目的，对食品安全消费表现出来的意愿和倾向。消费意向受消费者人口统计特征、消费动机、认知、个人经历、学习能力及环境因素等影响。因此，本研究基于霍华德—谢思消费行为理论，结合前文食品安全消费意向的文献梳理，构建农村居民食品安全消费意向的初始模型（图6-1），并运用二元逻辑斯回归方法探讨农村居民食品安全消费意向的影响因素。

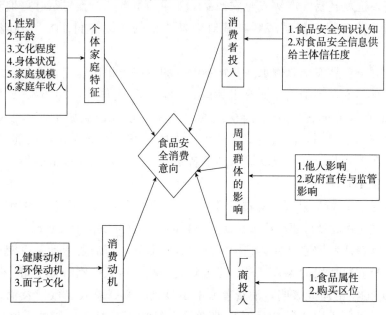

图 6-1 江西农村居民食品安全消费意愿分析模型

（二）基本假设

在上文构建的食品安全消费意向模型图中（图 6-1），由于消费动机因素的健康动机与环保动机问卷未通过信度效度检验，所以剔除消费动机这两项指标。依据初始模型，结合问卷数据和访谈资料，提出以下研究假说。

1. 人口统计特征与农村居民食品消费者意愿关系及研究假设

个体统计特征包括个体、家庭两方面特征，学术界对食品安全消费意向影响的相关研究较多，本研究引入个体特征变量主要包括被访农村居民的性别、年龄、婚姻状况、身体状况；家庭特征有家庭规模、年收入。

个体特征性别。不少研究证实了性别对食品安全支付意愿的影响，如性别影响中国台湾消费者对可追溯食品的支付意愿（Chien and Zhang，2006）且男性对无公害蔬菜的支付意愿高于女性（杨金森等，2004；戴迎春等，2006），也有学者认为女性更加关注食品安全，更愿意购买无公害农产品（赵新慧，2011）。年龄。年龄与食品安全支付意愿呈正相关（周洁红，2010；周应恒，2004），另有学者指出，消费者年龄、受教育程度等与安全认证 HACCP 乳制品的支付意愿呈显著负相关（戴晓武等，2017）。在农村地区，年龄越长的农村居民信息越闭塞，且老年人会更加注重节俭，因此老年人对食品安全的消费意向比较低。但学者杨万江（2005）研究发现，学历越高，对安全农产品追求越高，也就越易于购买安全农产品。如果消费者愿意支付茶叶可追溯的额外价格，教育程度将显著影响其对额外价格的实际支付水平（刘晓琳等，2015）。

与对于食品安全总体水平非常不满意的参照组相比，受教育年限对消费者采用食品安全消费的意愿有很大的正影响（王建华等，2015）。吴林海等（2014）在江苏无锡等 7 个肉菜流通追溯体系建设试点城市实施了选择实验，研究结果表明，消费者对可追溯猪肉的偏好具有异质性，性别、年龄、受教育程度和收入水平显著影响消费者偏好。因此，基于以上分析，本研究提出假说 H1。

H1：个体特征显著影响农村居民食品安全消费意向。具体表述为：性别、年龄、文化程度及健康状况显著影响农村居民的食品安全消费意向。

家庭特征：家庭是社会结构的基本组成部分，与消费活动关系密切。本研究选择农村居民的家庭规模、家庭年均纯收入纳入家庭特征变量。周应恒（2006）的实证研究表明，消费者家中小孩数、家庭总人口数以及消费者的家庭平均月收入水平等变量对消费者的支付意愿有显著的影响。家庭是否有未成年人是影响我国消费者对转基因食品购买意愿的主要因素之一（冯良宣，2012）。学者周全（2010）在研究消费者购买乳制品调查过程中发现，家庭规模因素与购买意愿有关。家庭收入越高，对安全食品的支付意愿越高（韩青、袁学国，2008；张鑫、任国政，2010）。因此，提出假说 H2：

H2：家庭特征显著影响农村居民食品安全消费意向。具体为：家庭规模、家庭年收入对食品安全消费意向有显著影响。

2. 消费动机与农村居民安全消费意向关系及研究假设

"面子"在我国传统文化中根深蒂固，具有一定象征意义。人们试图通过赢得"面子"而得到社会和他人的认可。同样。出于"面子"动机的消费与消费意向具有很强的关联性。陈刚（2016）通过把消费意向划分为消费总量、消费时间、消费档次、消费类别四个维度来分析"面子文化"对消费意向的影响，研究结论指出，"面子文化"与居民消费总量、消费时间的消费意向呈正相关。吕姗（2016）认为，中国式宴席消费往往出于"面子文化"的因素，会增加食品在质量、外观、口感方面的支出，是人情交往常用方法，"面子文化"对宴席的消费有影响。公开情况下，爱面子的消费者觉得绿色产品感知社会价值更高从而购买（于春玲等，2019）。

因此，本研究提出假说 H3：

H3："面子文化"显著影响农村居民的食品安全消费意向。

3. 经历、认知与农村居民食品安全消费意向关系及研究假设

不少学者探讨了认知、经历与消费意向的关系（刘明波等，2014；李玉萍，2015；李海涛等，2020；吴天强等，2020）。唐林等（2021）的研究表明，外出务工经历对农户环境治理支付意愿均有显著的正向影响。有过问题食品经历的消费者出于规避食品安全风险的考虑，对认证食品的消费意愿高（刘增金、乔娟，2011）。农村居民在有过食源性疾病经历后，对食品问题带来的严重后果会有深刻体会和认识，更趋于规避食品风险，自动提升食品安全消费意向。生态知识正向影响子辈绿色消费意愿（龚思羽等，2020）。学者 Mc-Cluskey（2003）、Wang 和 Liu（2014）指出，消费者对食品安全知识的认知程度会正向影响消费者支付意向。在消费者的知晓率和认知程度总体都不高的认证食品和可追溯食品市场中，消费者关于食品安全认证或食品可追溯体系的知识会影响其对认证食品或可追溯食品的偏好和支付意向（Yiridoe etal.，2005；Batte et al.，2007）。因此，本研究提出 H4 假定：

H4：农村居民食品安全经历和认知显著影响食品安全消费意向。即，食源性疾病经历、食品安全风险感知、对《中华人民共和国食品安全法》认知度以及对质量认证食品认知度对食品安全消费意向产生显著影响。

4. 信任与食品消费意向关系及研究假设

农村市场食品安全信息不对称现象普遍存在，可能与农村居民的自身知识水平受限有关，也与农村居民对获得食品信息来源政府、媒体以及企业的信任有关。消费者对不同信息源的信任，间接影响其购买意向，对媒体以及独立机构等信息源的信任，显著提升了消费者对安全食品的购买意向（Lobb 等，2007）。王建华等（2016）实证分析发现，农村居民对政府信任程度越高，就更能促进其食品安全消费。本研究列举了政府机构、权威机构、食品企业、大众媒体、商家以及朋友家人六种食品安全信息供给主体。基于此，本研究提出假说 H5：

H5：信息源信任特征显著影响农村居民安全消费意向。具体而言，农村居民对政府机构、权威机构、朋友家人、食品企业、大众媒体、商家的信任度对其食品安全消费影响显著。

5. 食品属性与农村居民食品安全消费意向关系及研究假设

在消费过程中，消费者是以追求效用最大化为原则。价格、（转移）成本、产地、功能、质量标识等产品属性会影响消费者的消费意愿（李东进等，2007；王海忠等，2007；余萍等，2013；刘瑞东和金英伟，2019；苏武江，2020）。网购中的价格折扣水平对消费者购买意愿产生非线性影响（车诚等，2020），随着食品价格的上升，购买意向先上升，然后逐步下降，呈现出倒 U 形状（黄侦和李东进，2020）。刘增金等（2016）认为，消费意向会受消费者对绿色食品、有机食品等质量认证标识的显著影响。与常规番茄相比，消费者普遍愿意为认证食品和可追溯食品支付更高的价格，且与认证食品相比，消费者更加偏好含有完整可追溯信息的食品（尹世久等，2019）。本研究选择价格安全标识作为食品属性变量，据此，提出研究假说 H6：

H6：价格、食品安全标识等属性显著影响农村居民的食品安全消费意向。

6. 购买地点与食品安全消费意向关系分析及研究假设

不同购买地点，食品质量也会有差异。有实证分析表明，不同的购买地点显著影响消费者无公害农产品购买的意向和行为（陈志颖，2006）。本研究的调查分析发现，农村居民认为常见的食品销售点出售的食品安全程度依次是县城农贸市场、乡镇农贸市场、流动摊点。据此，提出假说 H7：

H7：购买区位特征对农村居民食品安全购买意向产生显著影响，即大型超市/食品专卖店、县城农贸市场对食品安全消费意向可能产生正向影响；乡镇农贸市场、流动摊点可能会对食品安全消费意向产生负向影响。

7. 参照群体与食品安全消费意向关系分析及研究假设

消费者归属或向往的群体会影响其对消费意向的选择。一个人的参考群体是指对其看法和行为有直接或间接影响的群体。王建华等（2015）认为，由于农村居民获得食品安全信息渠道少，多数农村居民对安全食品的判断能力比较低，易受他人购买经验影响。本研究将他人、家人朋友以及权威/公众人物作为农村居民的参照群体，据此提出假说 H8：

H8：参考群体对农村居民食品安全消费有正向影响。

8. 服务特征与食品安全消费意向关系分析及研究假设

食品安全服务特征主要是指政府为保障食品安全向农村居民提供的各种服务工作，主要包括农村食品安全的宣传、教育和监管。Yin 等（2010）研究指出消费者购买意愿会受到其对政府监管效果的评价，并对政府监管的效果与力度有一定的依赖性。信息干预可以显著提高消费者对有机食品和可追溯食品的意愿支付水平（尹世久等，2019）。根据以上分析，本研究提出假说 H9：

H9：服务特征对农村居民食品安全消费意向有显著影响。

二、分析模型选择

本研究所选被解释变量——农村居民食品安全消费意向分为"有"和"无"，赋值为 1 和 0，是一个二分类变量。根据上文的农村居民食品安全消费意向初始模型（图 6-1）以及研究假说，本研究选择二元 Logistic 回归模型分析农村居民食品安全消费意向影响因素。

设 $y=1$ 的概率为 p，则 y 的概率分布函数为：$f(y)=p^y(1-p)^{1-y}$，该函数的期望值为 p，方差为 $1-p$。假设有 i 个解释变量，依次为 x_1，x_2，x_3，$\cdots$，x_i，所对应的 Logistic 模型如下：

$$f(p)=\exp(\beta_0+\beta_1 X_1+\cdots+\beta_i)/[1+\exp(\beta_0+\beta_1 X_1+\cdots+\beta_i X_i)]$$

$$(6\text{-}1)$$

（6-1）式中，y 表示被解释变量（因变量），x 表示解释变量（自变量），x_i（$i=1$，2，3，$\cdots$，i）表示影响农村居民食品安全消费意向各因素，E（.）表示以自然对数（2.71828）为底的指数函数，β_0 为截距，β_i 表示对应的偏回归系数。对 $f(p)$ 进行 Logistic 转换，得到函数如下：

$$\text{Logistic}(p) = \text{Ln}\left[\frac{p(Y=1)}{(1-p(Y=1))}\right] = \beta_0 + \sum_i \beta_i X_i$$

（6-2）

三、变量的选取与说明

（一）因变量的选取与说明

依据前文对食品安全消费意向的概念界定，本研究用题项"农村居民是否愿意购买有安全认证标识食品"测量农村居民食品安全消费意愿，选项"是"赋值为1，"否"赋值为0（表6-1）。

（二）自变量的选取与说明

根据前文所提出的9个研究假说，将9个维度共28个变量作为解释变量纳入模型，每个解释变量的具体定义如下：

个体特征。本研究纳入模型的个体特征主要包括四类：性别、年龄、文化程度和身体健康状况。性别中的"男""女"分别设定为0，1；年龄是连续变量，本研究根据需要对其进行分组，即"20岁及以下"赋值1，"21~40岁"赋值2，"41~65岁"赋值3，"65岁以上"赋值4；文化程度，本问卷设计为五个等级，"小学及以下""初中""高中/中专""大专""本科及以上"，依次赋值为1，2，3，4，5；身体健康状况由"很差"到"很好"依次分为五个级别，分别赋值为1，2，3，4，5。

家庭特征。纳入本研究模型的家庭特征变量分别有家庭规模和家庭年收入。其中，家庭规模由问卷中的家庭结构表示，将四种类型家庭转换成三类，即把家庭结构"独居户""夫妻户"归为家庭规模中"2人及2人以下"，并赋值为1，"夫妻小孩户"归为家庭规模中"3人"，赋值为2，"三代同堂户"和"其他"归为家庭规模"3人以上"，赋值为3；家庭年收入问卷设计为"2万元及以下""2万~4万""4万~6万""6万~8万""8万及以上"五个级别，分别赋值为1，2，3，4，5。

食品安全消费动机用"面子文化"特征表示。本研究通过询问农村居民"您在消费食品时，自用食品、摆酒席用食品是否有区别"，来测量农村居民食品安全消费的"面子文化"特征，其中，"有差别"表示重视"面子"，赋值为1，"无差别"表示不重视"面子"，赋值为0。

食品安全认知。纳入模型的食品安全认知特征有四个变量。①是否有食源性疾病经历，"是"赋值1，"否"赋值0；②食品安全风险感知，用"您是否清楚问题食品对身体危害程度"进行测量，本研究把清楚"地沟油""毒奶粉"

"瘦肉精猪肉""毒豆芽"四类问题食品对健康的危害，得分为 1，然后将被访者选项进行合并加权，得分在 0 到 2 之间为"不清楚"，赋值为 0，得分在 2 到 4 之间为"清楚"赋值为 1。③对《中华人民共和国食品安全法》认知度，把选项"不清楚""不太清楚""一般"合并为"不清楚"，赋值 0，选项"比较清楚""清楚"合并为"清楚"，赋值 1。质量认证食品认知度，本研究根据研究需要，把问卷中的"绿色食品""有机食品""无公害食品"三种质量认证食品分别赋为 1 分，进行合并加权并分类，得分 0 至 1.5 分为"不清楚"，赋值 0，1.5 分至 3 分为"清楚"，赋值 1。

信任特征。本研究列举六类食品信息供给主体，农村居民对各个主体的信任划分五个级别，"很不信任""不太信任""不确定""比较信任""非常信任"，分别赋值为 1，2，3，4，5。

食品属性。本研究把食品的价格、食品的认证标识纳入食品属性变量。其中，通过对农村居民日常生活需要的奶粉类、饮料类、鲜活肉类、卤菜类、蔬菜/水果类五种食品分别赋为 1 分，然后进行加权计算并分类，得分区间在 0 到 2.5 分，为"不会影响"，赋值 0，得分区间在 2.5 分到 5 分，为"会影响"，赋值 1。

购买地点。本研究列举了农村居民常去购买食品的四类购买地点，分别为超市/食品专卖店、县城农贸市场、乡镇农贸市场/小卖部、流动摊点。选择"是"赋值为 1，选择"否"赋值为 0。

参照群体特征。本研究参照群体特征包括三个变量，分别为他人、家人朋友、权威/公众人物。且本研究根据研究需要，把问卷设计中受参照群体影响行为的五个级别进行合并，其中，"不符合""不太符合""一般"进行合并为"不会影响"，赋值 0，把"比较符合""完全符合"合并为"会影响"，赋值为 1。

食品安全服务。食品安全服务是通过询问农村居民所在地是否有进行过食品安全宣传教育工作和监管工作来体现，回答"是"，赋值 1，回答"否"，赋值 0。

表 6-1　变量的定义符号与赋值

变量定义及符号	变量赋值	预期影响
被解释变量		
是否愿意购买安全认证食品(Y)	是＝1，否＝0	
解释变量		

（续）

变量定义及符号		变量赋值	预期影响
	性别（X_1）	女＝1，男＝0	＋
个体特征	年龄（X_2）	20 岁及以下＝1，21～40 岁＝2，41～65 岁＝3，65 岁以上＝4	－
	文化程度（X_3）	小学及以下＝1，初中＝2，高中/中专＝3，大专＝4，本科及以上＝5	＋
	身体状况（X_4）	很差＝1，较差＝2，一般＝3，较好＝4，很好＝5	－
家庭特征	家庭规模（X_5）	2 人及以下＝1，3 人＝2，3 人以上＝3	－
	家庭年收入（X_6）	2 万及以下＝1，2 万～4 万＝2，4 万～6 万＝3，6 万～8 万＝4，8 万及以上＝5	＋
动机	摆酒席"面子"文化（X_7）	重视＝1，不重视＝0	＋
食品安全认知	有无食源性疾病经历（X_8）	有＝1，无＝0	＋
	食品安全风险感知（X_9）	清楚＝1，不清楚＝0	＋
	《中华人民共和国食品安全法》认知度（X_{10}）	清楚＝1，不清楚＝0	＋
	质量认证食品认知度（X_{11}）	清楚＝1，不清楚＝0	＋
信任特征	对政府机构信任度（X_{12}）	很不信任＝1，比较信任＝2，不确定＝3，不太信任＝4，很不信任＝5	＋
	对食品企业信任度（X_{13}）	很不信任＝1，比较信任＝2，不确定＝3，不太信任＝4，很不信任＝5	－
	对权威机构信任度（X_{14}）	很不信任＝1，比较信任＝2，不确定＝3，不太信任＝4，很不信任＝5	＋
	对大众媒体信任度（X_{15}）	很不信任＝1，比较信任＝2，不确定＝3，不太信任＝4，很不信任＝5	－
	对家人朋友信任度（X_{16}）	很不信任＝1，比较信任＝2，不确定＝3，不太信任＝4，很不信任＝5	＋
	对商家信任度（X_{17}）	很不信任＝1，比较信任＝2，不确定＝3，不太信任＝4，很不信任－5	＋
食品属性	食品价格（X_{18}）	会影响＝1，不会影响＝0	－
	食品认证标识（X_{19}）	会影响＝1，不会影响＝0	＋
购买地点	超市/食品专卖店（X_{20}）	是＝1，否＝0	＋
	县城农贸市场（X_{21}）	是＝1，否＝0	＋
	乡镇农贸市场（X_{22}）	是＝1，否＝0	＋
	流动摊点（X_{23}）	是＝1，否＝0	
参照群体特征	他人经验是否影响购买（X_{24}）	会影响＝1，不会影响＝0	＋
	亲朋是否影响购买（X_{25}）	会影响＝1，不会影响＝0	＋
	名望人物是否影响购买（X_{26}）	会影响＝1，不会影响＝0	＋

（续）

变量定义及符号	变量赋值	预期影响
服务 是否有食品安全宣传教育（X_{27}）	是＝1，否＝0	＋
工作 是否有政府部门监管（X_{28}）	是＝1，否＝0	＋

四、模型估计

（一）模型估计结果

本研究基于江西农村居民食品安全消费行为问卷数据，运用（6-2）式模型，借助 SPSS20.0 软件，实证研究农村居民食品安全消费意愿，考察其显著性影响因素。模型拟合结果如表 6-2 所示。

表 6-2 是江西农村居民食品安全消费意向影响因素二元 Logistic 回归模型中各解释变量显著性的参数估计及模型系数、变量相关性和模型适配度检验最终结果。本研究选取的显著性统计水平是 10％、5％以及 1％。

用于检验模型整体适配度的卡方值 $\chi^2 = 174.515$，$P = 0.000 < 0.05$，表明模型整体通过显著性检验，且自变量间不存在强共线性说明纳入的 28 个自变量中至少有 1 个变量能够有效地解释并预测因变量的分类结果。

Cox & Snell $R^2 = 0.135$ 和 Nagelkerke $R^2 = 0.214$，说明纳入分析的 28 个自变量与因变量有相关性，模型拟合效果较好。

Hosmer-Lemeshow 值是 4.975，$P = 0.760 > 0.05$，说明整体模型适配度或契合度好，表明纳入分析自变量能够有效地预测因变量。

（二）结果解释

1. 个体特征的影响

个体特征中的文化程度、身体健康状况变量对农村居民食品安全消费意向影响显著，而性别、年龄没有显著影响。具体解释如下：

（1）农村居民的文化程度在 10％显著性水平下通过了统计检验，且系数 $B = 0.165$，Exp（B）＝1.179。这说明，在其他变量不变的情况下，文化程度显著正向影响农村居民食品安全消费意向。并且，农村居民的文化程度每上升 1 个单位，农村居民食品安全消费意向发生比将增强 17.9％，这与本研究假说相一致。

（2）身体状况变量的系数 $B = -0.105$，$p = 0.035 < 0.05$，Exp（B）＝0.900，这表明在控制其他变量的前提下，农村居民的身体状况在 0.05 显著性水平下显著负向影响农村居民食品安全消费意向。并且，当农村居民的身体状

况每降低 1 个单位，其食品安全消费意向发生比将提高 10.0%，说明农村居民身体健康越差，就越关心食物营养和安全，食品安全消费意向就越强。这与本研究假说相一致。

（3）性别和年龄没有通过显著性检验，本研究假说没有得到验证。这可能与当前农村仍是女主内、男主外，男性不太关心食品情况，而平常作为家庭中主要食物处理者的农村女性，受传统的生活习惯影响，更多的是关注食品口味，不太关心食品的安全性，因此性别对农村居民的食品安全消费意向影响不大。年龄虽然不是显著性影响因素，年龄的系数为 −0.119，年龄与农村居民食品安全消费意向呈低度负相关，年龄对其有一定影响。农村居民年龄越小，更易接受新知识和新信息，安全消费认知更高，因而食品安全消费意向高。

表 6-2　模型估计结果

变量	B	$S.E$	$Wald$	$Sig.$	$Exp(B)$
性别（X_1）	0.045	0.164	0.074	0.785	1.046
年龄（X_2）	−0.119	0.135	0.771	0.380	0.888
文化程度（X_3）	0.165*	0.086	3.653	0.057	1.179
身体状况（X_4）	−0.105**	0.103	1.053	0.035	0.900
家庭规模（X_5）	0.161**	0.120	1.800	0.018	1.175
家庭年收入（X_6）	0.028	0.071	0.152	0.696	0.973
摆酒席"面子"文化（X_9）	0.873***	0.187	21.786	0.000	0.418
食源性疾病经历（X_7）	0.217*	0.279	0.603	0.074	1.242
食品安全风险感知（X_8）	0.004	0.019	0.042	0.838	1.004
对《中华人民共和国食品安全法》认知度（X_{10}）	0.193	0.176	1.194	0.275	1.213
对质量认证食品认知度（X_{11}）	0.049*	0.028	3.192	0.074	1.051
对政府机构信任度（X_{12}）	0.403**	0.206	3.836	0.050	1.496
对食品企业信任度（X_{13}）	−0.012	0.088	0.018	0.893	0.988
对权威机构信任度（X_{14}）	−0.011	0.096	0.014	0.906	0.989
对大众媒体信任度（X_{15}）	0.154*	0.093	2.743	0.098	1.166
对家人朋友信任度（X_{16}）	0.156*	0.092	2.865	0.091	1.169
对商家信任度（X_{17}）	0.085	0.087	0.948	0.330	1.088
食品价格（X_{18}）	−0.039*	0.243	0.026	0.087	1.040
食品认证标识（X_{19}）	0.781*	0.473	2.724	0.099	2.184
超市/食品专卖店（X_{20}）	0.791***	0.276	8.212	0.004	2.206

（续）

变量	B	$S.E$	$Wald$	$Sig.$	Exp（B）
县城农贸市场（X_{21}）	−0.290	0.247	1.374	0.241	0.748
乡镇农贸市场/小卖部（X_{22}）	0.151	0.200	0.567	0.451	1.163
流动摊点（X_{23}）	−0.135	0.204	0.439	0.508	0.874
别人购买经验会影响购买（X_{24}）	0.405	0.257	2.486	0.115	1.500
亲友购买经验对购买影响（X_{25}）	0.936***	0.365	6.577	0.010	2.550
权威/公众人物对购买影响（X_{26}）	−0.220	0.191	1.338	0.247	0.802
食品安全宣传教育（X_{27}）	1.436***	0.184	60.956	0.000	0.238
食品安全监管（X_{28}）	−0.106	0.192	0.303	0.582	0.900
常量	−0.941	1.069	0.775	0.379	0.390

$\chi^2 = 174.515$，$P = 0.000 < 0.05$；Cox & Snell $R^2 = 0.135$，Nagelkerke $R^2 = 0.214$

Hosmer-Lemeshow 值 $= 4.975$，$P = 0.760$

2. 家庭特征的影响

（1）模型估计结果显示，家庭规模变量 0.05 显著性水平下通过了统计检验，且系数 $B = 0.161 > 0$，Exp（B）$= 1.175$。这说明，家庭规模对农村居民食品安全消费意向产生显著的正影响，即在控制其他变量保持不变前提下，家庭规模越大，农村居民食品安全消费意向越高，同时，农村居民的家庭规模每提高 1 个单位，农村居民食品安全消费意向发生比将提高 17.5%。这与本研究假说相反。可能原因是，农村居民家庭规模越大，关注食品安全问题的人越多，家庭成员间相互影响大，食品安全消费意向就越高。

（2）家庭年收入变量没有通过统计水平显著性检验，说明家庭年收入不是农村居民食品安全消费意向的重要影响因素，这与本研究假说不一致。这可能与农村传统消费习俗有关，家庭年收入提高了，农村居民对食品的消费更多的是注重"面子"，消费普遍家庭消费不起的食物以显摆身份地位，而不太注重食品的质量安全问题。

3. 食品安全消费动机的影响

"面子文化"变量在 0.01 显著性水平下通过检验，且系数为正。这说明，在控制其他变量不变的前提下，"面子文化"特征对农村居民食品安全消费意向有显著正向影响。这与本研究假说一致。同时，"面子"每增加 1 个单位，农村居民食品安全消费意向发生比是原来的 41.8%。

4. 食品安全认知特征的影响

（1）食源性疾病经历变量通过了 10% 显著性水平的统计检验，且 $B =$

$0.217>0$，Exp（B）=1.242。食源性疾病经历显著正向影响农村居民食品安全消费意向。这说明在控制其他变量不变的前提下，食源性疾病经历越多，食品安全消费意向会越强，且食源性疾病经历每提高 1 个单位，农村居民食品安全消费意向发生比增加 24.2%，说明有过食源性疾病经历的农村居民，对食品安全的重要性有更深刻的体会，因而更注重食品消费的安全性。这与本研究假说相一致。

（2）对质量认证食品的认知度变量通过了 10% 显著性水平的统计检验，且 $B=0.049>0$，Exp（B）=1.051，对质量认证食品认知度显著正向影响农村居民食品安全消费意向。即在其他变量不变的前提下，农村居民对质量认证食品认知度越高，食品安全消费意向就越强，且对质量认证食品认知度每提高 1 个单位，农村居民食品安全消费意向发生比提高 5.1%，研究假说得到验证。

（3）食品安全风险感知、对《食品安全法》认知度两个变量未通过统计水平的显著性检验，因而这两个变量对农村居民食品安全消费意向不存在显著影响，这与本研究假说不一致。原因可能是，当前多数农村居民平时不关心国家食品安全政策法规，而安全食品价格普遍偏高，再加上"不干不净、吃了没病"的传统观念，因而没有食品安全消费意识和意向。

5. 信任特征的影响

（1）对政府机构信任度变量在 0.05 显著性水平下通过了统计检验，且系数 $B=0.403>0$，Exp（B）=1.496。对政府机构信任度正向促进农村居民食品安全消费意向。也就是说在其他变量保持不变的前提下，农村居民对政府机构提供的信息越信任，其食品安全消费意向就越强，且对政府机构提供信息信任度每提高 1 个单位，农村居民食品安全消费意向发生比提高 49.6%，本研究的假设得到验证。

（2）对大众媒体信任度在 10% 显著性水平下通过了统计检验，且系数 $B=0.154>0$，Exp（B）=1.166。说明大众媒体信任度显著正向影响农村居民食品安全消费意向。并且，在其他变量不变的前提下，农村居民对大众媒体提供信息的信任，增强了其对食品安全消费意向，对大众媒体信任度每提高 1 个单位，农村居民食品安全消费意向发生比就提高 16.6%。这与本研究假说相反。原因可能是，随着手机在农村居民中的普及，微信的使用又让大众媒体传播食品安全消息更具有及时性和通达性，农村居民接触大众媒体信息渠道更宽、更便捷，随着农村居民食品安全知识的增加，其食品安全消费意向也增强。

（3）对亲友的信任变量通过了 0.01 显著性水平的统计检验，且 $B=$

$0.156>0$，Exp（B）$=1.169$。说明，对亲友信任变量正向激发农村居民的食品安全消费意向。在其他变量不变的前提下，农村居民越信任亲友，则亲友提供的食品安全信息就越会产生示范效应，导致农村居民的食品安全消费意向增强。如果对亲友信任度每提高 1 个单位，农村居民食品安全消费意向发生比提高 16.9%。本研究假说得到验证。

（4）对食品企业、食品商家及食品权威机构所提供信息的信任程度 3 个变量未通过显著性水平统计检验，说明这 3 个变量对农村居民食品安全消费意向并不产生重要作用。这可能与大多数农村居民不熟悉食品企业、商家及权威机构有关。

6. 食品属性的影响

（1）食品价格属性在 0.1 显著性水平下通过检验，且 $B=-0.039<0$，Exp（B）$=1.040$。这表明，食品价格属性显著负作用于农村居民的食品安全消费意向。即在其他变量不变的前提下，食品价格越高，食品安全消费意向越低，并且，食品价格每提高 1 个单位，食品安全消费意向的发生比就降低 4.0%。本研究假说得到验证。

（2）食品认证标识属性也在 0.1 显著性水平下通过检验，且系数 $B=-0.781<0$，Exp（B）$=2.184$。说明在控制其他条件不变的情况下，食品认证标识属性能显著提升农村居民的食品安全消费意向，这与本研究假说相一致。并且，食品认证标识属性每提高 1 个单位，食品安全消费意向的发生比提高 118.4%。

7. 购买地点的影响

（1）超市/食品专卖店在 0.01 显著性水平下通过检验，且系数 $B=0.791>0$，Exp（B）$=2.206$。超市/食品专卖店是显著正向影响农村居民食品安全消费意向的因素。也就是说，在控制其他条件不变的前提下，在超市/食品专卖店购买食品的次数越多，农村居民的食品安全消费意向越强，这与本研究假说相一致，并且在超市/食品专卖店购买每提高 1 个单位，食品安全消费意向的发生比提高 120.6%。

（2）其他食品购买地点（县城农贸市场、乡镇农贸市场/小卖部及流动摊点）变量均未通过显著性检验。因为这些地方销售的食品大多是散装，没有包装说明和消费提示，农村居民购买后并不能从中得到食品安全消费知识，因而也未对其食品安全消费意向产生影响。

8. 参照群体特征的影响

亲友的食品安全消费经验通过了 0.01 显著性水平的统计检验，且 $B=$

$0.936>0$，Exp（B）$=2.550$。这说明，在控制其他变量保持不变的前提下，亲友的购买经验显著正向影响农村居民食品安全消费意向，即，亲友食品安全消费经验越丰富，农村居民食品安全消费意向越强烈，示范效应越显著，这与本研究假说相一致。并且亲友食品安全消费经验每增加1个单位，农村居民的食品安全消费意向发生比提高155.0%。

他人（亲友以外）或权威/公众人物的食品安全消费经验未通过显著性水平的统计检验，说明二者均对农村居民的食品安全消费意向不产生显著影响。可能原因有二：一是伦理思想在我国农村居民心中根深蒂固，农村居民更相信五服以内的亲友。二是近年来关于权威人士/公众人物在食品安全事件中扮演的不专业或不负责任的角色，经媒体曝光后，持续发酵，在农村居民心目中形成了负面影响，农村居民对其信任度几乎降到零，因此，他们左右不了农村居民食品安全消费意向。

9. 食品安全服务特征的影响

（1）食品安全宣传教育变量在1%显著性水平下通过了统计检验，且 $B=0.936>0$，Exp（B）$=0.010$。这表明，在控制其他条件不变的情况下，食品安全宣传教育显著正向影响农村居民食品安全消费意向。即农村食品安全宣传服务越多，农村居民食品安全消费意向越高，这与本研究假说相一致。并且，食品安全宣传教育服务每增加1个单位，农村居民的食品安全消费意向发生比是之前的1%。

（2）食品安全宣传监管变量未通过显著性水平统计检验，食品安全监管对农村居民食品安全消费意向不产生显著影响，这与本研究假说相背。从访谈中发现，目前，多数农村居民并不了解、有些人甚至没听说过政府食品安全监管。

五、研究结论

通过以上分析，归纳、总结出几个本章的重要结论：

（1）个体特征部分变量对农村居民的食品安全消费意向有显著影响。其中，文化程度、家庭规模对农村居民的食品安全消费意向有正向影响；身体状况对食品安全消费意向有负向影响。

（2）"面子"消费动机显著促进农村居民的食品安全消费意向，农村居民越是重视"面子"，食品安全消费意向越高。

（3）消费者食品安全经历对农村居民的食品安全消费意向有显著性影响。其中，食源性疾病经历显著正向影响农村居民的食品安全消费意向。对质量认证食品了解度越高，食品安全消费意向越强烈。农村居民对政府机构、大众媒体、亲友越信任，其食品安全消费意向也越强。

（4）食品属性特征对农村居民食品安全消费意向有显著性影响。食品的价格属性对食品安全消费意向有负向影响，食品价格越高，食品安全消费意向越低。食品认证标识属性、购买地点超市/食品专卖店对农村居民的食品安全消费意向有正向影响。

（5）参照群体特征对农村居民食品安全消费意向有显著性影响。其中，亲友的经历和意见正向影响农村居民食品安全消费意向，农村食品安全宣传、教育工作能促进农村居民的食品安全消费意向。

六、提升农村居民食品安全消费意愿的对策建议

农村食品安全是准公共物品，因此农村食品安全市场存在市场失灵现象，即会滋生食品安全消费风险、食品安全问题。为防止这些问题的发生，政府应在其中扮演重要角色，承担应有的责任。其中，提升农村居民食品安全消费意向，促进意向向行为转化，不仅是农村居民个人的事情，也是政府的责任。农村居民食品安全消费意向的增强，可以促使更多的食品安全消费行为发生，倒逼食品生产经营者规范食品安全生产、销售行为，提供更多的安全食品，从而间接提升农村食品安全治理效率、效果。因此，政府应充分发挥自身的激励和引导职能作用，提升农村居民食品安全消费志愿，促进食品安全行为发生。基于上述农村居民食品安全消费意向实证分析结果，应做好以下几方面工作。

（一）激发农村居民的食品安全消费动机

农村居民"面子文化"消费动机特征对食品安全消费意向有显著性影响。中国农村社会环境的主要特色是熟人社会，农村居民通常喜欢通过显示消费实力在他人面前保留"面子"，获取他人对自己的羡慕和尊重。他们在宴请亲友、邻里或办酒席时，往往会呈出体面、上档次的食品(物)或时髦食品(如有安全认证标志的食品)，以保留或提高自己在社区的社会地位、名声。因此，应加强农村宴席食品安全监管，建立农村宴席报酬制度。帮助农村居民树立食品安全现代面子观，大力宣传食品安全消费知识和食品消费方式方法，培养农村居民食品安全消费意识。同时，加强农村食品安全风险交流平台建设，提升他们的食品安全消费意向。

（二）提升食品安全消费信息源的公信力

对政府机构、大众媒体、亲友的信任度显著促进农村居民的食品安全消费

意向。因此，应规范食品安全信息发布和报道行为，加强信息发布机构公信力建设，提升食品安全信息来源的可靠性。

第一，加强政府食品安全信息公开制度建设。政府是农村居民获取食品安全信息的重要来源。政府应该加强农村居民食品安全信息需求调查，积极、准确回应公众的诉求，及时向农村居民公布食品安全信息。对于信息公开，既包括监管部门的信息公开，也包括问题食品处理结果信息的公开，使食品信息在全社会实现透明化。政府监管部门要定期面向农村公布食品安全检测结果、食品安全风险及可能的危害、防范方法，及时通报问题食品造成的危害、处理进展和处理结果，解答疑惑。

第二，加强对食品安全的新闻从业人员培训力度，规范食品安全报道行为。鼓励媒体设置报道议程，科学把关媒体的食品安全信息供给。媒体在报道问题食品事件信息前，要做好媒体议程设置工作，真实、客观地报道食品安全事件，完善新闻发言人制度及建立应急报道机制，并对问题食品信息给予不同程度、不同层面的追踪报道。与此同时，在媒体进行议程设置时，必须增强与公众的关联度，要贴近实际、贴近生活、贴近公众。此外，政府要用法律与道德相结合手段规范媒体信息供给。加大对媒体行业准则和职业道德方面的约束。同时，要用法律手段严惩散布不实消息的媒体人，吊销其执业资格证。

第三，正确引导普通民众食品安全信息传播行为。农村居民的参照群体（亲友、邻里及其他熟人）对其食品安全消费意向起重要作用。因此，政府要重视对农村居民进行农村地区食品安全信息非正式渠道的传播行为教育和培养。一方面，要大力宣传食品安全信息传播相关的法律法规，培养农村居民规范的食品安全信息传播意识、方式和方法，规范他们的食品安全信息传播行为。对散布不实消息的造谣者，要用法律手段进行严惩。另一方面，及时向农村居民科普食品安全消费知识，诠释食品安全风险和问题，并公布不实的食品安全消息。

（三）提高农村食品安全服务质量

第一，加强食品安全风险防范工作。政府要提高农村食品的监测技术和水平，推进食品抽检、监测的制度化。一方面，加强对食品生产经营者的常规化检查。以检验检测、舆情监测、投诉举报、案件查办等途径获取的食品风险信息为基础，加强食品药品监管部门联动，加大对出现过问题食品生产经营者的检查与抽查，并及时在官方平台公布监管信息，以确保农村居民的知情权，保障农村食品质量安全，坚定农村居民的食品安全消费意向。另一方面，在制度和技术上加强食品安全的事中监管。在制度上，各地方政府结合各自地区的具体情况及时出台《食品安全追溯管理办法》，加强食品安全追溯制度的建设，完善重点食品追溯体系。同时，加大食品生产经营企业信用体系的建设，严格执行"黑名单"制度，让相关企业、行业受到警示和教育，提高食品企业自身的自律意识和守法经营意识。在技术上，加大食品生产企业的电子化全程监管的普及，实施良好生产规范（GMP）和标准操作规程（SOP），完善监管人员的移动电子执法装备，利用最先进的技术来监管食品的安全生产。

第二，做好食品安全事后信息的通报工作。在遇到突发的食品安全事故时，官方媒体要及时公开食品安全事故信息，使农村居民能及时了解食品事故真实情况，减少农村居民食品安全风险恐慌，提升安全食品的可信度，强化农村居民的食品安全消费意向。

（四）提升农村居民对食品生产经营者及其产品的信任度

根据实证分析，食品安全认证标志、价格等厂商投入属性分别对农村居民食品安全消费意向有显著性正向、负向影响。因此，应强化食品生产经营者的社会责任意识，规范其食品安全生产行为，对安全食品进行合理定价。

第一，对有良好信誉的安全食品生产者给予政策优惠。树立一批在食品安全方面诚信经营的典型企业，并对这些优秀典型企业进行宣传和表彰，对生产有安全认证标识的食品企业给予政策支持、税收上优惠。同时，政府要对食品的价格在尊重市场经济的前提下给予控制，严禁企业对食品乱标价签，让农村居民吃得起具有安全认证标识的食品，进而提高农村居民食品安全消费意向。

第二，鼓励大型超市/食品专卖店在农村开设连锁店/分店，加快农村网上安全食品购物平台建设。建议政府给予税收政策支持，降低食品经营者经销安全食品成本。同时加快农村食品电子商务建设，使安全食品供应链延伸到农村。

第七章　农村居民食品安全消费决策及其引导研究

消费决策是指消费者谨慎地评价某一产品、品牌或服务的属性并进行选择、购买能满足某一特定需要的产品的过程。消费决策主要包括以下五个方面内容：买什么、买多少、在哪里买、何时买和如何买，即 5 W。消费者决策本质上是一个两阶段过程，第一个阶段是形成考虑集，第二个阶段是对考虑集中的品牌进行评估并形成最终选择（Gensch，1987）。消费决策是连接消费认知、具体消费行为和反馈的桥梁，居于消费行为的核心地位。因此有必要对消费决策形成机理及其激励方法展开相应研究。

一、理论模型与分析框架

通过对计划行为理论的梳理可知，主观规范、行为态度以及知觉行为控制对农村居民消费行为意向产生影响，然后通过行为意向对农村居民食品安全消费行为决策产生影响。上述几项都会直接影响农村居民食品安全消费决策，而农村居民的个体特征（性别、年龄、文化程度等）、家庭特征（家庭人口数等）主要通过影响农村居民的主观规范、行为态度、知觉行为控制、行为意向等来影响其自身的决策行为。因此，本研究将农村居民的主观规范、行为态度、知觉行为控制、行为意向包含的 15 个具体变量作为中间变量，将农村居民的个体特征、家庭特征的 12 个变量设为初始变量，通过路径分析，来探求农村居民个体特征及家庭特征和主观规范、行为态度、知觉行为控制、行为意向对农村居民消费决策的影响，分析框架见图 7-1。

首先，为保证专业性和可控性，方便研究起见，本研究只选择主观规范、行为态度、知觉行为控制、行为意向四个维度所包含的各个变量进行研究。

其次，问卷设计一个题项，对农村居民消费决策进行总测量。对于各维度共 15 个变量，通过调查农村居民的特征变量（包括个体特征和家庭特征），建立这些特征变量与农村居民消费决策之间的回归分析，来判断不同特征的路径分析模型。在路径分析中，用双向箭头表示两个变量间的相关关系，这种相关是没有因果关系的；用单箭头表示因果关系，箭头的起始变量为自变量（即：

因），箭头所指的方向为因变量（即：果），路径分析中，我们不仅要关注变量间的相关关系，更应该关注变量间的因果关系。

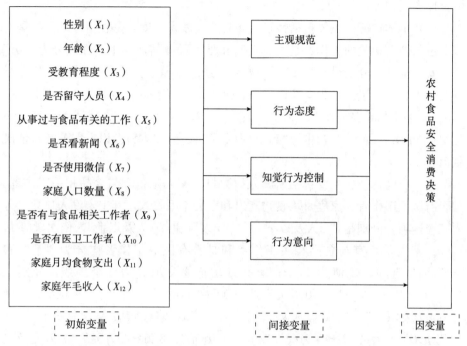

表 7-1　农村居民食品安全消费决策分析模型框架

二、变量选取与说明

在已有研究的基础上，本研究将有关变量定义如下。本研究将"农村居民食品安全购买决策"作为因变量。

因变量包括了 6 种农村居民日常生活中的食品安全消费决策行为，其中包括消费决策前期对食品安全信息的搜寻、消费决策过程中对食品安全信息的阅读和认知、自己进行食品安全消费决策能力大小以及他人影响自己进行食品安全消费决策。将这些描述与实际情况相符程度设为"完全符合"到"不符合"五个等级，依次赋值 5、4、3、2、1，分值越大，表明被调查者的实际行为与所设变量的相符程度越高，反之则越低。将上述农村居民食品安全消费决策行为的分值相加，总分值在 6 至 30 之间，中位数分值为 18，并将总分值为 6 及以下的归为从不购买，将总分值在 7 到 12 的归为很少购买，将总分值在 13 到 18 的归为偶尔购买，将总分值在 19 到 24 的归为经常购买，将总分值在 25 到 30 的归为总是购买，最终形成多元线性回归分析的因变量。

基于前面的理论分析框架，将 2 类人口特征 12 个初始变量和 4 类心理特征 15 个中间变量共 27 个变量作为解释变量纳入分析框架模型，每个解释变量的具体含义如下：

(1) 个体特征。主要包括性别、年龄、受教育程度、是否留守人员、是否从事过与食品相关的工作、是否看新闻和是否玩微信，其中，性别分为"男"和"女"两类，分别设定为 1，0；年龄是连续变量，根据研究需要对其进行分组，可分为六组："18 岁及以下""19～29 岁""30～39 岁""40～49 岁""50～65 岁""66 岁及以上"依次赋值为 1，2，3，4，5，6；受教育程度分为五组："小学及以下""初中""高中/中专""大专""本科及以上"五类，依次赋值为 1，2，3，4，5。

(2) 家庭特征。主要包括家庭人口数量、家人是否有与食品相关工作者、是否有医卫工作者、家庭月均食物支出和家庭年毛收入，其中家庭人口数量分为三个选项，分别是"2 人及以下""3～5 人"和"6 人及以上"，依次赋值 1，2，3；家人是否有与食品相关工作者和是否有医卫工作者均分为"是"和"否"两个选项，赋值为 1，0；家庭月均食物支出分为五个等级，分别是"500 元及以下""500～1 000 元""1 000～1 500 元""1 500～2 000 元"和"2 000 元及以上"，依次赋值为 1，2，3，4，5；家庭年收入分为五个等级："2 万元及以下""2 万～4 万元""4 万～6 万元""6 万～8 万元""8 万元及以上"，依次赋值为 1，2，3，4，5。

(3) 主观规范。主观规范特征用题项"家人和朋友支持我购买安全食品""他人购买安全食品会影响我购买安全食品"和"权威或公众人物影响我购买安全食品"测量，答案选项分别由"不符合"到"完全符合"五个等级，依次赋值为 1，2，3，4，5。

(4) 知觉行为控制。由农村居民对质量认证食品的了解程度、对食品安全问题的担忧程度、对当前农村市场上食品的安全认知、对农村食品安全风险的感知情况、对食品安全问题风险的接受程度共 5 个题项组成的量表进行测量。其中农村居民对质量认证食品的了解程度和对农村食品安全风险感知情况，由"不清楚"到"非常清楚"五个等级，依次赋值 1，2，3，4，5；"农村居民食品安全问题担忧度"由"不担忧"到"非常担忧"五级递增变化，对食品安全问题风险的接受程度由"不能接受"向"完全能接受"变化，依次赋值为 1，2，3，4，5。

(5) 行为态度。由食品安全消费有利于身体健康、食品安全消费有利于环境保护、食品安全消费能降低社会医疗成本、食品安全消费会增加家庭经济支出共 4 个题项测量，答案选项，依次由"不同意"向"完全同意"递增，变量赋值为 1，2，3，4，5。

（6）行为意向。测量行为意向特征的题项包括主动搜寻食品安全信息的行为意向、是否愿意购买有安全认证标识的食品和愿意为保障食品安全支付额外费用，其中主动搜寻食品安全信息的行为意愿期望频率依次由"从不"递进至"十分频繁"，依次赋值为 1，2，3，4，5；其余两项分为"是"和"否"两类，赋值为 1，0。

上述 6 个维度 27 个解释变量具体含义和赋值情况详见表 7-1。

表 7-1　自变量赋值及说明

变量名称及代码	变量赋值	均值	标准差
个体特征			
性别（X_1）	男=1，女=0	1.52	0.50
年龄（X_2）	18 岁及以下=1，19～29 岁=2，30～39 岁=3，40～49 岁=4，50～65 岁=5，66 岁及以上=6	3.72	1.29
受教育程度（X_3）	小学及以下=1，初中=2，高中/中专=3，大专=4，本科及以上=5	2.50	1.22
是否留守人员（X_4）	是=1，否=0	0.28	0.45
是否从事过与食品有关的工作（X_5）	是=1，否=0	0.18	0.38
是否常看电视新闻（X_6）	是=1，否=0	0.74	0.44
是否使用微信（X_7）	是=1，否=0	0.53	0.50
家庭特征			
家庭人口数量（X_8）	2 人及以下=1，3～5 人=2，6 人及以上=3	2.25	0.56
家人是否有与食品相关工作者（X_9）	是=1，否=0	0.15	0.35
家人是否有医卫工作者（X_{10}）	是=1，否=0	0.12	0.33
家庭月均食物支出（X_{11}）	≤500=1，500～1 000=2，1 000～1 500=3，1 500～2 000=4，≥2 000=5	2.75	1.22
家庭年毛收入（X_{12}）	≤2 万=1，2 万～4 万=2，4 万～6 万=3，6 万～8 万=4，≥8 万=5	2.70	1.21
主观规范			
亲友支持我购买安全食品（Y_1）	不符合=1，不太符合=2，一般=3，较符合=4，完全符合=5	4.07	0.85
他人购买安全食品影响我购买（Y_2）	不符合=1，不太符合=2，一般=3，较符合=4，完全符合=5	3.67	1.01

（续）

变量名称及代码	变量赋值	均值	标准差
权威人物影响我购买安全食品（Y_3）	不符合=1，不太符合=2，一般=3，较符合=4，完全符合=5	3.03	1.15
知觉行为控制			
对质量认证食品的了解程度（Y_4）	不清楚=1，不太清楚=2，一般=3，比较清楚=4，很清楚=5	2.83	1.05
对当前农村市场上食品的安全认知（Y_5）	不清楚=1，不太清楚=2，一般=3，比较清楚=4，非常清楚=5	3.47	0.59
对农村食品安全风险的感知情况（Y_6）	不清楚=1，不太清楚=2，一般=3，比较清楚=4，很清楚=5	3.12	1.13
对食品安全问题的担忧程度（Y_7）	不担忧=1，不太担忧=2，一般=3，比较担忧=4，非常担忧=5	4.50	0.77
对食品安全问题风险的接受程度（Y_8）	不接受=1，不太接受=2，一般=3，较接受=4，很能接受=5	1.67	0.81
行为态度			
食品安全消费有利于身体健康（Y_9）	不同意=1，不太同意=2，说不准=3，较同意=4，完全同意=5	4.55	0.76
食品安全消费有利于环境保护（Y_{10}）	不同意=1，不太同意=2，说不准=3，较同意=4，完全同意=5	4.31	0.87
食品安全消费能降低社会医疗成本（Y_{11}）	不同意=1，不太同意=2，说不准=3，较同意=4，完全同意=5	4.28	0.85
食品安全消费会增加家庭经济支出（Y_{12}）	不同意=1，不太同意=2，说不准=3，较同意=4，完全同意=5	3.81	1.10
行为意向			
主动搜寻食品安全信息意向频率（Y_{13}）	从不=1，甚少=2，偶尔=3，频繁=4，十分频繁=5	2.70	0.89
愿意购买有安全认证标识的食品（Y_{14}）	是=1，否=0	0.80	0.40
愿意为保障食品安全支付额外费用（Y_{15}）	是=1，否=0	0.79	0.40
因变量			
食品安全购买决策（Z）	从未买=1，很少买=2，偶尔买=3，经常买=4，总是买=5	3.96	0.66

三、变量统计描述

从表7-1可以看出，农村居民食品安全消费决策（购买行为）的均值为

3.96，其值在"偶尔购买"和"经常购买"之间，并接近于"经常购买"，说明农村居民食品安全消费决策能力比较高。其中选择"经常购买"的农村居民占所有调查者的 61.4%，选择"总是购买"的占 18%，偶尔购买的占 19.4%，只有 1.1%被调查者选择了很少购买和从未购买。

（一）初始变量的描述性统计

根据研究假设和变量选取说明，一共纳入了 12 个初始变量。

个人特征方面，被接受调查的 1 204 位农村居民的年龄特征的平均数为 3.72，在 41～65 岁和 65 岁及以上中间，并接近于 65 岁及以上。可见，被访者的年龄偏大，结合前文的样本描述统计，这符合我国当下农村社会的特征，年轻人大多选择在外务工，而在家的则以中老年人为主；从性别比例来看，男女较为均衡；受教育程度方面，均值为 2.5，在初中和高中之间，说明被调查的农村居民文化程度不是很高，其中小学以及下的占 22.5%，本科及以上被访者只占 9.5%，且以年轻人为主；74.3%的被访者有看新闻的习惯，半数以上（52.8%）的被访者玩微信；17.6%被访者从事过与食品相关的工作。

家庭特征方面，近 2/3 以上（63%）被访者的家庭人数为 3～5 人，有 31%的农村居民的家庭人口数在 6 人及以上，家人从事食品相关工作的被访者所占比重很小，均值为 0.15；家庭收入与月均食物支出情况在前文已有描述，此处不再赘述。

（二）中间变量的描述性统计

根据计划行为理论和前文假设，共选取了 4 个维度共 15 个中间变量。

主观规范方面的整体水平趋于中等，其中家人和朋友支持购买安全食品的水平最高，其平均数为 4.07。别人的购买行为对被访者的影响介于一般和比较符合中间，说明别人购买安全食品同样会影响被访者购买安全食品，而权威或公众人物对消费者的影响处于一般状态。

知觉行为控制方面，选入的变量呈现出水平不一的特征，其中，对食品安全问题的担忧程度的均值最高为 4.5，可见，目前多数农村居民担忧食品安全问题。在所有知觉行为控制题项中，对食品安全问题风险的接受程度的均值最低（1.67），这说明食品安全问题风险是农村居民最不能容忍的。此外，农村居民对质量认证食品的了解程度处于中等偏下水平（均值为 2.83），统计分析发现，只有 31.7%的被访者表示比较清楚及以上。农村居民对当前农村市场上食品的安全性认知和对农村食品安全风险的感知能力趋于中等偏上水平，均值分别是 3.47 和 3.12。

行为态度方面。测量行为态度的 4 个变量的整体平均取值都比较高，均值都在 4 左右。其中，变量"食品安全消费有利于身体健康"的平均取值达到了 4.55，说明大部分农村居民对"食品安全消费与身体健康有非常密切的关系"有清楚的认识。同时，变量"食品安全消费也有利于环境保护""食品安全消费降低社会医疗成本"的平均取值都介于中等偏上水平，均值分别是 4.38 和 4.31。而变量"食品安全消费会增加家庭经济支出"的平均取值处于中等偏下水平（均值 3.81），说明经济成本仍是当前农村居民食品安全消费最为顾虑的因素。

行为意向方面。食品安全信息搜寻意愿的平均取值为 2.7，介于甚少和偶尔之间，说明农村居民在平常生活中主动搜索食品安全信息的意愿较低。描述性统计分析结果表明，只有 16.2% 的被调查者表示会搜寻食品安全相关信息，"农村居民购买安全食品的意愿"和"为安全食品支付额外费用的意愿"两个变量的整体取值水平较高，这说明，在条件许可下，农村居民具有比较强烈的食品安全消费意向。

四、农村居民食品安全消费决策实证分析

(一) 中间变量对农村居民食品安全消费决策的多元回归分析

基于前文构建的"农村居民食品安全消费决策模型框架"，首先利用多元回归分析方法，分析中间变量对农村居民食品安全消费决策（以"购买决策"表示）的影响。模型拟合结果如表 7-2 所示。R^2 值为 52.3%，对于实地获取的一手问卷数据来说，说明模型拟合度尚可。

表 7-2 回归分析结果显示，除知觉行为控制的"对当前农村市场上食品的安全认知（Y_5）"变量及行为态度的"食品安全消费有利于身体健康（Y_9）"和"食品安全消费会增加家庭经济支出（Y_{12}）"2 个变量外，其他变量都通过了显著性统计检验。因此在后面的分析中，没有通过显著性统计检验的变量将不再纳入回归模型。

表 7-2 中间变量对因变量的多元回归分析

	标准化系数	T值	显著性		标准化系数	T值	显著性		标准化系数	T值	显著性
Y_1	0.464***	19.900	0.000	Y_7	0.088***	3.146	0.002	Y_{13}	0.134***	4.780	0.000
Y_2	0.170***	7.223	0.000	Y_8	−0.056**	−2.037	0.042	Y_{14}	0.062**	2.300	0.022
Y_3	0.226***	10.360	0.000	Y_9	0.041	1.198	0.231	Y_{15}	0.062**	2.244	0.025
Y_4	0.083***	2.651	0.008	Y_{10}	0.084**	2.226	0.026	常量	1.828***	10.351	0.000
Y_5	0.024	0.887	0.375	Y_{11}	0.154***	4.305	0.000	F	86.856		
Y_6	0.062**	1.973	0.049	Y_{12}	−0.023	−0.772	0.440	R^2	0.523		

注：***、**、* 分别表示 1%、5% 和 10% 的显著性水平

（1）主观规范特征的直接影响。亲友支持（Y_1）、旁人影响（Y_2）和权威或公众人物影响（Y_3）三个主观规范变量都在1%的显著性水平下通过统计检验，且系数均为正，说明主观规范显著促进了农村居民食品安全消费决策。

（2）知觉行为控制特征的影响。"对认证食品的了解程度（Y_4）"和"对食品安全问题的担忧（Y_7）"2个变量在0.01显著性水平下通过统计检验，且系数分别为0.083和0.088，说明这2个变量对农村居民食品安全消费决策存在显著的弱正向影响。"对农村食品安全风险的感知（Y_6）"在0.05显著性水平下通过了统计检验，且系数为0.062，说明该变量对农村居民食品安全消费决策存在显著的正向弱影响。"对食品安全问题风险的接受程度（Y_8）"变量通过了0.05显著性水平统计检验，系数为-0.056，表明农村居民对食品安全风险容忍度越高，对食品的安全性越不在意，因此降低了其食品安全消费决策。

（3）行为态度中，"食品安全消费有利于环境保护（Y_{10}）"和"食品安全消费能降低社会医疗成本（Y_{11}）"2个变量分别通过了5%和1%显著性统计检验，系数分别为0.084、0.154，说明农村居民对食品安全消费的积极评价对食品安全消费决策的形成有显著的弱正向影响。

（4）行为意向特征的三个变量都通过了显著性检验。其中，农村居民主动搜寻食品安全信息意向在1%的显著水平下通过检验，而"安全食品购买意向"（Y_{14}）及"为额外费用的支付意向"（Y_{15}）2个变量则在5%的显著水平下通过检验，三个变量系数均介于0和0.150之间，说明消费意向特征对农村居民食品安全消费决策有显著弱的正向影响。

（二）初始变量对农村居民食品安全消费决策的多元回归分析

模型拟合结果（表7-3）显示，无论是初始变量对中间变量的回归模型的F值，还是初始变量对因变量的回归模型的F值，都通过了显著性检验，并且拟合度效果良好。初始变量对因变量的解释程度为8.7%，而中间变量对因变量的解释力为52.3%，明显强于初始变量对因变量的直接解释力。这说明在对因变量的影响过程中，初始变量对因变量进行的直接影响较小，需要通过中间变量的作用对因变量产生影响。并且，通过进一步分析发现，初始变量对中间变量的影响存在个性化差异。

（1）初始变量对主观规范的影响。初始变量中性别、是否留守人员、是否常看电视新闻、是否使用微信、家庭年毛收入对中间变量"亲友支持您购买安全食品"有显著影响；年龄、受教育程度、是否常看电视新闻以及家庭月均食物支出对中间变量"他人购买安全食品会影响我购买安全食品"有显著影响；受教育程度、是否留守人员、是否常看电视新闻、是否使用微信、家庭人口数量以及家庭月均食物支出对中间变量"权威公众人物影响我购买安全食品"有显著影响。其中，是否留守人员（X_4）、家庭规模（X_8）分别显著反向弱作用于主观规范的"亲友支持购买安全食品"（Y_1）和"权威/公众人物影响我安全食品购买决策"（Y_3）2个变量（系数为"—"表示产生显著的反向影响）。

（2）初始变量对知觉行为控制的影响。初始变量中的性别、年龄、受教育程度、是否使用微信以及家庭月均食物支出显著影响"农村居民对质量认证食品的了解程度"；性别、受教育程度和是否留守人员显著影响"农村居民对当前农村市场上食品的安全认知"；性别、年龄、受教育程度、是否常看电视新闻、是否使用微信、家庭人口数量、以及家中是否有医卫工作者显著影响"农村居民对农村食品安全风险的感知情况"；性别、年龄、是否常看电视新闻和是否使用微信显著影响"农村居民对食品安全问题的担忧程度"；是否留守人员、是否从事过与食品有关的工作、是否使用微信以及家人是否有医卫工作者显著影响"农村居民对食品安全问题风险的接受程度"。其中，是否留守人员（X_4）和家庭规模（X_8）2个变量分别显著反向作用于主观规范，但"对亲友支持食品安全消费""权威或公众人物影响安全消费"产生的影响很小。

（3）初始变量对行为态度的影响。初始变量中只有受教育程度和家庭年总收入显著影响变量"食品安全消费有利于身体健康"；年龄、受教育程度、是否常看电视新闻、是否使用微信和家庭年总收入显著影响变量"食品安全消费有利于环境保护"；年龄、受教育程度、是否常看电视新闻和是否使用微信显著影响变量"食品安全消费能降低社会医疗成本"；受教育程度、是否留守人员、是否使用微信、家人是否有与食品相关的工作者、家人是否有医卫工作者和家庭月均食物支出显著影响变量"食品安全消费会增加家庭经济支出"。其中，教育程度（X_3）、是否留守人员（X_4）、家庭月均食品支出（X_{11}）显著负向影响食品安全消费会降低社会医疗成本的看法，但作用很少（系数为"—"表示产生显著的反向影响）。

（4）初始变量对行为意向的影响。初始变量中受教育程度、是否留守人员、是否从事与食品有关的工作、是否常看电视新闻、是否使用微信以及家庭月均食物支出显著影响农村居民食品安全信息搜寻意向变量；是否留守人员、是否常看电视新闻、是否使用微信以及家庭年毛收入对变量"愿意为保障食品安全支付额外费用"产生显著影响。初始变量中受教育程度、是否留守人员、是否常看电视新闻、是否使用微信和家庭月均食物支出显著影响农村居民食品安全消费决策。其中，是否留守人员（X_4）通过低度负向影响农村居民食品安全信息搜寻意向、安全食品额外费用支付意向，进而对其食品安全消费决策产生显著的弱影响。

表 7-3　初始变量对中间变量以及因变量的多元回归分析

初始变量	中间变量							
	Y_1	Y_2	Y_3	Y_4	Y_5	Y_6	Y_7	Y_8
X_1	0.050*	0.037	0.020	−0.093***	−0.057*	−0.058**	0.059**	−0.045
X_2	0.020	0.086**	0.011	−0.084**	0.045	−0.060*	0.068*	−0.029
X_3	0.057	0.095**	0.155***	0.310***	−0.093**	0.219***	0.037	0.010
X_4	−0.054*	−0.038	0.066**	−0.033	0.077***	0.026	−0.024	0.069**
X_5	0.014	−0.029	−0.046	−0.019	0.000	−0.006	0.014	−0.065*
X_6	0.122***	0.109***	0.049*	0.009	0.037	0.065**	0.058*	−0.043
X_7	0.069*	0.050	0.061*	0.079**	0.010	0.092***	0.089**	−0.111***
X_8	0.034	−0.009	−0.071**	−0.035	−0.038	0.104***	−0.013	−0.040
X_9	0.021	0.037	0.016	0.034	0.022	0.029	0.012	0.044
X_{10}	0.024	0.002	0.032	−0.012	−0.043	0.053*	0.017	−0.052*
X_{11}	0.023	0.065**	0.080**	0.086***	−0.029	0.045	0.053	−0.020
X_{12}	0.063**	0.026	0.042	−0.032	0.007	0.034	0.041	0.029
F 值	4.965	3.961	6.809	24.839	3.383	16.393	2.592	2.650
R^2 值	0.048	0.038	0.064	0.200	0.033	0.142	0.025	0.026

初始变量	中间变量							因变量（Z）
	Y_9	Y_{10}	Y_{11}	Y_{12}	Y_{13}	Y_{14}	Y_{15}	
X_1	−0.044	−0.026	−0.013	−0.026	0.036	0.014	0.045	0.013
X_2	0.031	0.091**	0.125***	−0.016	−0.002	−0.005	0.015	0.005
X_3	0.106***	0.147***	0.119***	−0.171***	0.085**	−0.006	0.000	0.107***
X_4	−0.009	0.043	0.018	−0.081***	−0.127***	−0.052	−0.112***	−0.054*

（续）

初始变量	中间变量							因变量（Z）
	Y_9	Y_{10}	Y_{11}	Y_{12}	Y_{13}	Y_{14}	Y_{15}	
X_5	−0.046	−0.016	0.008	−0.015	0.062*	0.054	−0.016	0.030
X_6	0.041	0.067**	0.094***	0.041	0.096***	−0.010	0.050*	0.146***
X_7	0.056	0.088**	0.121***	0.077**	0.148***	0.055	0.073**	0.091**
X_8	0.040	0.025	0.013	0.003	−0.002	0.078	−0.007	0.017
X_9	0.037	0.044	0.056	0.089**	0.041	−0.037	0.029	0.030
X_{10}	0.036	0.031	0.045	0.073**	0.002	0.001	0.019	0.010
X_{11}	−0.041	0.001	−0.006	−0.070**	0.104***	−0.044	0.036	0.092***
X_{12}	0.063*	0.063*	0.038	0.000	0.042	−0.020	0.064**	0.021
F 值	3.536	5.727	6.090	4.295	13.536	1.253	3.500	9.439
R^2 值	0.035	0.055	0.058	0.041	0.120	0.012	0.034	0.087

注：＊＊＊、＊＊、＊分别表示1%、5%和10%的显著性水平

（三）初始变量对农村居民食品安全消费决策的路径分析

表7-4初始变量对因变量影响分析结果显示，总的影响系数是间接影响系数和直接影响系数的和，直接影响系数是初始变量对因变量的直接作用结果，而间接影响系数由初始变量对间接变量的影响系数和中间变量对因变量的影响系数进行相乘所得。通过分析整治，把没有通过显著性检验的标准化回归系数剔除在分析框架之外。

（1）性别、年龄对农村居民食品安全消费决策存在显著正向影响。这说明，在其他条件不发生变化的情况下，男性农村居民食品安全消费决策高于女性。通过访谈和统计分析发现，男性农村居民平时更为关注、搜寻食品安全信息，因而更倾向于安全食品的消费。年龄也是影响农村居民食品安全消费决策的重要因素，说明其他条件不发生变化的情况下，作为家中主要食物（品）加工、处理者的年长农村居民更倾向于食品安全消费。

（2）受教育程度对农村居民食品安全消费决策有显著的正向影响。即在控制其他变量的情况下，文化程度越高的农村居民食品安全消费决策的能力越强。文化程度越高的农村居民对质量安全认证食品的了解程度越深，并且对包括"地沟油""毒奶粉""瘦肉精猪肉"和"毒豆芽"之类的食品安全事件也更关注，所以其食品安全消费决策判断能力远高于文化程度比较低的农村居民。

表 7-4　初始变量对农村居民食品安全消费决策的路径分析

初始变量	间接影响											直接影响	总影响
	Y_1	Y_2	Y_3	Y_4	Y_6	Y_7	Y_8	Y_{10}	Y_{11}	Y_{13}	Y_{15}		
X_1	0.023			−0.008	−0.004	0.005							0.017
X_2		0.015		−0.007	−0.004	0.006		0.008	0.019				0.037
X_3		0.016	0.035	0.026	0.014			0.012	0.018	0.011		0.107	0.240
X_4	−0.025		0.015	—			−0.004			−0.017	−0.007	−0.054	−0.092
X_5				—			0.004			0.008			0.012
X_6	0.057	0.019	0.011		0.004	0.005	0.006	0.006	0.014	0.013	0.003	0.146	0.277
X_7	0.032	0.016	0.014	0.007	0.006	0.008	0.006	0.007	0.019	0.020	0.005	0.091	0.213
X_8			−0.016	—	0.006								−0.010
X_9				—									
X_{10}				—	0.003		0.003						0.006
X_{11}		0.011	0.018	0.007						0.014		0.092	0.142
X_{12}	0.029			—				0.005			0.004		0.038

（3）"是否留守人员"对农村居民食品安全消费决策有显著的负向影响。表明在其他条件保持不变的情况下，属于留守人员的农村居民食品安全消费决策要弱于非留守人员。出现这种情况可能的原因是，留守人员能够接收到的与食品安全有关的信息相对较少，而非留守人员食品安全相关信息量相对较大，而农村留守人员平时主要食物以自己家种植和养殖的食材为主，食品安全消费经验比非留守人员少，因此，留守人员的食品安全消费决策能力相对较低。

（4）"是否从事过与食品有关的工作"变量对农村居民食品安全消费决策有显著的正向影响，而"家中是否有从事过与食品相关的工作者"变量对农村居民食品安全消费决策无显著影响，"家中是否有医卫工作者"变量对农村居民食品安全消费决策有显著正向影响。说明在其他条件不变的情况下，从事过与食品有关工作的农村居民在食品安全消费决策中要高于未从事过与食品有关工作的农村居民。相应地，在其他条件不变的情况下，家人中有医卫工作者的农村居民的食品安全消费决策行为更多。而在其他条件不变的情况下，家中有从事过与食品有关工作的农村居民在食品安全消费决策中与其他农村居民没有显著的差异。以上分析结论的可能原因在于从事过与食品有关工作的农村居民接触到的食品安全信息更多，在生活中更能够辨别安全食品和决定是否购买安全食品，而家中虽有从事过与食品有关的工作的，在日常生活中也并非本人会亲自购买，所以对其食品安全消费决策并没有产生什么大的影响。家人中有医卫工作者的农村居民对健康饮食，购买安全食品的观念更强烈，所以其食品安全消费决策能力要高于其他的农村居民。

（5）"是否常看电视新闻"和"是否使用微信"2个变量对农村居民食品安全消费决策有显著的正向影响。即在其他条件保持不变的情况下，常看电视新闻和使用微信的农村居民，其食品安全消费决策能力相对较强。可能原因是，首先，食品安全事件等社会热点问题是电视新闻报道焦点，因而，常看电视新闻的农村居民能更早、更快地获得食品安全信息，其食品安全消费决策能力能从中得到提高。另外，微信、微博等新媒体的出现促进了农村居民对外界信息的关注，沟通平台和机会也不断增多，随着智能手机在农村居民中的普及，使用微信获取信息的农村居民也越来越多。食品安全信息在微信中的推送和传播更为广泛和快捷，增加了经常使用手机微信的农村居民了解食品安全知识的机会。随着食品安全知识的积累，农村居民的食品安全消费意识和决策能力也不断提高。

（6）"家庭人口数量"对农村居民食品安全消费决策有显著的负向影响。表明在其他条件不变的情况下，家庭人口数越多的农村居民做出食品安全消费决策机会越少，可能原因是，家庭规模大的农村居民，经济负担相对较重，对食品需求量大，在进行食品消费时更多是考虑数量。

（7）"家庭月均食物支出"和"家庭年毛收入"对农村居民食品安全消费有显著的正向影响。这表明，在其他条件保持不变的情况下，家庭年毛收入、月均食物支出越高，农村居民食品安全消费决策更多。因为农村居民的家庭年收入越高，其家庭月均食物支出相应地也越多，购买食品的机会也越多。另外，随着经济水平的提高，农村居民追求美好生活和健康身体的愿望越强烈，更讲究食品质量，因而其食品安全消费决策次数也越多。

五、研究结论与政策建议

（一）研究结论

基于江西农村居民问卷数据，实证分析和阐释了农村居民食品安全消费决策影响机理，得出以下主要结论：①农村居民食品安全消费决策能力较高，纳入的中间变量主观规范、知觉行为控制、行为态度以及行为意向对农村居民食品安全消费决策产生不同程度的显著影响。②初始变量中，受教育程度、是否留守人员、是否常看电视新闻、是否使用微信和家庭月均食物支出对农村居民食品安全消费决策有直接影响。③性别、年龄、是否从事过与食品有关的工作、家庭人口数、家中是否有从事与食品有关的工作者、家人是否有医卫工作者以及家庭年毛收入通过主观规范、知觉行为控制、行为态度及行为意向显著作用于农村居民食品安全消费决策。

（二）农村居民食品安全消费决策引导对策建议

食品安全消费决策不仅是农村居民的个人行为，也是农村社会行为，对防范农村食品安全风险，减少食品安全问题有着重要作用。食品安全决策是一种能力，需要培养和引导。除了个人学习提升外，政府和社会在引导和培养农村居民食品安全消费决策能力形成过程中，同样扮演着重要角色。

1. 提升农村居民食品安全消费认知

虽然农村居民对当前农村市场上食品的安全认知对其食品安全消费决策的影响没有通过显著性检验，但是这一变量的标准化回归系数为正，这说明农村居民对农村市场上食品的安全认知与食品安全消费决策是正相关的。由此，需要提高农村居民对农村市场上食品安全认知来引导他们正确消费，而提高农村居民对食品安全情况认知的重要途径便是宣传，食品安全信息是农村居民食品安全消费的依据。因此，需加强农村食品安全宣传和教育，提升农村居民特别是农村在读中小学生的食品安全认知和判断能力。

首先，组建专业的食品安全宣传团队，精准宣传食品安全知识。成立专门的农村食品安全宣传教育工作小组，并对宣传人员进行食品安全宣传知识、技能和方法培训，在充分调研的基础上，对不同特征的农村居民进行分类分级宣传。例如，针对文化水平较低、年龄较大的农村居民，选拔本土村民进行培训，通过当地村民口口相传式地宣传食品安全消费知识，提升食品质量安全判别能力；而针对文化程度较高，比较年轻的农村居民，可通过发放食品安全手册、讲座、创建食品安全微信公众号进行宣传。

其次，宣传、教育方式多样化、创新化。研究表明，农村居民是否常看电视新闻、是否使用微信对其食品安全消费决策有正向的影响。可见新媒体在农村居民食品安全消费决策中的作用也越来越重要。因此，在食品安全消费宣传过程中，一方面要重视传统的宣传方式，另一方面也要引进和使用新型的宣传方式，建立官方认证的公众微信号、微博号、食品安全论坛等平台，并且要不断加强政府食品安全官网建设，丰富食品安全交流内容，吸引农村居民浏览。同时，鼓励更多的民间团体创办食品网站，开设食品安全消费知识互动专栏。

2. 提升农村居民的食品安全信任度

根据本章实证分析结果，家人和朋友的支持、权威或公众人物食品安全消费示范显著影响农村居民食品安全消费决策，这种支持程度和示范效应越大，农村居民安全食品决策力越大，购买安全食品的人数也会越多。因此，要想提高农村居民对安全食品的消费决策能力，就必须提高农村居民对权威机构和朋友家人以及其他相互影响消费的人员的信任度，进而构建食品安全消费保障网。政府采取的主要措施有以下几点：

第一，加强权威机构的建设，扩大权威机构、公众人物的影响力。权威公众人物对农村居民食品安全消费决策是正向的影响，权威机构以及公众人物在食品安全信息供给方面具有专业优势，能够提供一些专业性比较强的信息，例如食品的安全性和相关的食品安全检测报告等，这些信息恰好是农村居民比较关注的，他们所提供的信息也更容易能得到农村居民的认可和信任，另外公众人物对农村居民的影响更为直接，因此，政府一方面要加大对相关食品安全检测权威机构的资金支持，加大相关配套设施的建设，以此来扩大其在农村地区的影响力，让更多农村居民了解和信任相关食品安全信息。此外，政府还应当加大对权威公众人物的引导，让其传播更安全、更直接的食品安全信息，来引导农村居民进行正确的、理性的食品安全消费。

第二，引导朋友家人及非正式群体传播确切的食品安全信息。研究表明，朋友和家人以及第三方人员也会影响农村居民食品安全消费决策。出于对健康的考虑，朋友家人都比较支持自己家人购买安全食品，如何辨别真实的食品安全信息、正确的传播食品安全信息是亲友之间，非正式群体成员间之间首要解决的问题，因而政府要引导他们辨别准确的信息，通过相互支持来降低食品安全消费过程中的盲目选择。但在调查中发现，朋友家人非正式群体对一些食品安全事件的模糊了解会夸大其危害性，容易引起农村居民对食品安全问题的恐慌，反而不利于农村居民对食品的安全性做出客观、理性的评价，进而不利于农村居民食品安全消费决策。因此，政府要引导朋友家人及非正式群体，使他们传递客观、真实的食品安全信息，由此来形成一张可以相互交流的食品安全消费保障网，以保障农村居民日常生活中的食品安全消费。

3. 提高农村居民对食品安全的重视程度，培养健康积极的消费态度

从行为态度对农村居民食品安全消费决策的影响可以看出，认为食品安全消费有利于环境保护、有利于降低社会医疗成本均显著地影响其食品安全消费决策。因此，政府要通过增强农村居民对食品安全消费作用的认知引导农村居民食品安全消费决策行为，主要有以下两点：

第一，及时曝光食品安全风险事件，说明其危害性。近几年，食品安全事件的种类在不断地增加，但是调查发现，大部分农村居民对食品安全事件的了解范围还停留在"瘦肉精猪肉""地沟油"等一些经常提及的危害当中，而对类似于"毒奶粉""毒豆芽"等食品安全事件知晓程度比较少，所以，政府相关部门要加大食品安全事件的曝光力度，加强食品安全消费正效应及不安全食品危害的宣传教育，提升农村居民对食品安全消费的认知和重视度。

第二，培养农村居民安全健康的食品消费方法。行为态度是决定个体决策的重要因素，问卷调查和个人访谈发现，目前农村居民对食品安全消费方式、方法并不太了解，没有形成食品安全消费理念和态度，因此，食品安全管理部门应重视农村居民食品安全消费态度形成和改变教育，通过农村广播、讲座、电视及自媒体等方式和渠道加强食品安全消费知识和案例宣传，以引导和培养农村居民树立正确的食品安全消费态度。

4. 规范农村食品消费市场，保障农村居民食品安全供给

从分析结果可以看出，农村居民对农村食品安全风险感知情况、对食品安全问题的担忧程度以及对食品安全问题风险的接受程度都显著影响农村居民食品安全消费决策。因此，就必须针对上述问题，规范农村食品市场行为，保障农村市场的安全食品供给。

第一，加强农村食品安全检测，使其规范化、科学化。一个监管难题是监管力量薄弱、检验水平滞后。因此，政府应加强农村食品安全监管队伍建设，壮大监管队伍、提高检测水平。一方面要增加、更新农村市场食品检测设备，同时建立与其他部门食品检测设备、数据共享机制，扩大食品质量检测专业人员队伍，加强检测能力培训，提升农村食品市场的检测能力。另一方面，要建立农村食品市场定期与随机相结合的食品抽检制度及检测结果定期公布制度，并形成村村通报惯例。让农村居民了解食品安全检测信息，提升其知晓程度，来指导农村居民更好地消费。

第二，区分质量认证食品和一般食品，增加质量认证食品供给。质量认证食品显然比一般食品更有保障，农村市场的一个乱象是质量认证食品和一般食品混淆在一起，农村居民又不能很好地区分，导致质量认证食品没有发挥自身的价值，另外农村市场上质量认证食品的供给量比较少，因此，政府需要采取措施，保障农村市场的食品安全性，以此来降低农村居民遭遇食品安全问题的概率；另一方面，政府要严格把控对农村市场的食品输入，保证源头食品的安全性，方便农村居民购买到安全食品。

第三，整合农村购物场所，引进食品安全有保障的综合型购物超市。农村食品市场主要以农贸市场、集市，小卖部和小型超市为主，这些购物场所虽然给农村居民购物提供了便利，但是缺乏专业化的管理，为食品安全埋下了隐患。因此，政府可以整合现有的购物小卖部、小超市等，引进食品安全有保障的购物超市，引导它们和当前农村地区其他购物场所经营者进行合作，设立规模适度的便利店，对经营者进行标准化培训，让他们掌握科学、安全的食品经营方式，并加强对这类购物场所的食品安全监管，保障农村居民食品安全消费。

5. 加大农村食品安全监管力度，保障农村居民食品安全消费

调查显示，当前多数农村居民认为食品安全事件责任主要在政府，这就使得政府在农村食品安全监管活动中扮演着越来越重要的角色。结合本书研究，政府监管方面主要有以下几点建议：

第一，宣传食品安全标准，完善农村食品安全监管机制。首先，政府应与食品安全检测机构合作，联合食品行业或通过与第三方合作，进一步完善我国食品安全标准，并通过多种方式向农村居民宣传、讲解，使其了解食品安全标准，以提升其食品安全消费决策能力。其次，政府部门应在农村设立专门负责食品安全监管的部门或小组，并增加这部分人员的编制数量，配备专业人员和设备，制定出符合当下农村社会的食品安全监管制度，使农村食品安全监管向专业化、正常化态势发展，增加农村居民在农村市场上安全消费的信心。

第二，加大处罚力度，落实食品安全监管工作。基层食品安全监管部门必须严格把关，在食品进入市场之前做好严格的把控检查工作，并按照相关的法律法规标准制定严格的处罚制度，对农村市场上出现的不安全生产、销售假冒伪劣食品的企业和个人严格按照相关制度进行处罚，坚决杜绝在监管过程中出现"只查不罚""查多罚少""以罚代刑"等行为，落实食品安全监管工作，将一切可能的食品安全事件扼杀在摇篮里，从而保障农村市场上的食品安全。

　　第三，引导广大民众参与，提高政府监管效率。农村食品安全监管具有"点多、面广、线长"特点，政府监管难度大，这需要公众参与监管，才能提升食品安全治理效率。一方面，要建立食品安全问题举报激励约束机制，激发农村居民参与食品安全监管积极性，同时规范、约束其举报行为，既要保护举报者权益，又要防止恶意举报行为发生。另一方面，政府可以联合当地卫生所、民间非正式组织要建立食品安全问题举报激励约束机制，激发农村居民参与食品安全监管积极性，同时规范、约束其举报行为，既要保护举报者权益，又要防止恶意举报行为发生。

第八章 农村居民食品安全消费行为
实证分析

食品安全消费行为是一个连续过程，包含消费者为满足自身或群体的食品安全需要所进行的选择、购买、使用、处理和评价食品安全等活动。为保证研究的可行性和有效性，本研究选取农村居民在食品安全信息搜寻行为、对安全食品的购买情况测量农村居民食品安全消费行为，分析其形成机理。

一、农村居民食品安全信息搜寻行为实证分析

食品安全信息搜寻行为是食品安全消费的一个重要外在行为表现，本节基于问卷调查数据，分析农村居民食品安全信息搜寻行为影响因素及作用机理，探讨提升农村居民食品安全信息搜寻效果的对策建议。

（一）分析框架与研究假设

1. 分析框架

基于前文文献梳理结果，借鉴社会心理学相关理论知识，并结合调查的实际情况（陈卫平、牛明婵，2009），本节以人口学特征、食品安全认知、食品安全经历以及对信息源的信任等因素为切入点，将农民居民食品安全信息搜寻行为作为被解释变量，建立食品安全信息搜寻行为影响因素的实证研究模型，如图 8-1 所示。

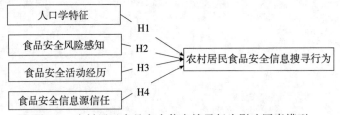

图 8-1 农村居民食品安全信息搜寻行为影响因素模型

2. 研究假设

（1）人口学特征。不同的个体对食品安全信息搜寻行为频率是不同的，即人口特征对信息搜寻行为的影响是显著的。人口学特征反映了一个人在年龄、性别、文化水平、婚姻状况和收入水平等方面的情况（李志兰，2019）。Kim

（2008）的研究表明，性别、年龄、社会地位、教育、专业等社会人口特征对个体信息搜寻行为造成了一定影响。其中，消费者的年龄不仅是影响健康信息搜寻的重要因素，而且对健康关注度、自身健康状况均会对食品安全信息搜寻行为产生显著影响（刘济群、闫慧，2015）。有学者认为收入水平、受教育程度等因素会直接影响个体对食品安全信息搜寻行为（李颖等，2016）；学历越高的消费者由于自身对转基因食品的了解更多，因而对转基因标识持无所谓的比例较高，年长者食品安全信息搜寻行为更频繁（陆钺等，2017）；再如，个体家庭中有特殊群体需要照顾时，他们对食品安全信息搜寻次数也许会更多（全世文，2013）。由此假设 H1：

H1：性别、年龄、身体情况、婚姻状况、文化水平、家庭月均支出、家庭中是否有过敏人群等人口学特征对农村居民食品信息搜寻行为有显著影响。

（2）食品安全风险感知。食品安全风险感知是消费者在选购食品时所购买的食品效果未能达预期状态、遭受损失的可能性（张宇东等，2019）。食品安全风险感知与信息搜寻行为之间有着密切的关系（马颖、吴陈，等，2017；吴林海、徐玲玲，2009）。面对未知风险时，为获得更精准的评估，消费者倾向寻求信息。安全感知下，对精细化信息的寻求是居民应对食品安全风险的普遍反映（全世文，2013）。当消费者的食品安全感知风险越高时，越会促使他们产生搜寻信息的行为（刘瑞新、吴林海，2013；黄建，2014）。由此提出假设 H2：

H2：食品安全风险显著影响农村居民食品安全信息搜寻行为。

（3）食品安全活动经历。公众倾向于以过去经历为参照标准指引自己在新情境下的思考和行为（ Johnson and Tversky，1983），相关经历对信息搜寻行为的影响（邓胜利、付少雄，2016；叶光辉等，2019）得到了不少研究的证实。王玮认为，应急经历是信息搜寻行为的内驱动力和根本所在（王玮，2021）。在信息搜寻过程中，有经历的个体往往会比无经历的个体搜寻表现更佳（刘萍、叶方倩，2017）。网络、营养标签的使用行为研究证明了购买经历对消费者的信息搜寻行为的影响（孙曙迎，2009；陈卫平、牛明婵，2009）。对于反复购买的产品，消费者在以往的购买中能获得产品安全知识和经验，随着消费经验的累积、产品安全知识的丰富，相应地就减少了食品安全信息搜寻（刘瑞新、吴林海，2013）。即食品安全相关经历对个体食品安全信息搜寻行为具有显著负向影响（Sundaram and Taylor ，1998）。

H3：食品安全活动经历反向影响食品安全信息搜寻行为。

（4）信息源的信任度。信息源的信任度指消费者对信息提供者的信任程度

（李志兰，2019）。对信息源的信任度是影响个体信息搜寻的重要因素（李东进，2002）。信息越能满足人们的需求，人们对其信任度越高，越会投入更多的时间和精力进行信息搜寻（魏萌萌、魏进，2014）。预期消费者对食品信息源的信任度越高，食品安全信息搜寻行为越频繁（张传统、陆娟，2012）。由此假设 H4：

H4：对信息来源的信任度会正向影响食品安全信息搜寻行为。

（二）模型构建和变量选取

1. 模型构建

最优尺度回归变换专门用于解决在统计建模时如何对分类变量进行量化的问题，其基本思路是基于希望拟合的模型框架，分析各类别对因变量的强弱变化情况（张传统、陆娟，2012），这种方法适用于各种类型的自变量和因变量，当自变量类型较多时，最佳选择最优尺度回归分析方法，将对各个变量进行量化处理。最优尺度回归模型是标准的线性回归模型的拓展，拟定最优尺度回归分析模型如下：

$$\hat{Y}=a_1\hat{x}_1+a_2\hat{x}_2+\cdots+a_i\hat{x}_i+\varepsilon \qquad (8\text{-}1)$$

模型中，$\hat{Y}$ 为被解释变量，代表的是农村居民食品安全信息搜寻行为情况，$\hat{x}_i$ 是解释变量，代表风险感知、相关经历、对信息源信任情况等变量，i 为自变量个数，a_i 是各个解释变量的待定系数，ε 为误差项。

2. 变量选取与说明

（1）被解释变量。考虑到多项选择题不太适合作为解释变量进行回归分析，因此本节选择"食品安全信息搜寻频率"这一单项选择题代表农村居民食品安全的信息搜寻行为作为解释变量。问卷题目为"您搜寻食品安全信息的行为频度如何？"其选项及赋值为"从不＝5""甚少＝4""偶尔＝3""频繁＝2""十分频繁＝1"。

（2）解释变量。根据前文的理论和研究假设，将解释变量分为人口学特征、食品安全感知、食品安全活动经历、食品安全信息信任源信任度这四个维度。选取性别、文化程度、是否从事食品安全工作等作为人口经济社会经济特征变量；分别选取农村居民认为地沟油、毒奶粉、瘦肉精、毒豆芽损害身体健康的严重程度四个题项测量其食品安全风险感知特征；选取有食品购买经验、有过向他人介绍食品安全知识经历、接受过食品安全教育及有安全方式处理食物经验四种表述与农村居民实际情况的吻合程度测量农村居民食品安全相关经历特征；选取农村居民对专家权威机构、食品企业、政府机构、大众媒体以及亲朋好友等信息源的信任程度测量信任特征。各变量及相应测量指标的赋值与说明如表 8-1 所示。

表 8-1　变量赋值及说明

	变量定义	变量赋值	均值
	解释变量		
	性别	男＝1，女＝2	1.53
	年龄	数值型	
	婚姻状况	已婚＝1；未婚＝2；丧偶＝3；离异＝4	
	身体状况	很好＝1，较好＝2，一般＝3，较差＝4，很差＝5	1.73
人口学特征	文化程度	小学及以下＝1，初中＝2，高中/中专＝3，大专＝4，本科及以上＝5	2.50
	留守人员	是＝1，否＝2	1.72
	从事与食品相关工作	是＝1，否＝2	1.82
	看电视新闻	是＝1，否＝2	1.26
	使用微信	是＝1，否＝2	1.47
	家庭月均食物支出	≤500 元＝1，501～1 000 元＝2，1 001～1 500 元＝3，1 501～2 000 元＝4，>2 000 元＝5	2.75
	家中是否有过敏体质者	是＝1，否＝2	1.90
感知	"地沟油"对健康的影响感知	没影响＝1，较小影响＝2，一般＝3，较大影响＝4，很大影响＝5	4.11
	"毒奶粉"对健康的影响感知	没影响＝1，较小影响＝2，一般＝3，较大影响＝4，很大影响＝5	4.39
	"瘦肉精"对健康的影响感知	没影响＝1，较小影响＝2，一般＝3，较大影响＝4，很大影响＝5	4.17
	"毒豆芽"对健康的影响感知	没影响＝1，较小影响＝2，一般＝3，较大影响＝4，很大影响＝5	4.24
经历	有丰富的食品购买经验	很不符合＝1，不符合＝2，不确定＝3，符合＝4，很符合＝5	3.01
	介绍食品安全消费知识	很不符合＝1，不符合＝2，不确定＝3，符合＝4，很符合＝5	2.94
	有食品安全教育经历	很不符合＝1，不符合＝2，不确定＝3，符合＝4，很符合＝5	2.76
	有丰富的安全处理食物经验	很不符合＝1，不符合＝2，不确定＝3，符合＝4，很符合＝5	3.48
对信息源信任度	对专家权威机构	很不信任＝1，不太信任＝2，不确定＝3，比较信任＝4，很信任＝5	2.17
	对食品企业	很不信任＝1，不太信任＝2，不确定＝3，比较信任＝4，很信任＝5	2.91
	对政府机构	很不信任＝1，不太信任＝2，不确定＝3，比较信任＝4，很信任＝5	2.01
	对大众媒体	很不信任＝1，不太信任＝2，不确定＝3，比较信任＝4，很信任＝5	2.69
	对亲朋好友	很不信任＝1，不太信任＝2，不确定＝3，比较信任＝4，很信任＝5	2.12

（续）

变量定义		变量赋值	均值
被解释 变量	食品安全信息搜寻 行为	从不＝1，甚少＝2，偶尔＝3，频繁＝4，十分频 繁＝5	3.30

（三）解释变量因子提取

由于解释变量中的风险感知、食品安全相关经历以及信息源信任 3 个变量是用量表测量，共包含 13 个题项，为避免多重共线性，在模型拟合前，本节通过 spss25.0 的因子分析对 13 个解释变量进行主成分分析，采用特征值比 1大（张喆、胡冰雁，2014），因子载荷比 0.4 大作为标准，提取 3 个因子，并将这 3 个因子重新命名为：风险感知、经历特征和信息源信任。旋转后的因子矩阵如表 8-2 所示。

表 8-2　因子分析结果

构面	题项	KMO 值	因子载荷	Cronbach'α
风险感知	瘦肉精健康风险感知	0.813	0.899	0.897
	毒豆芽健康风险感知		0.886	
	毒奶粉健康风险感知		0.863	
	地沟油健康风险感知		0.846	
经历特征	有比较丰富的食品购买经验	0.695	0.784	0.709
	向他人介绍食品安全知识经历		0.753	
	有过食品安全教育经历		0.748	
	有安全处理食物经验		0.591	
信息源信任	对专家权威机构的信任度	0.655	0.706	0.590
	对食品企业的信任度		0.650	
	对政府机构的信任度		0.620	
	对大众媒体的信任度		0.614	
	对亲朋好友的信任度		0.496	

累计方差贡献率（%）＝55.396

KMO 值＝0.759　　　　Bartlett 球形检验　　X^2＝464 4　　　P＝0.000

信度指的是测量的一致性程度，一般以克隆巴赫系数进行测量，其取值范围在 0～1 之间，该系数越高，则表明量表信度越好（黄建等，2014）。3 个因子的 Cronbach'α 分别为 0.897、0.709、0.590，表明 3 个因子内部一致性较好。

食品安全感知因素维度的 KMO 值为 0.813，表明因子分析的成效较好，经历因素和信息源信任因素的 KMO 值分别为 0.695、0.655，因子分析效果尚可，值得尝试；累计方差贡献率为 55.396%，考虑到这是大规模的问卷调查数据，累计方差贡献率是可以接受的。

因此，本书将"风险感知、经历特征和信息源信任"这 3 个因子代替最初选取的 13 个题项纳入最优尺度回归模型。

(四) 实证分析

国内外学者都将实证研究作为信息搜寻行为的影响因素主流研究方法，将定量分析作为主要分析手段（石艳霞、刘欣欣，2018）。本节基于江西农村居民食品安全消费行为问卷数据，采取最优尺度回归分析方法，考察农村居民食品安全信息搜寻行为影响因素及作用机理。

1. 农村居民食品安全信息搜寻行为特征描述性统计分析

消费者信息搜寻行为通常表现为频率、频次、渠道、内容等。由于本研究问卷中农村居民信息搜寻渠道、内容是多项选择题，适合做描述性分析。因此，下面将从信息搜寻频率、途径、类型和内容四个方面描述农村居民食品安全信息搜寻行为。

描述性统计分析结果（表 8-3）表明，被访者选择"十分频繁""从不"的人数很少，分别占比 2.1%、8.6%，选择"偶尔""甚少""频繁"者分别占 43.7%、31.5%、14.1%，食品安全信息搜寻行为频繁或十分频繁的居民占比较低。

表 8-3　农村居民食品安全信息搜寻行为

搜寻情况	频次	比例（%）
十分频繁	25	2.1
频繁	170	14.1
偶尔	526	43.7
甚少	379	31.5
从不	104	8.6

题项"您常关注哪些食品安全信息类型"的多重应答分析结果显示，食品安全信息渠道通常有电视广播、网站、亲朋好友、书报杂志、微信、科普讲座等。多重响应分析结果显示，被访农村居民获取食品安全信息的途径位列前 5 的依次是，广播电视（966 人，80.4%）、亲朋好友（679 人，56.5%）、食品安全相关网站（510 人，42.5%）、微信（500 人，41.6%）、书报杂志（479 人，41.4%），而通过现场宣传讲座获取食品安全信息的应答者仅 246 人，占比 20.5%，说明农村食品安全宣传讲座力度不足，这可能是一些文化程度低、流动性差的农村居民食品安全信息匮乏的原因之一。

农村居民较为关注日常生活消费的食物（品）安全性信息，如（猪）肉、蔬菜、奶粉、水果及卤菜，应答比分别为 73.9%、44.5%、41.1%、37.1%、

28.9%。如今在农村，饼干更多是充当宴席门面点心或一些纪念日子的礼品，因而其安全性信息受关注少（260人，占比8.7%）。农村居民关注的食品信息主要包括原料成分、营养价值、价格、包装、生产方式、添加剂等。其中，原料成分信息受关注率排在第一，占比达66.6%；其次是营养价值信息，占比达59.7%；价格信息排在第三，占比55.4%；添加剂、生产方式、包装信息依次排在后面。（表8-4）。

表8-4 食品安全信息搜寻途径、类型及内容

变量	取值	频次	频率（%）	变量	取值	频次	频率（%）
信息搜寻途径	网站	510	42.5	搜寻信息类型	（猪）肉	877	73.9
	亲朋好友	679	56.5		奶粉	488	41.1
	书报/杂志	497	41.4		卤食品	343	28.9
	宣传讲座	246	20.5		蔬菜	528	44.5
	微信	500	41.6		水果	440	37.1
	广播电视	966	80.4		饼干类	260	21.9
	其他	112	9.3		其他	45	3.8

变量名	关注食品安全信息内容						
内容	原料成分	价格	营养价值	包装	产地	添加剂	其他
频次	798	664	715	344	466	529	43
频率/%	66.6	55.4	59.7	28.7	38.9	44.2	3.6

2. 模型拟合与结果解释

（1）模型适配性分析。本书运用SPSS25.0统计分析软件对1 204个样本的截面数据进行最优尺度回归处理。考虑到各个变量间可能存在多重共线问题，在进行最优尺度回归之前，首先对所选变量进行共线性诊断，发现VIF值均处于1～2之间，表明各变量间存在共线性的概率很小，所构建的模型较为稳定；最后根据自变量与因变量之间的关联程度，把候选自变量逐部分纳入回归模型进行变量的显著性检验。

本研究共构建四个回归模型，模型一为基准模型，只纳入了人口经济社会特征（包括个体特征和家庭特征），在模型一的基础上引入认知因素构成了模型二，模型三又是在模型二的基础上纳入经历因素，最后把信任因素引入模型三，检验控制变量和解释变量对被解释变量的共同作用。从各个回归模型的计量结果来看，均通过显著性检验，不同模型的计量结果较为相似和稳定。从模型一至模型四，调整后的R方越来越高，说明模型的拟合优度越来越好，模型质量也更好。全部变量纳入模型后，调整后的R方为0.163，虽然解释值较低，解释能力差强人意，但最优尺度回归模型通常用于解释和分析，很少用于预测某件事情，不影响解释纳入该模型的自变量，同时也说明可能有其他重要变量未纳入模型，有待进一步的研究分析。

（2）结果分析与解释。观察模型一的结果可以发现，人口特征中，身体状况、文化程度、是否留守、是否从事食品安全相关工作、是否常看电视、是否使用微信、家庭月均食物支出、家中是否有过敏人员在 0.01 显著性水平下均通过检验，性别、年龄、婚姻状况、家庭结构均没有通过显著性检验。其中，是否留守、是否从事食品安全工作、是否看电视新闻、是否使用微信显著正向影响农村居民的食品安全信息搜寻行为，文化程度、家庭月均食物支出显著负向影响农村居民的食品安全信息搜寻行为。

模型二的结果表明，身体状况、文化程度、是否留守、是否从事食品安全工作、是否用微信、家庭月均食物支出、家中是否有过敏人员以及食品安全风险感知对食品安全信息搜寻行为在 0.01 水平下具有显著的影响。

模型三与模型二相比，是否常看电视新闻的作用被感知因素变量稀释，显著性作用减弱。食品安全活动经历在 0.01 显著性水平下对食品安全信息搜寻行为具有负向影响。其他变量的变化较小。

从各个模型计量结果来看，不同模型统计结果较为稳定，且模型整体检验显著，依据模型四的结果（表 8-5），可以发现：

表 8-5　江西省农村居民食品安全信息搜寻行为最优尺度回归分析

类别	自变量	模型一 回归系数 β	模型二 回归系数 β	模型三 回归系数 β	模型四 回归系数 β
人口学特征	性别	0.032	−0.027	0.029	0.027
	年龄	0.021	0.013	0.014	0.020
	婚姻状况	0.038	0.033	0.028	0.029
	身体状况	0.066***	0.071***	0.063***	0.059***
	文化程度	−0.126***	−0.124***	−0.105***	−0.108***
	是否留守人员	0.113***	0.100***	0.107***	0.112***
	从事食安工作	0.091***	0.088***	0.073***	0.075**
	常看电视新闻	0.090***	0.084***	0.066**	0.064**
	是否使用微信	0.148***	0.143***	0.130***	0.132***
	家庭结构	0.033	0.028	0.021	0.020
	家庭月均食物支出	−0.105***	−0.110***	−0.098***	−0.099***
	过敏人员	0.066***	0.067***	0.062***	−0.061**

（续）

类别	自变量	模型一 回归系数 β	模型二 回归系数 β	模型三 回归系数 β	模型四 回归系数 β
感知因素	食品安全感知		−0.099***	−0.104***	−0.104***
经历因素	食品安全活动经历			−0.153***	−0.147***
信任因素	信息源信任				0.074
	ΔR^2	0.134	0.143	0.158	0.163

注：*、**、***分别表示在10％、5％、1％的水平上统计差异显著

第一，身体状况、是否留守人员、是否从事食品安全工作、是否常看电视新闻、是否使用微信对食品安全信息搜寻行为具有正向影响，文化程度及家庭月均食物支出对食品安全信息搜寻行为具有负向影响（假设 H1 部分通过验证），这和刘瑞新、吴林海（2103），张莉侠、刘刚（2010）的研究结果不尽一致。可能是由于近年来食品安全事件频发，个体普遍缺乏食品安全知识，通过搜寻食品安全信息来防范食品安全风险越来越普遍，导致不同人口特征的个体对食品安全信息的搜寻差异显著。

第二，食品安全风险感知在 0.01 显著性水平下对农村居民食品安全信息搜寻行为有负向影响（模型结果拒绝研究假设 H 2）。感知因素的估计系数为 −0.104，表明在其他因素不变的情况下，农村居民食品安全感知度越高，其食品安全信息搜寻行为就越少。原因可能是：一些人对食品安全风险感知程度越高，他就越有能力、有信心应对食品安全风险，从而相应地减少了对食品安全信息的搜寻。

第三，食品安全活动经历在 0.01 显著性水平下对农村居民食品安全信息搜寻具有显著的负向影响。这与刘瑞新、吴林海（2013），Sundaram（1998）等研究结果一致，但与张莉侠、刘刚（2010）的研究结果相背离。农村居民在食品安全活动经历中能够获得相关的食品安全信息，个体的食品安全经历越丰富，获取的食品安全知识及积累的相关消费经验就越多，对食品安全信息搜寻的频率也就越小。

第四，食品安全信息源信任度对食品安全信息搜寻行为影响不显著（研究假设 H 4 没有通过验证）。可能原因在于，被访农村居民大多为中老年人，文化水平、信息能力相对较低，习惯于传统消费经验和熟人间的信息交流，对外界食品安全信息较少关注，因而食品安全信息源对其影响力较小。

（五）主要结论与对策建议

1. 主要结论

本节基于消费者信息搜寻行为文献和相关理论构建分析模型，基于江西省

农村居民问卷调查数据，研究农村居民食品安全信息搜寻行为及其影响因素，得出以下结论：①农村居民较少搜寻食品安全信息，偶尔、频繁搜寻食品安全信息的农村居民分别占 43.7％、14.1％。②广播电视是其主要的信息搜寻渠道，而政府机构是其最为信任的信息源，从侧面可以反映出，政府部门发布的食品安全信息还不充分。③通过上述模型估计结果可以归纳出：人口经济社会特征（身体状况、文化程度、是否留守、是否从事食品安全工作、是否常看新闻、是否用微信以及家庭月均食物支出对农村居民的食品安全信息搜寻行为产生显著影响；食品安全风险感知及其相关活动经历对农村居民的食品安全信息搜寻行为产生显著的负向影响，而农村居民对食品安全信息源的信任度则没有显著作用。

2. 对策建议

基于上述结论，本研究提出以下对策建议：

第一，重视农村居民食品安全教育，提升食品安全信息搜寻意识。需要加强农村居民的食品安全方面的教育，鼓励居民参与食品安全信息交流，政府部门应为农村居民提供安排免费的食品安全知识的教育和培训，从而提升食品安全信息搜寻行为。

第二，丰富和拓宽信息搜寻渠道。农村居民主要以电视广播、食品安全网站、报纸杂志等作为食品安全信息来源，最信任的食品安全信息渠道是政府机构，针对没有上网习惯和上网不方便的农村居民来讲，政府可以有效利用电视、杂志报纸等信息发布渠道，同时，政府可以充分发动农村村委会基层组织，进行食品安全信息宣传，从而方便农村居民搜寻食品安全信息。

第三，提高食品安全信息来源的可信度。虽然信息源信任特征对农村居民食品安全信息搜寻行为没有显著影响，但二者之间存在正向相关关系。因此，政府机构和专家权威机构是农村居民最为信任的信息源，政府和专家权威机构可以利用自身的权威性发布高质量的食品安全信息，同时有效监督大众媒体等信息发布平台的真实性和准确性；商家是农村居民最不信任的信息源，因此，商家需要对自身发布的广告负责，保证广告的真实性。

二、农村居民食品安全购买行为实证分析

（一）研究假设与理论分析框架建构

消费者购买行为是极其复杂的过程，是诸多因素之间相互作用的结果。通过借鉴计划行为理论和前文的文献梳理，本研究认为行为态度、主观规范、知觉行为控制、风险认知、政府信任、购买意愿以及人口学统计特征均可能对农

村居民食品安全购买行为产生影响。

（1）行为态度。行为态度是指农村居民对食品安全消费的积极或是消极评价。个人对事物的态度影响其行为意愿，态度是决定行为的一个重要的因素（Gracia A.、de Magistris T.，2007；Magistris、Gracia，2008）基于结构方程模型分析了意大利南部消费者有机食品消费行为影响因素。结果显示，消费者对有机食品、健康和环境的态度是解释消费者有机食品消费行为的最重要的因素。对有机食品特性的不同评价决定着消费者的购买决策与消费行为（尹世久，2010）。郑伟强（2012）的研究也表明，消费者对有机食品的态度显著影响消费者购买行为，且影响方向为正（杨伊侬，2012；Vega-Zamora，at el.，2013）。有学者认为，消费者绿色消费态度正向影响其绿色消费行为（来尧静，2008）。消费者越是对购买有机食品进行积极评价，其购买有机食品概率就越大（陈丹丹等，2016）。由此本文提出假设：

H1：行为态度对农村居民食品安全购买行为有显著影响。

（2）主观规范。主观规范是指个体在执行某一特定行为所感知到的来自社会群体、阶层或社会道德规范对其所形成的压力，反映他人或团体对其行为决策的影响。消费者行为决策是在一定环境背景下产生，因而会受到诸如家人朋友、社会群体等外在客观因素的影响。有学者指出，主观规范对消费者安全食品的购买意愿及消费行为有显著影响（Tarkiainen、Sundqvist，2005；劳可夫等，2013）。家人、朋友、同事等对健康食品消费行为的态度和支持是改变农村居民消费行为选择的强大激励因素（Mcgee et al.，2008）。农村消费者欣赏鉴别商品的能力较低，为了作出有效的购买决策，常从亲朋好友处寻求决策支持（胡保玲等，2009）。相比消费经验，消费者在作出购买决策时更注重周围人，尤其是家人和朋友的看法（罗丞，2009）。相对于自身固有的对安全食品的看法，农村居民在进行食品消费决策时可能更为看重家人、朋友、亲戚等的期望和评价（韩占兵，2013）。权威或公众人物的行为经常起着示范作用。黄蕊等（2018）对半干旱区居民亲环境行为的调查研究表明，榜样效应可以显著正向影响居民的亲环境行为。

由此本书提出研究假设 H2：

H2：主观规范显著影响农村居民食品安全购买行为。

知觉行为控制是农村居民对实施食品安全购买行为难易程度的判断，促进或阻碍其行为实施因素的感知。Florian（1999）在其研究中指出，对个体行为的测评应考虑到行为执行的困难程度，以及是否超出人们的实际控制范围。由于我国农村地区食品市场发育不成熟，生产、运输和销售等环节尚未形成完备体系，农村食品安全消费品具有供应量及功能性不足的固有特性（王建华等，2016），导致持有食品安全消费态度和意愿的农村居民实际消费行为难以发生，此时公众对政府监管效果的感知情况将会对其知觉行为控制产生作用，进而对食品消费行为产生影响（Yin S J、Wu L H、Du L L et al.，2010）。家庭成员中对不安全食品抵御能力差的农村居民会更偏向于购买安全的食品（陈志颖，2016；任建超等，2013）。李创和邵莹（2020）认为，知觉行为控制能够间接影响公众的绿色行为。

由此本书提出假设 H3：

H3：知觉行为控制对农村居民食品安全购买行为有显著影响。

风险是理解消费者行为的一个关键成分。风险认知常常被作为研究消费者行为的重要解释变量（张硕阳，2004）。频发的食品安全问题及其造成的严重后果使消费者风险认知明显上升，许多研究表明风险认知水平对消费者食品安全购买行为具有关键影响（钟一舰，2012）。王二朋和高志峰（2006）认为，食品安全风险感知是影响消费者品牌食品购买次数的重要因素，但食品安全风险感知对食品购买决策的影响并不稳定。当食品安全事件发生时，食品安全风险认知在食品购买决策中的权重会无限放大，成为食品购买选择的首要考虑因素（Grunert，2005）。当食品安全得到基本保障时，食品安全风险认知在食品购买决策中的地位又会下降（BRUNSØ 等，2002）。有学者进一步证实，风险认知度负向影响食品消费行为（Baker G A，2005；吴林海，2009）。GAO 等（2014）指出，对产自中国水果的高风险感知导致法国消费者不愿意购买中国产的水果。食品安全事件发生后，风险感知水平的提高使得消费者在短期内明显减少了相关食品的消费（Tonsor，2009）。但 Jevsnik M 等（2008）得出了相反结论，即消费者的食品安全风险感知和食品安全意识越强，购买安全食品的可能性越大。

基于上述分析，本书提出假设 H4：

H4：风险认知对农村居民食品安全购买行为可能存在正向或反向影响。

信任是决定消费者有机食品消费行为的重要因素，信任缺失会限制消费者的购买行为（袁晓辉等，2021）。当前食品安全问题依然存在，尽管消费者食品安全认知水平不断提高，但对部分食品企业、政府监管以及市场上所售食品安全性的信任状况不容乐观（欧阳海燕，2011；王冀宁、范凌霞，2013）。消费者已普遍关注食品安全问题，但对食品安全形势缺乏信任与信心，进而影响其消费行为选择（荀娜，2011）。钟甫宁、易小兰（2010）指出，消费者对行业以及政府食品质量安全现有监管措施的不信任对消费行为有负面影响。有研究认为，在信息不对称条件下，信任是消费者担心卖方机会主义的唯一缓解因素（Choe 等，2009），是决定消费者购买有机食品的关键（Thorsøe，2015）。消费者信任缺乏会阻碍有机食品消费（Gan 等，2016；徐文成，2017）。实证研究表明，对无公害食品、有机食品的信任度显著影响消费者购买行为（王志刚，2007；王颖等，2008）。而消费者对公共政策和公关媒介的信任度显著影响其可追溯食品购买行为（赵荣，2011）。葛楠楠等（2020）进一步指出，消费者对政府部门信任度显著影响猪肉购买地点变化而且显著影响猪肉购买量。

　　H5：政府信任对农村居民食品安全购买行为有显著影响。

　　行为意愿（向）是指影响个体行为的动机因素，表明个体采取某一行为的意愿和倾向。计划行为理论指出，行为意向是预测和解释行为的最好方式。实证研究表明，购买意愿是购买行为的基础（冯建英等，2006），直接导致购买行为（Fukukawa，2003）。Ajzen（1991，2001）从理论与经验两个层面证实了行为倾向和行为之间具有强相关性，并且，消费行为能够很好地被消费意愿解释（Blanchard 等，2009）。王兆峰（2001）通过对绿色食品消费行为影响消费因素的相关性分析，得出消费意愿与行为呈显著正相关的结论。Ajzent 和Madden（1986）的研究结果表明，态度、主观规范和知觉行为控制影响消费意向，然后直接影响行为，认为意愿是主观规范和行为的中介（Ajzen，1991）。苏昕等（2018）的研究进一步证明，消费者参与意愿在行为态度、主观规范及质量感知能力对其参与行为的影响中发挥显著的中介效应。而行为态度、示范性主观规范及知觉行为控制通过创新意愿对创新行为产生正向作用（赵斌，2013）。过往风险研究大多将公众的行为意向等同于风险接受度（Siegrist，2000；Ross 等，2014），认为政府信任主要是通过风险接受度这一中介变量对公众的行为（意向）产生影响（黄懿慧等，2019）。但也有学者质疑消费意愿和消费行为的一致性，如靳明等（2008）和钟颖琦（2014）认为，消费者购买意愿和行为并非总是一致，往往存在偏误。在有购买意愿的消费群体中，意愿与行为间有较大差距（王建华，2019），主观规范、感知行为控制在购买意愿向购买行为转化的过程中发挥着重要的调节作用（王建华等，2016）。张蕾（2018）指出，消费者的自我效能感（知觉行为控制的一种表现）是影响消费者购买意愿转化为购买行为的非常重要的因素。还有少量文献研究了信任因素对消费者购买意愿与行为的影响（Nuttavuthisit，2017；Vega-Zamora 等，2019），认为信任对绿色消费意向与绿色购买行为间的关系有显著正向调节作用（李创、邵莹，2020）。

　　由上述分析，提出假设 H6-1、H6-2、H6-3：

H6-1：食品安全消费意愿对食品安全消费行为有显著影响。

H6-2：意愿分别在主观规范、行为态度、知觉行为控制、政府信任和风险认知与农村居民食品安全购买行为之间起中介作用。

H6-3：信任、主观规范、感知行为控制等因素在购买意愿对农村居民食品安全消费行为影响中起中介作用。

通过文献梳理，尚未发现有价值的意愿调节作用的相关研究。但实际生活中，人们的意愿差异往往在信任、认知或主观规范等因素对行为的作用过程中具有不同表现，即意愿在上述关系中具有调节效应。因此，本研究进一步提出假设 H6-4，拟进一步拓宽计划行为理论研究视角。

H6-4：购买意愿分别调节政府信任、风险认知、行为态度、知觉行为控制和主观规范等变量与农村居民食品安全的关系。

消费者特征因素主要包括个体特征和家庭特征，如性别、年龄、收入、受教育水平、家庭结构和规模等。国内外诸多学者的研究已证实消费者个体及家庭特征对食品安全消费行为具有重要作用。影响消费者决策的主要因素包括年龄、性别和受教育程度（钟甫宁等 2010）。由于有机食品价格相对高昂，消费者收入必然会直接决定其购买决策与行为（Roitner，2008）。陈新建等（2014）采集了国内一线城市顾客的调研数据，发现家庭收入和家庭有无儿童是影响有机食品购买的重要影响因素。而在个体和家庭特征的影响方向和程度上，不同研究的结论存在差异。例如，一项北京消费者调查结果显示，男性相对于女性更倾向于购买有机食品（王颖，2008）。年轻的消费者比年老的消费者更易购买绿色食品（Doorn、Verhoef，2001），但 Wier 等（2018）却发现，年龄因素对购买行为的影响不显著。在收入方面，Thompson（1998）研究得出，收入水平和消费者购买有机认证食品呈显著负相关，而 Tsakiridou（2006）、Denver（2007）却得出相反研究结论，认为欧洲消费者的有机食品购买行为与其收入水平之间存在正相关关系。由此可见个体及家庭特征对消费者行为影响程度及作用方向上尚未达成一致结论，原因可能是不同调查研究的社会文化背景、时间阶段均存在一定差异，故有必要进一步研究个体及家庭特征对农村居民食品安全消费意愿和食品安全消费行为的影响作用，由此提出假说 H7：

H7：个体及家庭等人口统计学特征对农村居民食品安全消费行为具有显著影响。

基于计划行为理论和研究假设，本研究认为行为态度、主观规范和知觉行为控制通过直接影响农村居民食品安全购买意愿，进而作用于其食品安全购买行为，而在意愿—行为关系中，行为态度、主观规范和知觉行为控制可能扮演中介角色。其次，消费者对食品的风险认知、政府食品安全管理工作信任对食品安全购买意愿及行为也会产生作用。再次，农村居民食品安全购买行为的形成过程属于心理范畴，不仅意愿可能在此过程中发挥调节作用，同时，购买行为必然会受到消费者人口学特征的影响，本部分研究将这类因素以消费者个人特征(性别、年龄、文化水平等)和家庭特征(家庭结构、家庭年收入、住地等)因素予以反映，在分析前述变量对农村居民食品安全购买行为的影响时，应控制人口学统计变量。因此，以计划行为理论原始模型为基础分析框架，将风险认知、政府食品安全管理工作信任(简称"政府信任")纳入模型框架，以拓展和完善计划行为理论，构建农村居民食品安全购买行为理论分析框架（图 8-2）。

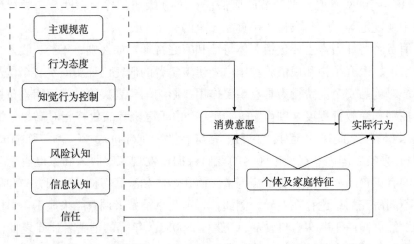

图 8-2　江西农村居民食品安全购买行为形成机理初始模型

(二) 变量选取和说明

1. 被解释变量

本研究选择题项"您是否购买过安全食品?"测量农村居民食品安全购买行为，问题选项为"是"和"否"，并分别赋值为：是＝1，否＝0。

2. 解释变量

基于前文理论模型和研究假说，本节研究的解释变量包括行为态度、主观规范、知觉行为控制、信任、风险认知及购买意愿 6 个变量，其中前 5 个变量问卷中用量表测量。

（1）行为态度。用农村居民对 3 个"关于食品安全消费作用的看法"的响应情况进行测量，题项包括：①"食品安全消费有利于身体健康"。②"食品安全消费有利于环境保护"。③"食品安全消费有助于降低社会医疗成本"。选项采用李克特 5 级度量，从"不同意"到"非常同意"五个级别，依次赋值为

1、2、3、4、5。

（2）主观规范。用3个题项组成的李克特5级量表测量，通过询问农村居民对以下3个问题的反应情况以获取度量值：①"家人和亲友支持我购买安全食品"；②"别人购买安全食品我也会购买"；③"购买安全食品不受权威或公众人物影响"。5个选项从"不符合"到"非常符合"五个等级，依次赋值为1、2、3、4、5。

（3）知觉行为控制。通过询问农村居民关于购买食品时所采取的技巧及应对问题食品陈述方式的符合程度进行测度，农村居民对这些题项的回答进行综合可以得到一个反映知觉行为控制的"连续型"变量。量表是由3个题项组成5级李克特量表，分别为①"我在购买食品前搜寻相关信息"；②"我在购买食品时看说明"；③"如果我买到问题食品会投诉、找商家退货或要求赔偿"，选项从"不符合"到"很符合"依次赋值1、2、3、4、5。

（4）风险认知。本研究关注的农村居民对农村市场上的食品安全风险认知情况，因此，采用5级李克特量表法通过下述有关题项来测量。反映农村居民对食品安全风险认知的题项为：①"您认为农村市场奶粉安全程度如何？"②"您对农村市场饮料安全风险认知程度如何？"③"您认为农村市场卤食品安全程度如何？"④"您认为农村市场肉食品安全性如何？"上述答案选项均设置为5分值李克特量表，1表示"很不安全"，5表示"很安全"，随着取值的上升，说明对于农村居民而言，当前农村市场上的食品安全风险程度在降低。

（5）政府信任。政府公共管理信任是影响消费者安全认证食品购买次数的重要因素（王二朋、高志峰，2016），消费者信任也表现为对政府食品安全管理工作的满意程度（刘华、陈艳，2013）。因此，本研究选择农村居民分别对投诉处理、信息通报、风险防范及安全监管等4类对政府农村食品安全管理工作的满意程度以测量"政府信任"。每个题项的选项均为李克特5分量表，从1～5分别代表不满意～很满意。农村居民对政府各项农村食品安全管理工作越满意，说明其对政府越信任。

（6）购买意愿。参照以往研究，本研究选择"您是否愿意购买具有质量安全认证食品？"测量农村居民食品安全购买意愿，选项为"是"和"否"，分别赋值为1和0。

3. 控制变量

根据食品安全和消费者行为理论文献（仇焕广等，2007；刘瑞峰，2014；罗丞，2010），人口统计学特征中性别、年龄、身体状况、文化程度等个人特征及家庭结构、家庭收入、居住地、家庭规模等家庭特征因素均会对购买行为产生影响，因此，参照以往学者们（Bauer，1967；周洁红，2004；程培堽、殷志扬，2012）的做法，本研究将上述因素设置为控制变量。由于各控制变量都具有外显性，因此，每个变量只用一个问题进行测量，其中，居住地用题项"家里离县城的距离大约是多少公里?"测量。

各变量及其测量题项含义、简单统计描述值详见表 8-6 所示。

（三）变量的统计描述

依据表 8-6 所示，变量特征具有以下统计特征：

农村居民食品安全购买意愿和购买行为均值分别为 0.81 和 0.89，且标准差分别为 0.40 和 0.32，说明农村居民具有较高的安全食品购买意愿和行为，表示愿意购买安全食品的被访者占比 80.5%、已购买过安全食品的占比 88.8%。

政府信任情况。农村居民对政府食品安全管理工作平均处于中等程度的信任，并且得分波动性小（最大标准差为 1.01）。其中，农村食品安全监管工作的信任（满意）程度居其他工作之首，平均得分 2.62，表示"一般""不太满意"和"不满意"者比重达 80.8%。

知觉行为控制情况。被访农村居民的知觉行为控制水平较高，平均得分区间为 [3.26，3.43]，说明农村居民自身具有较强的食品安全消费行为控制感知，尤其是在判别问题食品及消费权益保障行为方面，平均得分值最高（3.43），但仍有 26.4% 的人表示在购买食品前不会或较少搜寻相关信息，"购买食品前搜寻相关信息"的平均得分最低（3.26）。

主观规范情况描述。农村居民在"家人和亲友支持我购买"题项上得分最高（均值为 4.07），其自身情况与题项陈述介于"比较符合"和"非常符合"之间，表明农村居民生活中关系较亲密的人对其食品安全消费行为影响最大；而"跟随他人购买安全食品"题项平均得分为 3.66，基于"一般"和"比较符合"之间，说明周围关系一般的人群对其食品安全消费行为具有一定示范作用。

行为态度情况。农村居民食品安全消费的行为态度平均得分偏高，三个题项分值均在"比较同意"和"非常同意"之间，最低值达 4.27，表明农村居民对食品安全消费作用有很高的认识，食品安全消费态度积极。

风险认知水平。农村居民对农村市场上日常消费食品的安全风险平均认知水平中等偏低，均值处于 [2.55~3.10] 区间。其中，对农村市场上卤制食品的安全性认知最高（均值为 3.10），认为当前农村市场卤制食品较为安全，这可能同我国农村是熟人社会有关，市场中的卤制食品经营者较为固定，农村居民对其较熟悉。

表 8-6 变量赋值及说明

变量		题项	赋值	均值	标准差
被解释变量		您是否购买过安全食品	1＝是；0＝否	0.89	0.32
解释变量	政府信任	农村食品安全投诉处理工作满意度		2.54	0.99
		农村食品安全信息通报工作满意度	1＝不满意；2＝不太满意；3＝一般；4＝比较满意；5＝很满意	2.60	0.99
		农村食品安全风险防范工作满意度		2.59	1.01
		农村食品安全监管工作满意度		2.62	1.01
	知觉行为控制	购买食品前搜寻相关信息		3.26	1.11
		购买食品时看说明	1＝不符合；2＝不太符合；3＝一般；4＝比较符合；5＝很符合	3.66	1.03
		买到问题食品会讨说法		3.43	1.14
	主观规范	亲友支持食品安全消费		4.07	0.85
		安全食品购买不受权威人物影响	1＝不符合；2＝不太符合；3＝一般；4＝比较符合；5＝很符合	3.93	0.93
		跟随他人购买安全食品		3.66	1.01
	行为态度	食品安全消费利于身体		4.55	0.76
		食品安全消费利于环境	1＝不赞同；2＝不太赞同；3＝一般；4＝比较赞同；5＝很赞同	4.31	0.87
		食品安全消费降低医疗成本		4.27	0.85
	风险认知	农村市场奶粉安全程度如何		2.96	0.95
		农村市场饮料安全程度如何	1＝很不安全；2＝不太安全；3＝一般；4＝较安全；5＝很安全	2.87	0.93
		农村市场卤食品安全程度如何		3.10	0.94
		农村市场肉食品安全程度如何		2.55	1.01
	意愿	是否愿意购买安全认证食品	1＝是；0＝否	0.81	0.40
控制变量	个人特征	您的性别	1＝男；0＝女	1.52	0.50
		您的年龄	数值	42.35	14.74
		您的身体状况	1＝好；2＝较好；3＝一般；4＝较差；5＝差	1.73	0.83
		文化程度	1＝小学及以下；2＝初中；3＝高中/中专；4＝大专；5＝本科及以上	2.45	1.27
	家庭特征	您家的家庭结构	1＝独居；2＝夫妻户；3＝夫妻小孩户；4＝三代同堂；5＝其他	3.38	0.78
		家庭规模（人）	数值	4.89	1.87
		家庭年均收入（元）	1≤2 万；2＝20 001～4 万；3＝40 001～6 万；4＝60 001～8 万；5＞8 万	2.68	1.21
		住地离县城距离	数值	17.80	17.63

信赖程度较高。农村居民对生鲜肉类的安全性较为不放心，风险认知均值为 2.55，这可能源于瘦肉精事件及他们对畜禽养殖过程的熟悉，知道养殖户

为了提高畜禽产值，在养殖过程中基本上都会用饲料喂养，并且通过打各种防疫药物抗病，因而认为市场上的生鲜肉类大多不安全。

人口统计特征概况。被访农村居民中，男女比例较为均衡（分别占比47.8%、52.2%），以中年人（36～50岁年龄段占比40.7%）和初中及以下文化程度（比重为58.1%）为主，其平均年龄42.35岁；81.6%的被访农村居民身体自评状况良好。被访者以夫妻小孩户和三代同堂居多，分别占比41.1%和46.4%，家庭平均人口数4.89人，家庭年收入介于2万～6万元者居多，年收入平均级别为2.68，其中，家庭年收入在2万～4万元的占33.7%、在4万～6万元间的占26%，家庭住地平均离县城17.80公里。样本人口统计学指标值基本与抽样设计一致。

（四）因子浓缩

本节利用二元逻辑斯回归模型对各解释变量与农村居民食品安全购买行为和意愿进行拟合，以探究影响机理。由于政府信任、风险认知、行为态度、主观规范和知觉行为控制5个量表共包含了17个题项，变量间可能存在信息重叠和相关性，如果直接将各题项纳入模型，则容易产生共线性。因此，在模型拟合前，应将各题项进行浓缩、提炼出代表性强的新因子纳入模型。因子分析是研究如何以最少的信息遗失将众多原有变量浓缩成少数几个因子，并使因子具有一定命名的多元统计分析方法，其核心是用较少的互相独立的因子反映原有变量的绝大部分信息（薛薇，2017）。因此，本节运用SPSS24.0对上述5个变量量表中的17个题项进行探索性因子分析（结果如表8-7所示），采取主成分因子分析法对它们进行降维，以削减参与数据建模的变量个数，再将浓缩后的重因子纳入模型。

表8-7中的KMO值（0.812）和Bartlett球形检验结果（$P=0.000<$1‰）表明，变量量表中各题项适合因子分析。采用最大方差法的正交旋转法和固定数量因子提取法，最终提取5个因子（工作信任、风险认知、行为态度、主观规范和知觉行为控制），其累计方差贡献率为69.727%，说明浓缩的5个新因子能够解释近70%的原变量信息。上述检验结果说明，问卷量表结构效度较好，各维度与总量表的相关性具有统计学意义。

为进一步测度各因子量表的信度，本研究使用Cronbach's α系数法衡量各量表中题项间的内部一致性。检验结果显示，对政府食品安全管理工作信任（即政府信任）、食品安全风险认知和行为态度三个因子的Cronbach's α系数都大于0.800，表明这三个因子量表内部一致性极好。知觉行为控制和主观规范2个因子量表的Cronbach's α系数分别为0.673和0.658，介于0.6～0.7

之间，表示内部一致性较高。

表 8-7 因子分析和信度检验结果

变量	题　项	成分					克隆巴哈系数 α
		1	2	3	4	5	
政府信任	农村食品安全信息通报满意度	.929	.082	.046	.038	.025	0.944
	农村食品安全风险防范满意度	.923	.084	.021	.051	.042	
	农村食品安全投诉处理满意度	.917	.097	.049	.076	.005	
	农村食品安全监管满意度	.896	.140	.035	.097	.000	
食品风险认知	饮料安全程度认知	.038	.847	.014	−.054	.019	0.811
	生鲜肉类安全程度认知	.075	.818	.047	−.026	.044	
	奶粉类安全程度认知	.099	.754	.021	.050	−.034	
	卤菜安全程度认知	.134	.752	.058	.017	−.005	
行为态度	食品安全消费利于环境	.035	.038	.875	.105	.069	0.800
	食品安全消费降低医疗成本	.074	−.004	.811	.112	.119	
	食品安全消费利于身体	.016	.103	.807	−.020	.172	
知觉行为控制	购买食品前搜寻相关信息	.061	.010	.107	.796	.023	0.673
	购买食品时看说明	.074	−.059	.057	.743	.290	
	买到问题食品会讨说法	.076	.033	.022	.707	.203	
主观规范	亲友支持食品安全消费	.005	.010	.133	.284	.766	0.658
	跟随他人购买安全食品	−.024	.083	.142	.019	.752	
	自己决定购买安全食品	.074	−.079	.086	.235	.697	

因子分析摘要　KMO＝0.812　Bartlett 球形检验 $P＝0.000$　方差累积贡献率 $\lambda＝69.727\%$

提取方法：主成分；旋转法：具有 Kaiser 标准化的正交旋转法；a. 旋转在 5 次迭代后收敛。

（五）模型选择与说明

二元 Logistic 回归分析用于研究 X 对 Y 的影响，X 可以为定类数据，也可以为定量数据，但要求 Y 必须为二分类定类数据，而线性回归模型则要求因变量是连续变量。因此，本研究选择二元 Logit 回归模型分析行为态度、主观规范、知觉行为控制、政府信任、风险认知对食品购买意愿及它们共同对农村居民安全食品购买行为的影响二元 Logit 回归方程如下：

$$\ln\left(\frac{p}{1-p}\right) = \beta_0 + \sum_{i=1}^{n}\beta_i x_i + \mu \qquad (1)$$

式（8-1）中，β_0 表示回归截距，即常数项；X_i 表示影响农村居民安全食品购买行为（意愿）的第 i 项因素；β_i 表示第 i 项因素的回归系数；μ 为随机干扰项，p 为农村居民安全食品购买行为/意愿的概率。

在中介变量或因变量为类别变量的中介分析中，应当用 Logistic 回归取代通常的线性回归（刘红云等，2013；方杰、温忠麟，2017）。由于农村居民食品安全购买意愿及购买行为是二分类变量，因此，后面分析食品安全购买意愿对行为的中介作用时，构建自变量是连续变量、中介变量和因变量是二分类变量的二元 Logit 中介模型，方程如下：

$$Y'=i+cX+e \tag{8-2}$$

$$Y''=i+c/X+bM+e \tag{8-3}$$

$$M=i+aX+e_M \tag{8-4}$$

$$Y'=\text{Logit } P\ (Y=1\mid X)=\ln\frac{P\ (Y=1\mid X)}{P\ (Y=0\mid X)} \tag{8-5}$$

$$M=\text{Logit } P\ (Y=1\mid X)=\ln\frac{P\ (Y=1\mid X)}{P\ (Y=0\mid X)} \tag{8-6}$$

$$Y''=\text{Logit } P\ (Y=1\mid M,\ X)=\ln\frac{P\ (Y=1\mid M,\ X)}{P\ (Y=0\mid M,\ X)} \tag{8-7}$$

参考温忠麟（2004）的依次检验和 Sobel 检验对中介变量 M 进行中介效应分析，检验流程如下：首先，对系数 c 进行显著性检验，若系数 c 不显著，则停止中介效应分析，说明 M 对 X 在 Y 影响中无中介效应；其次，若系数 c 显著，继续对系数 a、b 进行显著性检验，若系数 a、b 均显著，则需检验系数 c' 是否显著，若系数 c' 不显著，认为 M 存在完全中介效应；否则，认为 M 存在部分中介效应。最后，如果系数 a、b 至少有一个不显著，需要进一步做 Sobel 检验，若 Sobel 检验显著，认为 M 存在中介效应；否则，认为 M 不存在中介效应。

由于检验购买意愿的中介效应时，中介变量（购买意愿）和因变量（农村居民食品安全购买行为）是类别变量，因此，依据中介原理（由（8-2）～（8-4）方程刻画），采用 Logit 回归模型建构（8-5）、（8-6）和（8-7）三个中介效应回归方程。其中，Y 是因变量，代表农村居民食品安全购买行为，M 是中介变量，代表农村居民食品安全购买意愿，X 代表对 Y 和 M 有显著影响的自变量。

由于农村居民食品安全购买行为是二分类变量，所以本部分的研究运用二元 Logit 回归模型构建调节效应分析模型，分析农村居民食品安全购买意愿在自变量（解释变量）与因变量（购买行为）间的调节作用。调节效果方程如下：

$$\text{Logit }(P)=b_1X+b_2Z+a_1 \tag{8-8}$$

$$\text{Logit }(P)=b_1X+b_2Z+b_3XZ+a_1 \tag{8-9}$$

（8-8）和（8-9）式中，P 是因变量（食品安全购买行为）发生的概率，X、Z 分别代表自变量和调节变量（购买意愿），b_1 是指当 Z 固定时 X 的斜率，b_2 是指当 X 固定时 Z 的斜率。（8-9）式是调节模型，XZ 是交互作用项，如果 b_3 显著，则 XZ 交互作用显著，说明 Z 有调节作用。

（六）模型拟合情况与结果说明

1. 模型拟合情况

首先，利用式（8-1），对农村居民食品安全购买意愿及其购买行为进行了拟合，得到模型 1、模型 2 和模型 3，同时，运用式（8-8）和式（8-9），拟合了模型 4，检验了农村居民食品安全购买意愿的调节作用，结果报告见表 8-8；其次，运用（8-2）～（8-7）式，拟合了模型 5～模型 10，检验了农村居民食品安全购买意愿的中介作用，具体估计结果见表 8-9。

表 8-8 报告了在控制人口学统计特征后，政府信任、风险认知、行为态度、知觉行为控制、主观规范 5 个变量对农村居民食品安全购买意愿的影响（模型 1）及这 5 个变量与购买意愿共同对农村居民食品安全购买行为（模型 2 和 3）的影响情况，同时，还报告了购买意愿的调节作用（模型 4）。模型 1 以农村居民食品安全购买意愿为被解释变量，考察行为态度、主观规范、知觉行为控制、风险认知、政府信任 5 个变量对其的影响。模型 2 是农村居民食品安全购买行为的估计结果，考察行为态度、主观规范、知觉行为控制、风险认知、政府信任 5 个变量对农村居民食品安全购买行为影响情况。模型 3 在模型 2 的基础上引入购买意愿变量，考察行为态度、主观规范、知觉行为控制、风险认知、政府信任和购买意愿共同对农村居民安全食品购买行为的影响情况。3 个模型系数均通过了 0.01 显著性综合检验，说明模型整体拟合效果好，模型有意义。模型的 Hosmer 和 Lemeshow 检验均未通过显著性检验，但总体预测正确率分别达到 81.3%、89.8% 和 89.9%，说明 3 个模型的拟合优度很高。同时，两模型中的解释变量和控制变量间均不存在多重共线性。需要指出的是，购买意愿进入模型 3 后，Cox & Snell R^2 和 Nagelkerke 伪 R^2 值均未发生变化，只是总体预测正确率增加了 0.1%，说明购买意愿的引入对整体模型作用很小。模型 4 在模型 3 的基础上引入交互项后，模型系数的综合检验在 1% 水平下显著，且其 χ^2 值、H-L 检验的 P 值、Cox & Snell R^2 和 Nagelkerke R^2 值进一步增大，说明模型整体拟合效果增强，拟合优度提高，交互项对整体模型具有一定贡献。

根据中介效应条件及表 8-8 的估计结果，表 8-9 主要报告了购买意愿分别在政府信任与农村居民食品安全消费行为之间（模型 5、模型 6 和模型 7）、主观规范与农村居民食品安全消费行为之间（模型 8、模型 9 和模型 10）的中介作用。由模型系数的综合检验值、Hosmer 和 Lemeshow 检验结果可知，6 个模型的整体拟合效果好、拟合优度高（模型 8 的拟合优度稍微不太理想，但 $P > 0.05$，Cox & Snell $R^2 = 0.096$，Nagelkerke $R^2 = 0.191$，尚可接受），且正确预测率均在 80% 以上。

表 8-8 食品安全购买行为影响因素估计结果（H1～H5、H7、H6-1 和 H6-3 检验结果）

变量	模型 1（购买意愿）		模型 2（购买行为）		模型 3（购买行为）		模型 4
	β	Exp（B）	β	Exp（B）	β	Exp（B）	b
购买意愿					−0.049	0.952	0.422
政府信任	−0.383***	0.682	0.537***	1.711	0.532***	1.703	0.127
食品风险认知	−0.125	0.882	−0.437***	0.646	−0.437***	0.646	−0.133
行为态度	0.110	1.116	0.075	1.077	0.076	1.079	0.225
知觉行为控制	0.047	1.048	0.707***	2.027	0.707***	2.029	0.713***
主观规范	0.323***	1.382	1.127***	3.086	1.130***	3.097	0.709***
购买意愿×政府信任							0.555**
购买意愿×风险认知							−0.408
购买意愿×行为态度							−0.259
购买意愿×知行控制							0.037
购买意愿×主观规范							0.572**
性别	0.087	1.091	−0.023	0.977	−0.022	0.978	−0.026
年龄	−0.005	0.995	−0.001	0.999	−0.001	0.999	0.000
身体状况	0.157	1.169	0.093	1.098	0.095	1.099	0.106
文化程度	−0.043	0.958	−0.029	0.971	−0.029	0.972	−0.011
家庭结构							
家庭结构（1）	−1.007	0.365	−1.056	0.348	−1.065	0.345	−1.222

（续）

变量	模型1 (购买意愿)		模型2 (购买行为)		模型3 (购买行为)		模型4
	β	Exp(B)	β	Exp(B)	β	Exp(B)	b
家庭结构是 (2)	-0.887	0.412	-0.860	0.423	-0.867	0.420	-1.014
家庭结构是 (3)	-0.864	0.421	-1.437	0.238	-1.441	0.237	-1.569
家庭结构是 (4)	-0.899	0.407	-1.425	0.241	-1.433	0.239	-1.594
家里规模（人）	0.145***	1.156	0.147**	1.159	0.149**	1.160	0.135*
家庭年毛收入（元）	-0.084	0.920	-0.122	0.885	-0.123	0.884	-0.106
离县城距离	0.000	1.000	0.004	1.004	0.004	1.004	0.003
常量	1.884**	0.041	3.707***	40.723	3.743***	42.241	3.547**
模型系数检验χ^2	72.620***		203.099***		203.132***		214.917***
Cox & Snell R^2	0.059		0.156		0.156		0.164
Nagelkerke 伪R^2	0.095		0.311		0.311		0.327
$H-L$ 检验	$P=0.408$		$P=0.223$		$P=0.217$		0.629
预测准确率	81.3%		89.8%		89.9%		89.9%

注：***、**、* 分别表示 1%、5% 和 10% 的显著性水平

2. 结果分析和解释

(1) 食品安全购买行为的影响因素及购买意愿的调节作用分析。表 8-8 拟合结果显示，模型 1 中只有政府信任和主观规范 2 个变量通过了 0.01 显著性水平检验，政府信任系数 $\beta=-0.383$ 和 Exp (B) $=0.682$ 值进一步表明，政府信任负向影响农村居民的食品安全购买意愿，即农村居民对政府的农村食品安全管理工作越满意，越相信政府能做好农村食品安全管理工作，那么会认为农村市场食品质量就更可靠，因而会减少具有安全认证标志的食品的购买意愿。进一步分析发现，农村居民对政府信任增加一个单位，他们对安全食品购买意愿优势比将减少 31.8%。主观规范正向显著影响农村居民食品安全购买意愿，主观规范每增加一个单位，农村居民的食品安全购买意愿优势比就增加 38.2%。这说明，他人（包括亲友、一般熟人、权威人士或公众人物）对食品安全消费的支持性观点或行为会激发其食品安全消费意愿，进而产生食品安全购买行为。由此可知，风险认知、行为态度和知觉行为控制 3 个变量不通过购买意愿对购买行为产生作用，即购买意愿在这 3 个变量对食品安全购买行为之间不起中介作用。模型 2 和模型 3 估计结果均表明，政府信任、知觉行为控制和主观规范在 1% 显著水平下正向影响农村居民食品安全购买行为，而食品风险认知变量则在 1% 显著水平下对农村居民食品安全购买行为产生显著负向作用，H1、H2、H4 和 H5 得到验证；行为态度和购买意愿对农村居民食品安全购买行为没有显著影响，即 H3、H6-1 两假设不成立。这说明农村居民即使对食品安全消费作用持积极评价（行为态度），可能因一些诸如安全食品价格太高、识别的能力低、购买不便利等因素的制约，农村居民不会产生食品安全消费意愿和实际购买行为。即使农村居民有食品安全购买意愿，也可能因为能力、资源不足，抑制了实际购买行为，这进一步验证了王建华等学者"消费者有购买意愿不一定付诸实际购买行为"的观点。仔细考察各变量系数和 Exp (B) 值后发现，购买意愿引入模型 3 后，政府信任对食品安全购买行为的影响小有降低（优势比减少了 0.08），但主观规范和知觉行为控制对购买行为作用得到了微弱增强，其中，主观规范的系数值和优势比分别增加了 0.003 和 0.011，知觉行为控制的系数没有变化，但优势比增加 0.002。食品风险认知的系数和 Exp (B) 值表明，农村居民认为农村市场上的食品越安全（食品安全风险低），则其购买安全认证食品的意愿和行为就越低。由此可初步判断，购买意愿可能分别在政府信任、主观规范与食品安全购买行为之间起调节作用。

模型 4 显示，购买意愿与政府信任、购买意愿与主观规范的交互系数为正，并均通过了 5% 的显著性水平检验，说明购买意愿对两者具有显著的正向的调节作用，假设 H6-4 部分设想得到验证。即相比有食品安全购买意愿的农村居民来说，没有食品安全购买意愿的农村居民其实际购买行为受政府信任、主观规范的影响更大。

4 个模型中的控制变量，只有家庭规模通过了显著性检验，对农村居民的食品安全购买行为（意愿）具有促进作用，H7 得到局部验证。其中，模型 3 随着购买意愿变量的加入，家庭规模的影响力稍有加强，但模型 4 引入交互作用后，食品安全购买意愿削弱了家庭规模的作用。

（2）农村居民食品安全购买意愿中介作用检验。依据中介效应成立条件及前面模型 2 和 3 的估计结果（H6-1 假设不成立），可以推断假设 H6-3 不成立，因此，后面将不再对 H6-3 进行检验，只探究购买意愿在农村居民食品安全购买行为形成过程中的中介作用。

下面将依据前文判别中介变量的标准程序，检验政府信任、主观规范对农村居民食品安全购买行为影响过程中，食品安全购买意愿是否具有中介效应，而风险认知、行为态度和知觉行为规范 3 个变量对食品安全购买行为的影响不显著，不符合中介效应条件，因此终止中介效应分析。

由表 8-9 中的自变量和中介变量的系数显著性、优势比即 Exp（β）值可知，购买意愿在政府信任与农村居民食品安全购买行为之间具有显著的不完全中介效果（模型 5-模型 7），即政府信任一方面直接显著正向影响农村居民食品安全购买行为，同时又通过购买意愿间接对其产生显著影响。模型 8、模型 9 和模型 10 的估计结果显示，主观规范分别对农村居民购买意愿及其行为有显著作用，但模型 9 中的购买意愿系数没有通过显著性检验，因此，购买意愿在主观规范和农村居民食品安全购买行为间没有显著中介效应，即主观规范直接对其产生显著影响，H6-2 部分得到验证。

表 8-9　食品安全购买意愿中介效应估计（H6-2）

变量	模型 5 购买行为	模型 6 购买意愿	模型 7 购买行为	模型 8 购买行为	模型 9 购买意愿	模型 10 购买行为
购买意愿			0.383* (1.467)			−0.172 (0.842)
政府信任	0.351*** (1.421)	−0.385*** (0.681)	0.378*** (1.460)			
主观规范				1.017*** (2.766)	0.322*** (1.380)	1.029*** (2.797)
常量	1.690*** 5.421	0.907** (2.476)	1.434** (4.194)	1.999*** 7.383	.772*** 2.164	2.299*** 9.968
人口学变量	控制	控制	控制	控制	控制	控制

（续）

变量	模型 5 购买行为	模型 6 购买意愿	模型 7 购买行为	模型 8 购买行为	模型 9 购买意愿	模型 10 购买行为
模型系数检验	141.589***	51.527***	27.473***	124.456***	42.874***	125.475***
H-L 检验	$P=0.417$	$P=0.254$	$P=0.119$	$P=0.052$	$P=0.267$	$P=0.028$
正确预测率	89.9%	80.4%	88.8%	89.3%	80.7%	89.7%

注:"*"、"**"和"***"分别表示通过10%、5%和1%显著性水平检验

（七）主要结论

本节内容基于江西省农村居民食品安全消费行为问卷数据,以计划行为理论为基础构建分析框架,利用二元逻辑斯模型分析了农村居民安全食品购买行为的形成机理,得出以下几点主要结论:

（1）政府信任、知觉行为控制和主观规范 3 个变量直接显著激发农村居民的食品安全购买行为,而风险认知则对其产生显著的负向影响。

（2）政府信任通过购买意愿对农村居民食品安全购买行为产生部分中介效应,同时正向调节这二者之间的关系,即购买意愿在政府信任和农村居民食品安全购买行为之间既发挥部分中介作用,又兼有调节角色。

（3）购买意愿分别在政府信任、主观规范对农村居民食品安全购买行为的影响中起着显著的正向调节作用。

第九章　重要结论及关键模型构建

一、本研究的主要结论

通过梳理、总结第四、五、六、七、八章研究结果，本研究得出的主要结论如下：

（1）目前江西农村存在较大的食品安全风险。农村居民对绿色食品、有机食品及无公害食品这三类安全认证食品的了解程度较低，但对绿色食品认知度相对较高，80％以上的农村居民对食品安全问题持恐惧、担忧态度。被访农村居民食品安全消费意愿较高，但安全食品购买行为发生较少。

（2）江西农村居民的教育程度、是否留守人员、是否常看新闻、是否用微信及其家庭月均食物支出对其食品安全消费决策有显著的直接影响，并且其个人、家庭特征通过中介变量（主观规范、知觉行为控制、行为态度及行为意向）的显著作用而影响其食品安全消费决策（安全食品购买决策）。

（3）主观规范(亲友支持、他人购买影响及权威/公众人物消费示范)、知觉行为控制（对安全认证食品的了解、对农村食品安全风险感知和接受度、对农村食品问题的担忧度)、行为态度（食品安全消费对环保作用、降低社会医疗成本的认知）及行为意向（食品安全信息搜寻及食品安全消费额外支付意愿）四个特征变量均显著影响着江西农村居民的食品安全消费决策（安全食品购买决策）。

（4）农村居民的投入特征，如对政府、媒体、亲友的信任度，食源性疾病经历变量，及其"面子"文化、动机特征等，对其食品安全消费意向有显著影响；但江西农村居民食品安全消费意向对其安全购买行为没有显著的直接影响。

（5）政府信任、知觉行为控制和主观规范直接显著促进农村居民食品安全购买行为，而风险认知则对其产生显著的负向影响；购买意愿在政府信任对农村居民食品安全购买行为影响中发挥部分中介作用；并且分别显著调节政府信任、主观规范对农村居民食品安全购买行为的影响。

二、农村居民食品安全行为机理模型构建

基于上述关键结论及相关文献观点，本研究将江西农村居民食品安全购买

决策、食品安全信息搜寻行为和实际购买行为视为其食品安全消费行为的外在表现，构建出由主观规范、知觉行为规范、行为态度、行为意向、食品安全认知、消费情境及人口学特征等影响要素组成的、共同作用于江西农村居民食品安全消费意愿和行为的形成机理模型——江西农村居民食品安全消费行为机理模型（图 9-1）。

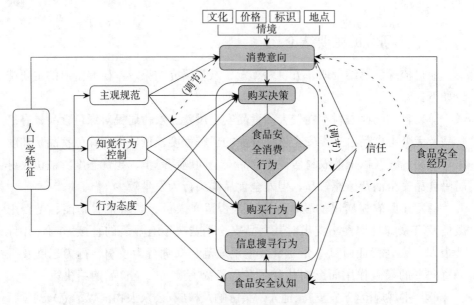

图 9-1　农村居民食品安全消费行为形成机理图

三、农村居民食品安全消费行为引导机制模型构建

（一）食品安全消费行为引导机制模型

"江西农村居民食品安全消费行为形成机理模型"（图 9-1）中各要素关系及作用方向表明，农村居民食品安全消费行为的形成是多重因素共同作用的结果。因此，本研究基于全方位、多层次的整体视角，以关键性影响因素为基点，构建出了"农村居民食品安全消费行为引导机制模型"（图 9-2），明确了各引导主体主要职责、引导机制运行模式，并提出了相关对策建议，以保障引导机制的有效运行、提升农村食品安全治理效率和效果。

（二）主要构成要素

农村居民食品安全消费行为引导机制的引导主体主要由政府部门/食品安全相关管理部门（食品安全委员会、卫生行政部门、农业行政、市场管理局、食品安全风险交流等部门和机构等）、新闻媒体（电视、广播、报纸、杂志、

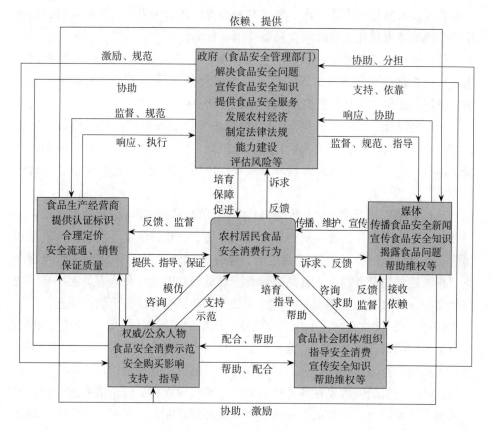

图 9-2　农村居民食品安全消费行为引导机制模型

自媒体等)、食品社会团体或中介组织(消费者协会、食品行业协会、食品安全公益组织)、食品生产经营者(食品企业或厂商、食品销售者、食品流通者、餐饮经营者等)、公众和权威人物(村干部、村级食品安全协管员、村及周边有影响力的人物、社会公众人物等)等组成,各组成要素之间相互影响、相互作用,最终共同引导农村居民食品安全消费行为。

(三)相关主体的主要职能

(1)食品安全管理部门。农村食品安全管理部门,特别是各级政府,在引导机制中起主导作用。第一,政府部门要承担对其他引导主体的食品安全知识和信息传播行为、食品安全生产经营行为的规范和监督职能。第二,应直接担负起对农村居民食品安全消费知识的宣传教育职责,促进农村居民进行食品安全风险交流,培养江西农村居民的食品安全消费理念和行为习惯。第三,要进一步增强江西农村食品安全治理能力,提高农村食品安全服务工作绩效和公众满意度。最后也是最关键的,要扩大江西农村居民增收、创收途径,提高其可支配收入和家庭月均食物支出，增强其安全食品的购买力，促使农村居民的食品安全消费意向转化为实际的食品安全消费行为。

（2）媒体。特别是电视新闻、自媒体等，应积极发挥宣传教育和监督职能，承担起食品安全消费知识、食品安全风险信息及时进农村的职责，并科学、公正、通俗规范地宣传食品安全的相关信息。

（3）食品社会团体（组织）。食品社会中介组织发挥着协调、监督、宣传职能，应协助培养农村居民识别食品安全风险、处理食品安全问题、保护食品安全消费权益的能力，及时发现和反应农村市场食品安全问题，促进食品行业自律。

（4）食品生产者发挥食品安全提供职能。食品生产者应负起社会责任，遵纪守法，生产安全食品者制定合理公道的价格，自觉提供食品质量安全信息和保障；许可公众信誉好的经营者运输、储存及销售食品，并及时召回问题食品、积极赔偿消费者损失。食品销售者应自觉经营安全食品，肩负起安全消费宣传义务，及时下架过期食品、问题食品并主动接受食品安全质量检查。

（5）公众/权威人物。承担着食品安全消费的正确宣传、示范及支持职能，应自觉遵守国家有关食品安全信息传播法律法规，规范自己的食品安全知识传播行为和消费行为，积极引导、培养农村居民的食品安全消费行为。

此外，农村居民则要在各主体引导下，积极树立食品安全消费理念，培养食品安全消费习惯，提升识别食品安全风险和问题能力，学习食品安全消费知识，模仿他人食品安全消费行为，参与食品安全风险交流，反馈食品安全消费信息，投诉问题食品和不法食品生产经营者。

（四）运行模式

农村居民食品安全消费行为引导机制的有效运行并持续发挥有效作用有赖于各主体间的相互配合、积极履行职能、充分发挥作用。

（1）政府部门充当主导者、协调者的角色，发挥监督、指导、服务功能。在不断完善食品安全法律法规、食品安全标准、食品风险交流机制和食品市场竞争、退出机制的前提下，规范和激励食品生产经营者的生产、经营行为，以及媒体、权威/公众人物的信息传播和宣传行为，正确指导媒体和公众传播食品安全知识和信息；协调各职能部门做好农村食品安全监管、风险评估、交流和防范工作，及时处理和公布食品安全事件；建立农村食品安全消费知识常态宣传机制，调动食品安全卫生行政部门、教育部门、农业行政部门、市场管理部门及媒体、社会团体参与农村食品安全知识宣传教育；听取农村居民食品安全消费诉求，促进各食品安全管理部门提供高效高质的农村食品安全服务，保障农村居民食品安全消费的合法权益。

（2）食品生产经营者发挥响应、执行、担任、指导、保证等运行作用。积极响应政府食品安全政策法规，严格执行国家食品安全生产标准，积极主动接受政府、媒介、社会各界和消费者的监督，如实准确说明食品功能和安全消费方法，为农村居民提供有质量保证的食品。

（3）食品社会中介组织发挥食品安全监管的辅助、补充作用。分担食品安全管理部门的农村食品安全监督、宣传和维权工作，协助监督媒体、食品生产经营者的相关行为。同时，充当政府部门、食品企业与农村居民间的沟通者，并和媒体构成相互监督和依赖关系，为农村居民提供食品安全消费咨询、指导服务，减轻农村食品安全治理成本。

（4）媒体发挥监督和引导作用。响应政府有关食品安全知识和信息传播、宣传规范政策，恪守媒体职业精神和道德底线，发挥媒体监督作用，并协助政府部门进行农村食品安全消费知识和风险的宣传，同时接收和反映食品生产经营者、食品社会组织及农村居民的食品安全信息和诉求，维护农村居民食品安全权益消费，从而达到正确引导农村居民食品安全消费的目的。

（5）权威人物或公众人物发挥示范和培育作用。学习并熟悉国家食品安全法、基本的食品安全消费知识，提升自身的食品安全风险识别、防范能力和社会影响力，掌握食品安全消费知识的正确传播、宣传方法，充分发挥示范效应，同时，与媒体形成依赖、互补关系，共同监督食品生产经营者，以培育农村居民食品安全消费行为，维护其合法消费权益。

（五）农村居民食品安全消费行为引导机制运行的保障对策和建议

综合以上结论和引导机制模型，本研究提出以下对策建议，以保障江西农村居民食品安全消费行为引导机制的有效运行。

（1）建立并创新农村食品安全宣传教育体系。农村居民食品安全消费行为的培养，应从娃娃抓起。孩子的食品安全消费意识可以提升大人的安全消费认知。因此，政府应充分发挥其公共管理职责，加大农村基础教育建设力度，在人力、物力和财力方面都给予充足的支持和保障，将食品安全教育融入农村学校日常教育、教学之中。同时，政府还需提高农村食品安全宣传教育频率，定期、不定期地在各乡村进行食品安全宣传教育、传递食品安全知识信息，使食品安全信息公开化、透明化，并保障这项工作的长期性和可持续性。此外，丰富农村食品安全宣传教育内容也十分必要，食品安全宣传教育不仅要涵盖安全食品的益处、辨别食品的安全性等常识性知识，还应通过讲解食品相关法律政策来增强农村居民的食品安全法制观念，培养对食品安全消费的积极态度，尤其是提高农村居民维权意识和能力，运用法律武器保护其自身权益，由此才能使政府的食品安全宣传教育作用于农村居民食品安全消费行为的每一个环节。

（2）构建法律法规的"硬约束"长效机制。政府应从农村现实情况出发，在确保《中华人民共和国食品安全法》有效实施的基础上，出台有针对性的政策法规，并在此基础上建立健全食品安全监管治理系统。由于当前我国农村食品安全监管领域存在各部门分工不明确、统筹规划欠缺、执法力度不足等问题，故政府需要在农村建设权威性的食品安全管理机构，明确相关部门人员职责权利。此外，政府还应加强对不安全食品生产经营者的惩罚力度，提高食品安全的违法成本，重塑政府公信力和农村居民的食品安全消费信心。

（3）大力发展农村经济，提升农村居民食品安全购买力。政府应采取有效措施，如为农村居民提供技术培训、拓展就业渠道，大力发展农村合作社并为农户提供一定补贴，努力实现农村居民增收的目标，提高其经济收入和消费能力，促使农村居民食品安全消费意向向实际消费行为转化。同时加大对农村及其食品安全市场建设的资金技术投入，对正规、大型超市进农村予以财税、政策支持，适当降低安全食品价格，减轻农村居民食品安全消费行为所需承担的额外溢价，为农村居民营造安全、规范、有序的食品安全消费环境。

（4）为食品安全社会团体和机构的发展营造良好的制度环境。食品安全社会团体和机构是非政府组织，是一支不可或缺的农村居民食品安全消费行为引导力量，若充分发挥其职能和作用，有助于提高农村食品安全治理效率，由于种种原因，目前没有得长足发展。因此，政府应重视它的成长，为它提供生长的"土壤"，给予法律和制度的支持，引导和培育它的食品安全监督管理能力，为政府分担农村居民食品安全消费行为引导任务。

（5）规范信息传播。制定食品安全信息和知识传播行为的相关法律、法规，完善食品安全风险信息发布制度，规范、培养媒体和社会公众食品安全知识和风险的传播行为，提高农村食品安全宣传教育效果。

（6）创新农村食品安全宣传教育方式方法，提高农村居民食品安全消费行为引导成效。设立公众微信号、开设政府食品安全官网、开通农村广播，利用农村宣传栏、讲座等形式，宣传食品安全消费知识，提升农村居民食品安全风险识别能力，培养其食品安全消费观念和行为。

参　考　文　献

曹萌. 文化产品引导机制研究的意义与构架 [J]. 甘肃理论学刊, 2012, 3 (2): 15-19

车诚, 吴国华, 张志红. 价格折扣水平对消费者购买意愿的影响研究 [J]. 商业经济研究, 2020, (23): 76-79.

陈丹丹, 柳鹏程. 消费者有机食品购买行为的影响因素研究 [J]. 当代经济, 2016, (22): 118-120.

陈刚. 面子文化对我国居民消费意愿的影响 [J]. 商业研究, 2016, (03): 157-160.

陈红, 冯群, 牛文静. 个体低碳消费行为引导的低碳经济实现路径 [J]. 北京理工大学学报 (社会科学版), 2013, 15 (02): 16-22.

陈凯, 丁蒙, 彭茜. 引导用语对绿色消费行为意愿的影响作用分析 [J]. 当代经济管理, 2016, 38 (0 1): 11-16.

陈默, 韩飞, 王一琴, 尹世久. 食品质量认证标签的消费者偏好异质性研究: 随机 n 价拍卖实验的证据 [J]. 宏观质量研究, 2018, (04): 112-121.

陈默, 尹世久, 徐迎军. 消费者对生态标识食品的多层面认知行为: 基于 MVP 模型的实证分析 [J]. 经济经纬, 2015, 32 (02): 31-36.

陈淑贤, 张赞, 俞洪水, 赖青鸟. 中老年居民保健食品风险认知及其影响因素——基于广西 7 个城市的数据调查分析 [J]. 中国卫生事业管理, 2018, 35 (12): 946-951.

陈思, 路西, 吴昊, 钟凯, 郭丽霞, 赵洁, 罗晓静. 大学生对食品添加剂风险认知现状及影响因素 [J]. 食品科学, 2014, 35 (13): 245-249.

陈卫平, 牛明婵. 消费者对食品标签的使用行为及其影响因素 [J]. 中国人民大学学报, 2009, (4): 105-113.

陈新建, 董涛. 有机食品溢价、消费者认知与支付意愿研究——以有机水果为例的实证分析 [J]. 价格理论与实践, 2012, (11): 84-85.

陈鑫, 杨德利. 绿色农产品消费动机、认知水平与购买行为研究——基于上海市消费者的调查 [J]. 食品工业, 2019, 40 (01): 246-250.

陈秀娟, 秦沙沙, 尹世久, 等. 基于消费者对产地信息属性偏好的可追溯猪肉供给侧改革研究 [J]. 中国人口. 资源与环境, 2016, 26 (9): 92-100.

陈璇. 世界风险社会, 科技风险与政治再造: 兼论中国政府转基因作物风险治理 [J]. 中国青年政治学院学报, 2008, (3): 79-83.

陈志颖. 无公害农产品购买意愿及购买行为的影响因素分析——以北京地区为例 [J]. 农业技术经济, 2006, (5): 56-57.

陈忠明. 农村居民食物安全消费行为研究 [D]. 长春: 吉林农业大学, 2019.

程培堽, 殷志扬. 风险知觉、风险偏好和消费者对食品安全事件的反应——以瘦肉精事件为例 [J]. 管理评论, 2012, 24 (12): 128-136+173.

程志宇，刘邵岚，邓玉琴. 大学生资源节约型消费行为的养成教育 [J]. 当代教育论坛，2014，(01)：58-63.

程志宇，王朝晖. 公众资源节约型消费行为形成机理研究 [J]. 山西财经大学学报，2012，34 (S5)：19-20.

仇焕广，黄季焜，杨军中. 关于消费者对转基因技术和食品态度研究的讨论 [J]. 中国科技论坛，2007，(03)：105-108＋51.

储成兵. 消费者对无公害农产品的认知及购买行为实证分析 [J]. 农业部管理干部学院学报，20 15，000 (001)：74-80.

崔彬. 农产品安全属性叠加对城市消费者感知及额外支付意愿的影响——以猪肉为例 [J]. 农业技术经济，2013，000 (011)：32-39.

崔春晓，王凯，王学真. 消费者对可追溯猪肉支付意愿的影响因素研究 [J]. 统计与决策，2016，(12)：98-101.

戴晓武，于佳，李雅丽，杨坤. 消费者对乳制品 HACCP 认证支付意愿的实证研究 [J]. 农业经济与管理，2017，(01)：74-84.

戴迎春，朱彬，应瑞瑶. 消费者对食品安全的选择意愿——以南京市有机蔬菜消费者行为为例 [J]. 南京农业大学学报（社会科学版），2006，(06)：47-52.

邓胜利，付少雄. 用户群体特征差异对健康信息搜寻行为的影响研究 [J]. 信息资源管理学报，2016，6 (04)：5-11.

邓新明. 消费者为何喜欢"说一套，做一套"——消费者伦理购买"意向-行为"差距的影响因素 [J]. 心理学报，2014，46 (07)：1014-1031.

董小红，袁慧晶，何晨阳等. 山寨食品横行农村成健康"隐形杀手" [N]. 经济参考报，2018-11-1 (05).

杜威漩. 对监管者的再监管：食品安全问题的治本之道 [J]. 湖南财政经济学院学报，2014，(06)：131-136.

段蕴珈，左梅. 关注民生从食品安全做起——石家庄市居民食品安全调查报告 [J]. 人文与科学，2010，(1)：72.

范春梅，贾建民，李华强. 食品安全事件中的公众风险感知及应对行为研究——以问题奶粉事件为例 [J]. 管理评论，2012，24 (01)：163-168＋176.

方杰，温忠麟，张敏强. 心理应用研究中类别变量的中介效应分析 [J]. 心理科学，2017，40 (2)：471-477.

风笑天. 问卷法 [J]. 青年研究，1993，(05)：39-43.

冯洪斌. 有机农产品消费者购买意愿及影响因素研究 [D]. 青岛：中国海洋大学，2013.

冯建英，穆维松，傅泽田. 消费者的购买意向研究综述 [J]. 现代管理科学，2006，(11)：44.

冯菁楠，郭丹，程景民. 山西省消费者对转基因食品认知与行为的调查与分析 [J]. 食品工程，2015，137 (04)：11-14.

冯良宣，齐振宏，田云，周慧. 我国消费者对转基因食品的购买意愿及影响因素分析 [J]. 中国农业大学学报，2012，17 (3)：7-14.

付相波. 政府应对公共危机的"危机"——以"问题奶粉"事件为例 [J]. 北京航空航天大学学报（社会科学版），2012，23 (1)：27.

高艳，石岿然. 感知信息不对称、透明度及购买意愿——基于"食品安全"问题背景下城

镇居民的实证分析 [J]. 食品工业，2015，36（01）：226-231.

葛楠楠，任建超，马晓旭 . 非洲猪瘟疫情下中国居民猪肉消费行为影响因素分析 [J]. 农
业展望，2020，（09）：128-135.

耿雪娟，韩宏灯 . 农村居民食品安全意识的实证研究———基于东川区农村的调查分析
[J]. 云南农业大学学报：社会科学版，2011，05（6）：28-32.

龚思羽，盛光华，王丽童 . 中国文化背景下代际传承对绿色消费行为的作用机制研究 [J].
南京工业大学学报（社会科学版），2020，19（04）：102-114＋116.

管红波，王颖颖，刘增金 . 网络餐饮食品信息追溯对消费者支付意愿影响研究———基于
上海市调研数据的分析 [J]. 价格理论与实践，2019，（05）：157-160.

郭雪松，陶方易，黄杰 . 城市居民的食品风险感知研究——以西安市大米消费为例 [J].
北京社会科学，2014，000（011）：19-28.

韩丽娜，金晓彤，马树昇 . 传统文化视角下农村居民消费行为探讨 [J]. 社会科学辑刊，
2010，（02）：109-111.

韩青，袁学国 . 消费者生鲜食品的质量信息认知和安全消费行为分析 [J]. 农业技术经济，
2008，（05）：74-80.

郝静，任薇 . 消费者购买意向的影响因素研究 [J]. 商场现代化，2009，（009）：26-26.

何坪华，焦金芝，刘华楠 . 消费者对重大食品安全事件信息的关注及其影响因素分析——
基于全国 9 市（县）消费者的调查 [J]. 农业技术经济，2007，000（006）：4-11.

何坪华，凌远云，周德翼 . 食品价值链及其对食品企业质量安全信用行为的影响 [J]. 农
业经济问题，2009（01）：48-52.

胡保玲，陶勇，郑浩 . 基于购物决策风格的农村居民购买行为差异分析 [J]. 未来与发展，
2009，30（12）：69-71＋36.

胡天娇，刘灵芝 . 基于品牌支付溢价的熟食品消费者购买行为研究——以水禽熟食产品为
例 [J]. 上海农业学报，2020，36（03）：107-113.

胡卫中，华淑芳 . 杭州消费者食品安全风险认知研究西北农林科技大学学报（社会科学
版），2008，8（4）：43-47.

胡颖廉 . 食品安全理念与实践演进的中国策 [J]. 改革，2016，（5）：25-40.

黄季坤，徐家鹏 . 消费者对无公害蔬菜的认知和购买行为的实证分析——基于武汉市消费
者的调查 [J]. 农业技术经济，2007，（06）：62-66.

黄建，齐振宏，冯良宣，董园园，李万君 . 消费者对转基因食品感知风险的实证研究——
以武汉市为例 [J]. 中国农业大学学报，2014，19（05）：217-226.

黄建，齐振宏，朱萌，等 . 消费者对转基因食品外部信息搜寻行为影响因素的实证研究
[J]. 中国农业大学学报，2014，19（03）：19-26.

黄蕊，李桦，杨扬，于艳丽 . 环境认知、榜样效应对半干旱区居民亲环境行为影响研究
[J]. 干旱区资源与环境，2018，32（12）：1—6.

黄侦，李东进 . 基于 Fishbein 合理行为模型的消费者食品购买意向的影响研究 [J]. 统计
与决策，2012，（17）：109-112.

黄懿慧，王啸，方慧妍，吴秋荻 . 政府信任对公共健康风险管理的影响——基于长生生物
疫苗事件的创设情境研究 [J]. 公共管理学报，2019，16（4）：83-75＋173.

贾男，张亮亮，甘犁 . 不确定性下农村家庭食品消费的"习惯形成"检验 [C]. 经济学
（季刊）第 11 卷第 1 期：北京大学国家发展研究院，2011：328-349.

姜百臣，米运生，朱桥艳．优质农产品质量特征的消费者选择偏好与价格支付意愿——基于 Hedonic 模型的研究［J］．南京农业大学学报（社会科学版），2017（4）：128-137.

姜启军，苏勇．基于社会责任的食品企业危机管理［J］．经济管理，2010，（7）：29-35

姜素芳，潘琪，陈志良．网络食品消费者风险感知能力影响因素的实证研究——以浙江省为例［J］．中国食物与营养，2019，25（06）：37-42.

蒋凌琳，李宇阳．浙江省消费者食品安全认知现状及对饮食行为的影响［J］．中国卫生政策研究，2012，5（002）：59-63.

来尧静，吕文凤．基于计划行为理论的绿色食品购买行为研究［J］．生态经济（学术版），2008，（02）：83-86.

赖泽栋，曹佛宝．专家角色与风险传播渠道对公众食品风险认知和风险传播行为的影响［J］．科学与社会，2016，6（04）：100-117.

赖泽栋，杨建州．食品谣言为什么容易产生？——食品安全风险认知下的传播行为实证研究［J］．科学与社会，2014，4（01）：112-125＋64.

赖泽栋，杨建州．消费者食品安全风险认知与风险规避行为分析［J］．福建农林大学学报（哲学社会科学版），2014，17（02）：63-66.

劳可夫，吴佳．基于 Ajzen 计划行为理论的绿色消费行为的影响机制［J］．财经科学，2013，（02）：91-100

冷亦欣，青平，孙山，侯明慧．环境亮度对食品消费决策的影响：食品安全感知的中介作用［J］．心理科学，2020，43（03）：705-711.

李梅，周颖，何广祥，陈子流．佛山城乡居民食品安全意识的差异性分析［J］．中国卫生事业管理，2011，28（07）：544-547.

李创，邵莹．绿色消费情境下如何提高意向与行为的一致性？——基于调节效应的实证检验［J］．干旱区资源与环境，2020，（08）：19-26.

李创，邵莹．公众绿色行为驱动因素研究——以焦作市为例［J］．干旱区资源与环境，2020，34（03）：33-39.

李东进．消费者搜寻信息努力的影响因素及其成果与满意的实证研究［J］．管理世界，2002，（11）：100-107.

李东进，杨凯，周荣海．消费者重复购买意向及其影响因素的实证研究［J］．管理学报，2007，（05）：654-659.

李海涛，萧烽，陈政．城市务工经历对农民工回流意愿的影响——基于湘、黔、浙三省837 户农民工家庭的实证分析［J］．经济地理，2020，（09）：1-10.

李佳洁，李楠，罗浪．风险认知维度下对我国食品安全系统性风险的再认识［J］．食品科学，2016，37（09）：258-263.

李佳洁，任雅楠，李楠，罗浪，李江华．食品安全风险交流的理论探索与实践应用综述［J］．食品科学，\ 2017，38（13）：306-310.

李建富，邢广杰，贾建平，吕全军．城乡居民食品安全知信行对比研究［J］．医药论坛杂志，2011，32（20）：68-71.

李剑峰．安全农产品购买选择行为研究——对浙江城市居民的实证分析［D］．杭州：浙江大学，2004.

李名梁．我国食品安全问题研究综述及展望［J］．西北农林科技大学学报（社会科学版），2013，（03）：46-52.

李苹绣. 消费者对转基因食品的认知、态度及购买意愿研究——基于广州市消费者调查
　　[J]. 商场现代化，2010，（19）：70-72.

李倩如，王祺，刘悦悦，等. 安徽消费者对转基因食品的认知与购买分析 [J]. 中国农学
　　通报，2015，31（035）：116-121.

李庆江，陆友龙，龙婉蓉，等. 我国农村食品质量安全突出问题及其治理研究 [J]. 农产
　　品质量与安全，2019，000（002）：8-12.

李晓安，钱星. 论建立与完善食品安全二级检验体系——由苏丹红事件引发的法律思考
　　[J]. 河北法学，2005，（07）：25-28.

李雪梅. 大学生低碳消费行为影响机制与引导策略研究——基于 ANP 模型 [J]. 特区经
　　济，2014，（05）：227-228.

李颖，杨伟娜，李媛. 数字环境下城乡青年健康信息搜寻行为研究 [J]. 图书情报工作，
　　2016，60（12）：115-123.

李玉萍，崔丙群. 基于归因理论的顾客网上重复购买意愿研究 [J]. 商业研究，2015，
　　（06）：120-125.

李志兰，马小娜，马勇. 主观规范和公共媒体影响对绿色消费意向的影响机制——一个被
　　调节的中介模型 [J]. 软科学，2019，33（11）：113-119.

李志兰. 人口特征与互联网文化消费决策：基于两部分模型 [J]. 消费经济，2019，35
　　（02）：43-50.

林雅娟. 基于计划行为理论的消费者购买有机蔬菜意愿影响因素的实证研究 [J]. 商情，
　　2012，（20）：60-61

刘冬兰. 食品安全政府管制的理论依据分析 [J]. 商场现代化，2006，（16）：283-284.

刘宏伟. 提高我国食品安全水平 [J]. 合作经济与科技，2008，（06）：127-128.

刘红云，骆方，张玉，张丹慧. 因变量为等级变量的中介效应分析 [J]. 心理学报，2013，
　　45（12）：1431-1442.

刘济群，闫慧. 农村女性居民信息搜寻行为研究——甘皖津三地的田野发现 [J]. 图书情
　　报知识，2015，（01）：4-13.

刘金平. 理解·沟通·控制——公众的风险认知 [M]. 北京：科学出版社，2011，21.

刘枚莲，徐丽芳. 价格判断和感知质量对消费者购买意愿影响研究 [J]. 会计与经济研究，
　　2019，33（01）：103-115.

刘敏，赵学作，薛艳茹，薄静仪，董彦荣. 三线城市食品安全问题分析与对策 [J]. 吉林
　　农业，2012，（07）：209＋229.

刘明波，王伊琳，周志刚. 渠道信任、保险印象与购买意愿——基于微观个体的调查研究
　　[J]. 保险研究，2014，（04）：63-73.

刘萍，叶方倩. 基于认知观的信息搜寻行为研究综述 [J]. 情报科学，2017，35（01）：
　　161-168＋176.

刘瑞新，吴林海. 影响消费者食品安全信息搜寻行为的因素研究——以猪肉为例 [J]. 兰
　　州学刊，2013，（11）：104-110.

刘瑞东，金英伟. 文化创新产品参考价格对购买意愿的影响——基于定价策略视角的研究
　　[J]. 财经问题研究，2019，（07）：121-129.

刘文兴，汪兴东，陈昭玖. 农村居民生态消费意识与行为的一致性研究——基于江西生态
　　文明先行示范区的调查 [J]. 农业经济问题，2017，38（09）：37-49＋110-111.

刘远翔. 中国农村公共物品供给 [M]. 北京：人民出版社，2012

刘增金，乔娟，李秉龙. 消费者对可追溯牛肉的支付意愿及其影响因素分析——基于北京市的实地调研 [J]. 中国农业大学学报，2014，19（006）：232-241.

刘增金，乔娟. 消费者对认证食品的认知水平及影响因素分析——基于大连市的实地调研 [J]. 消费经济，2011，(4)：11-14.

陆铖，柳鹏程，胡吉柯. 消费者转基因信息搜寻行为研究 [J]. 当代经济，2017，(06)：11-13.

马骥，秦富. 消费者对安全农产品的认知能力及其影响因素——基于北京市城镇消费者有机农产品消费行为的实证分析 [J]. 中国农村经济，2009，(05)：26-34.

马井喜，王帅，王悦，戴昀弟. 农村居民对安全食品认知和购买行为影响因素的实证研究 [J]. 中国酿造 \，2013，32（02）：162-166.

马亮，王洪川. 示范城市创建与食品安全感：基于自然实验的政策评估 [J]. 南京社会科学，2018，(09)：\ 70-75＋91.

马亮. 新闻媒体披露与公众的食品安全感：中国大城市的实证研究 [J]. 中国行政管理，2015，000（009）：70-77.

马小辉. 基于计划行为理论对消费者安全食品购买意向的研究 [D]. 华中农业大学，2012

马颖，吴陈，胡晶晶，罗健初，刘嘉. 基于SD-SEM模型的消费者食品安全风险感知的信息搜寻行为 [J]. 系统工程理论与实践，2017，37（04）：962-971.

年斐. 中国食品安全监管的政府职能问题研究 [D]. 华东师范大学，2012

彭海兰. 肉类食品安全认知和选择行为 [J]. 技术经济，2006，25（012）：76-81.

齐振宏，周萍入，冯良宣，等. 公众和科学家对GMF风险认知的比较研究 [J]. 中国农业大学学报，2013，18（5）：213-219.

屈影. 消费者食品安全风险感知与应对策略探究 [J]. 经济研究导刊，2015，(23)：186-187.

全世文，曾寅初. 消费者对食品安全信息的搜寻行为研究——基于北京市消费者的调查 [J]. 农业技术经济，2013，(04)：43-52.

饶田田，杨玲萍，吕涛. 碳消费行为形成机理的理论模型 [J]. 江苏商论，2010，000（011）：5-7.

任建超，李隆伟，王云美. 食品安全危机下的消费决策过程研究——基于情景实验的分阶段决策 [J]. 云南社会科学，2017，000（004）：58-63.

任建超，韩青，乔娟. 影响消费者安全认证食品购买行为的因素分析——基于结构方程建模的实证研究 [J]. 消费经济，2013，29（03）：50-55.

任旭林，冯卫东，彭天宇. 基于映像理论的食品安全消费决策模型 [J]. 消费经济，2010，(06)：68-70.

任雅楠，李楠，罗浪，李佳洁，曾寅初. 基于食品安全风险认知的农村消费者细分及风险交流策略——以山西吕梁农村儿童家长为例 [J]. 中国食物与营养，2017，23（11）：24-28＋58.

戎素云. 食品安全治理中的消费者行为及其引导 [J]. 经济与管理，2005，(08)：43-45.

申嫦娥，田悦，魏荣桓，王永丽. 财税政策对居民低碳消费行为的影响——基于北京市居民抽样问卷调查的实证研究 [J]. 税务研究，2016，(02)：98-104.

石艳霞，刘欣欣. 大众网络健康信息搜寻行为研究综述 [J]. 现代情报，2018，38（02）：

157-163.

边昊. 市场经济条件下食品安全对经济发展的影响 [J]. 长春理工大学学报（社会科学版），2012，（7）：107-108

宋芳，马军. 制度视角下的我国食品安全问题 [J]. 内蒙古电大学刊，2015，（02）：28-30.

宋莲军，杨喜洲，黄现青，郭沛强. 主观性食品安全对消费行为影响分析 [J]. 农产品加工，2019，（12）：74-77.

苏武江. 零售企业价格形象与顾客消费意向的相关性 [J]. 商业经济研究，2020，（21）：69-71.

苏昕，张辉，周升师. 农产品质量安全监管中消费者参与意愿和行为研究 [J]. 经济问题，2018（4）：62-69.

孙娟，李艳军. 农户农资产品锁定购买行为形成机理的实证研究——基于山东省、湖北省和四川省的差异分析 [J]. 管理评论，2018，30（02）：146-158.

孙曙迎. 我国消费者网上信息搜寻行为研究 [D]. 杭州：浙江大学，2009.

孙小燕，付文秀. 消费者安全农产品购买行为品种间差异：事实与解释 [J]. 农村经济，2018，（04）：58-64.

汤红兵，刘绍军. 论消费者食品安全意识的特点与作用 [J]. 农产品加工·学刊.2008，10. [J]. 云南农业大学学报，2011，5（6）：28-32.

唐林，罗小锋，余威震. 外出务工经历、制度约束与农户环境治理支付意愿 [J]. 南京农业大学学报（社会科学版），2021，21（01）：121-132.

唐云涛. 构建社会和谐引导机制的现实意义 [J]. 文史博览，2010，（4）：29-30

童晓丽. 安全农产品购买意愿和购买行为的影响因素研究——基于浙江省温州市城镇居民的实证分析 [D]. 杭州：浙江大学，2006.

汪兴东，杨蓉. 农村居民生态消费行为影响因素分析——基于鄱阳湖区 972 个样本的调查 [J]. 财贸研究，2016，（1）：62-69.

王常伟，顾海英. 消费者食品安全感知、监管满意度与支付意愿 [J]. 华南农业大学学报（社会科学版），2013，12（02）：89-95.

王二朋，高志峰. 风险感知、政府公共管理信任与食品购买行为——对中国消费者品牌食品与安全认证食品购买行为的解释 [J]. 南京工业大学学报（社会科学版），2016，15（03）：92-98.

王二朋，卢凌霄. 消费者食品安全风险的认知偏差研究 [J]. 中国食物与营养，2015，21（12）：40-44.

王二朋. 消费者食品安全风险认知与信任构建研究 [J]. 农产品质量与安全，2012（03）：56-58＋64.

王锋，张小栓，穆维松，傅泽田. 消费者对可追溯农产品的认知和支付意愿分析 [J]. 中国农村经济，2009，（03）：68-74.

王甫勤. 中国城乡居民风险意识与影响因素的统计考量 [J]. 统计与决策，2010，000（008）：97-99.

王冀宁，范凌霞. 中国消费者食品安全信任状况研究——基于因子分析和 Logit 检验 [J]. 求索，2013，（09）：1-4＋16.

王海忠，王晶雪，何云. 品牌名、原产国、价格对感知质量与购买意向的暗示作用 [J]. 南开管理评论，2007，（06）：19-25＋32.

王建华，晁熳璐，许明月．农村居民食品安全消费的意愿及其影响因素研究——基于 M-Logit 方法的实证分析 [J]．新疆社会科学，2015，199（06）：140-145.

王建华，王思瑶，山丽杰．农村食品安全消费态度，意愿与行为的差异研究 [J]．中国人口资源与环境，2016，（11）：139-149.

王建华，高子秋．基于行为特征因素及情境因素的消费者安全认证猪肉购买路径分析——来自华东地区 12 市的微观调查 [J]．中国农村经济，2020，（05）：113-127.

王建华，葛佳烨，浦徐进．农村居民食品安全消费的行为传导及其路径选择——以江苏省农村居民为例 [J]．宏观质量研究，2016，4（03）：70-81.

王建英，王亚楠．农村居民食品安全意识的实证研究——基于苏南苏北农村的调查分析 [J]．现代食品科技，2010，26（009）：1000-1004.

王可山，田颖莉．畜产食品质量安全消费者购买意愿的调查分析 [J]．商场现代化，2007，（03）：54-55.

王可山，郭英立，李秉龙．北京市消费者质量安全畜产食品消费行为的实证研究 [J]．农业技术经济，2007，（03）：50-55.

王楠，何娇．有机食品购买行为发生机制研究——以北京市消费者为例 [J]．消费经济，2016，32（01）：73-78.

王其苑，卫健敏等．APEC 成员国 HACCP 应用动态 [J]．中国检验检疫，2007，（9）：45-46

王玮．突发事件中公众应急信息搜寻行为影响因素研究 [J]．现代情报，2021，41（04）：79-89.

王小华，温涛，韩林松．习惯形成与中国农民消费行为变迁：改革开放以来的经验验证 [J]．中国农村经济，2020，（01）：17-35.

王莺．民间融资引导机制研究 [D]．电子科技大学，2014.

王志刚，钱成济，周永刚．消费者对猪肉可追溯体系的支付意愿分析——基于北京市 7 区县的调查数据 [J]．湖南农业大学学报：社会科学版，2013，（03）：7-13.

王志刚，翁燕珍，毛燕娜．消费者对 HACCP 认证的支付意愿：基于北京市乳制品市场的调查 [J]．中国食品学报，2007，（01）：12-17.

王志刚．食品安全的认知和消费决定：关于天津市个体消费者的实证分析 [J]．中国农村经济，2003，（04）：41-48.

魏萌萌，魏进．国外网络健康信息搜寻行为研究及其对我国的启示 [J]．医学信息学杂志，2014，35（03）：12-16.

魏学玲，张兴璐．兰州市消费者食品安全风险认知及信息来源信任度分析 [J]．疾病预防控制通报，2018，33（03）：1-4＋12.

文晓巍，杨朝慧，陈一康，等．改革开放四十周年：我国食品安全问题关注重点变迁及内在逻辑 [J]．农业经济问题，2018，000（010）：14-23.

温忠麟，张雷，侯杰泰，刘红云．中介效应检验程序及其应用 [J]．心理学报，2004（5）：614～620.

吴丹，李一喆．不同情境下老年人网络健康信息检索行为与认知研究 [J]．图书馆论坛，2015，35（02）：38-43.

吴林海，王淑娴，WuyangHu．消费者对可追溯食品属性的偏好和支付意愿：猪肉的案例 [J]．中国农村经济，2014，000（008）：58-75.

吴林海，徐玲玲．食品安全：风险感知和消费者行为——基于江苏省消费者的调查分析
　　[J]．消费经济，2009，25（02）：42-44.

吴林海，钟颖琦，山丽杰．公众对食品添加剂安全风险的感知研究：国际文献的一个综述
　　[J]．江南大学学报（人文社会科学版），2011，10（06）：82-88.

吴天强，马佳，王慧，杨德利．消费者对本地品牌鲜食玉米的购买意愿及其影响因素分
　　析——基于上海929份消费者调查问卷[J]．中国农学通报，2020，36（11）：157-164.

项高悦，曾智，沈永健．消费者食品安全风险感知及应对策略研究[J]．社科纵横，2016，
　　31（08）：48-50.

肖志勇．农产品质量安全消费心理和行为分析[J]．农产品质量与安全，2013，000
　　（006）：62-64.

谢欣沂，房洁．苏北农民饮食状况和食品安全意识解析——以经济学的视角[J]．安徽农
　　业科学，2010，（33）：482-483.

徐玲玲，山丽杰，钟颖琦，等．食品添加剂安全风险的公众感知与影响因素研究——基于
　　江苏的实证调查[J]．自然辩证法通讯，2013，35（002）：78-85.

徐文成，薛建宏，毛彦军．信息不对称环境下有机食品消费行为分析[J]．中央财经大学
　　学报，2017，（3）：59-67.

徐晓新．中国食品安全：问题，成因，对策[J]．农业经济问题，2002，023（010）：
　　45-48.

许忠济，石文惠，杜凤军，白雅敏，徐建伟，任杰，马吉祥．山东省西北地区女性减盐行
　　为形成及其影响因素[J]．职业与健康，2019，35（04）：512-515.

薛嘉欣，刘满芝，赵忠春，李宗波．亲环境行为的概念与形成机制：基于拓展的MOA模
　　型[J]．心理研究，2019，12（02）：144-153.

薛薇．基于SPSS的数据分析（第四版）[M]．北京：中国人民大学出版社，2017：279.

荀娜．基于结构方程模型的消费者食品安全信心评价研究[D]．长春：吉林大学，2011.

严欢，王亚杰．消费者预期情绪对绿色购买行为的影响机理研究[J]．价格理论与实践，
　　2019，（07）：120-123.

杨金深等．我国无公害蔬菜的市场价格与消费意愿分析——基于石家庄市的市场调查实证
　　[J]．中国农村经济，2004，（11）：45.

杨柳，邱力生．农村居民对食品安全风险的认知及影响因素分析——河南的案例研究[J]．
　　经济经纬，2014，31（06）：41-45.

杨龙，杨秋玲．基于信息与调查视角的食品安全与消费行为分析[J]．现代商业，2016，
　　（07）：18-19.

杨万江，李剑锋．城镇居民购买安全农产品的选择行为研究[J]．中国食物与营养，2005，
　　（10）：29-32.

杨伊侬．有机食品购买的主要影响因素分析——基于城市消费者的调查统计[J]．经济问
　　题，2012（07）：66-69.

姚文．绿色农产品消费意愿、消费行为归因分析——基于贵阳市的实证研究[J]．江苏农
　　业科学，2019，47（05）：296-300.

叶光辉，曾杰妍，胡婧岚．用户应急信息搜寻行为研究评述[J]．图书情报知识，2019，
　　（04）：71-81.

叶海燕．中国城市消费者的食品安全需求特征分析??——以对武汉市城区消费者的食品安

全调查为例 [J]. 生态经济, 2014, 30 (06): 146-150.

尹世久, 王一琴, 李凯. 事前认证还是事后追溯?——食品安全信息标识的消费者偏好及其交互关系研究 [J]. 中国农村观察, 2019, (5): 127-144.

尹世久, 徐迎军, 陈雨生. 食品质量信息标签如何影响消费者偏好——基于山东省 843 个样本的选择实验 [J]. 中国农村观察, 2015, (01): 39-49.

尹世久, 徐迎军, 徐玲玲, 等. 食品安全认证如何影响消费者偏好?——基于山东省 821 个样本的选择实验 [J]. 中国农村经济, 2015, 000 (011): 40-53.

尹世久. 基于消费者行为视角的中国有机食品市场实证研究 [D]. 江南大学, 2010.

应瑞瑶, 侯博, 陈秀娟, 等. 消费者对可追溯食品信息属性的支付意愿分析: 猪肉的案例 [J]. 中国农村经济, 2016, (11): 44-56.

于春玲, 朱晓冬, 王霞, 张一飞. 面子意识与绿色产品购买意向——使用情境和价格相对水平的调节作用 [J]. 管理评论, 2019, 31 (11): 139-146.

于丽艳, 王殿华, 徐娜. 影响消费者对食品安全风险认知的因素分析——基于天津市消费者乳制品消费的实证研究 [J]. 调研世界, 2013, (09): 14-18.

于铁山. 食品安全风险认知影响因素的实证研究——基于对武汉市食品安全风险认知调查 [J]. 华中农业大学学报 (社会科学版), 2015, (06): 101-108.

于伟. 消费者绿色消费行为形成机理分析—基于群体压力和环境认知的视角 [J]. 消费经济, 2009, (04): 77-79+98.

余吉安, 刘会. 基于消费者行为的食品安全治理研究 [J]. 郑州大学学报 (哲学社会科学版), 2016, 49 (05): 72-76.

余萍, 范志红, 龙菲平. 营养和安全因素对消费者牛奶产品购买意向的影响 [J]. 中国乳品工业, 2013, 41 (07): 40-43.

袁晓辉, 吕长文, 肖亚成. 信任对城市居民有机食品消费行为的影响机理分析 [J]. 中国农业资源与区划, 2021, 42 (04): 217-228.

翟天昶, 胡冰川. 农村居民食品消费习惯形成效应的演进研究 [J]. 中国农村经济, 2017, (08): 61-74.

张超一. 农村居民对食品安全的认知及消费行为调查——基于河北省 6 地市的调查 [J]. 河北农业科学, 2010, 14 (04): 113-114+121.

张传统, 陆娟. 食品标签信息对消费者购买决策的影响研究——以婴幼儿食品为例 [J]. 统计与信息论坛, 2012, 27 (09): 106-112.

张金荣, 刘岩, 张文霞. 公众对食品安全风险的感知与建构——基于三城市公众食品安全风险感知状况调查的分析 [J]. 吉林大学社会科学学报, 2013, 53 (02): 40-49.

张康之. 建立引导型政府职能模式 [J]. 新视野, 2000, (01): 44-46.

张蕾. 关于食品质量安全经济学领域研究的文献综述 [J]. 世界农业, 2007, (11): 34-36.

张蕾. 情境因素对农产品网络顾客购买意愿影响的研究 [D]. 昆明: 昆明理工大学, 2018.

张莉. 兰州市 486 名孕妇食品安全认知状况及购买行为调查分析 [D]. 兰州: 兰州大学, 2010.

张莉侠, 刘刚. 消费者对生鲜食品质量安全信息搜寻行为的实证分析——基于上海市生鲜食品消费的调查 [J]. 农业技术经济, 2010, (02): 97-103.

张璐. 食品安全利益相关者行为及规制的经济学分析 [D]. 西安: 陕西师范大学, 2013.

张曼, 唐晓纯, 普蓂喆, 张璟, 郑风田. 食品安全社会共治: 企业、政府与第三方监管力

量 [J]. 食品科学，2014，35（13）：286-292.

张明杨，章棋. 农村居民食品消费结构的转变研究——一个解决支出约束和嵌入人口统计学特征的 QUAIDS 模型的应用 [J]. 消费经济，2015，31（06）：27-33+7.

张宁宁. 大学生网络消费行为引导分析——以淮北师范大学为例 [J]. 江苏商论，2017，（08）：51 -54.

张硕阳，陈毅文，王二平. 消费心理学中的风险认知 [J]. 心理科学进展，2004，（02）：256-263.

张文胜. 消费者食品安全风险认知与食品安全政策有效性分析——以天津市为例 [J]. 农业技术经济，2013，000（003）：89-97.

张晓勇，李刚，张莉. 中国消费者对食品安全的关切——对天津消费者的调查与分析 [J]. 中国农村观察，2004，（01）：15-22+81.

张鑫，任国政. 消费者安全农产品购买行为研究——以河北省为例 [J]. 经济视角（下），2010，03：11 -14.

张学睦，王希宁. 生态标签对绿色产品购买意愿的影响——以消费者感知价值为中介 [J]. 生态经济，2019，35（01）：59-64.

张译文. 对可追溯属性安全生鲜食品的消费决策行为研究——以成品鲜牛乳为例 [J]. 商业经济，2020，（05）：61-65+175.

张宇东，李东进，金慧贞. 安全风险感知、量化信息偏好与消费参与意愿：食品消费者决策逻辑解码 [J]. 现代财经（天津财经大学学报），2019，39（01）：86-98.

张云熙，王献霞. 农民对食品安全的风险认知及影响因素分析——基于云南 2 个村庄 140 户农户的调查 [J]. 现代食品，2016，（01）：9-14.

张喆，胡冰雁. 感知风险对创新产品信息搜寻的影响——消费者创新性的调节作用 [J]. 管理评论，2014，26（08）：145-157.

赵斌，栾虹，李新建，付庆凤. 科技人员创新行为产生机理研究——基于计划行为理论 [J]. 科学学研究，2013，31（2）：286-297.

赵荣，陈绍志，乔娟. 基于因子分析的消费者可追溯食品购买行为实证研究——以南京市为例 [J]. 消费经济，2011，（06）：63-67.

赵新慧，熊伟. 无公害农产品消费行为影响因素的实证分析 [J]. 现代农业科技，2011，（17）：339-340.

郑家昊. 论引导型政府职能模式的兴起 [D]. 南京：南京农业大学，2012.

郑军. 农村居民食品质量安全消费意识实证分析——基于山东省的调查 [J]. 经济与管理评论，2010，26（003）：136-140.

郑适，周海文，王志刚. 食品安全需求中消费者的行为忽视研究 [J]. 中国流通经济，2017，31（02）：101-109.

钟卫平，柴占阳. 韩长赋：坚决打好农村假冒伪劣食品专项治理工作攻坚战——农业农村部召开全国农村假冒伪劣食品治理工作电视电话会议 [J]. 食品安全导刊，2018，000（035）：30-31.

钟一舰，张菱珊，李潇楠. 知觉风险与消费决策关系研究现状及发展趋势 [J]. 社会心理科学，2012，27（03）：18-23.

周洁红，姜励卿. 影响生鲜蔬菜消费者选择政府食品安全管制方式的因素分析——基于浙江省消费者的实证研究 [J]. 浙江统计，2004，（11）：16-17+43.

周洁红，汪渊，张仕都. 蔬菜质量安全可追溯体系中的供货商行为分析 [J]. 浙江大学学报（人文社会科学版）预印本，2010，(10)：92-102.

周洁红. 消费者对蔬菜安全认知和购买行为的地区差别分析 [J]. 浙江大学学报（人文社会科学版），2005，(06)：113-121.

周男，费明胜. 基于计划行为理论的低碳消费行为形成路径分析 [J]. 商场现代化，2012，(07)：59-60.

周萍，张宇东，周海燕. 食品安全风险认知下消费者决策能力提升机制研究 [J]. 统计与决策，20 20，(12)：176-179.

周全. 城市消费者乳制品购买行为的实证研究 [D]. 杭州：浙江大学，2010.

周应恒，霍丽玥. 食品质量安全问题的经济学思考 [J]. 南京农业大学学报，2003，26 (003)：91-95.

周应恒，霍丽玥，彭晓佳. 食品安全：消费者态度、购买意愿及信息的影响——对南京市超市消费者的调查分析 [J]. 中国农村经济，2004，(11)：53-59+80.

周应恒，彭晓佳. 江苏省城市消费者对食品安全支付意愿的实证研究——以低残留青菜为例 [J]. 经济学（季刊），2006，(03)：1319-1342.

周应恒，卓佳. 消费者食品安全风险认知研究——基于三聚氰胺事件下南京消费者的调查 [J]. 农业技术经济，2010，(02)：89-96.

朱淀，蔡杰，王红纱. 消费者食品安全信息需求与支付意愿研究——基于可追溯猪肉不同层次安全信息的 BDM 机制研究 [J]. 公共管理学报，2013，010 (003)：129-136.

朱光磊等. 服务型政府建设规律研究 [M]. 北京：经济科学出版社，2013.

朱金福. 农村居民食品安全认知、购买行为分析研究——以宁波为样本 [J]. 经济论坛，2013，(11)：142-146.

Aaker G A. Food Safety and Fear：Factors Affecting Consumer Response to Food Safety Risk [J]. International Food and Agribusiness Management Review，2003，6 (1)：1-11.

Ajzen I. The Theory of Planned Behavior [J]. Organizational Behavior and Human Decision Processes，1991，50 (2)：179-211.

Batte M T，Hooker N H，Haab T C，et al. Putting their money where their mouths are：Consumer willingness to pay for multi-ingredient, processed organic food products [J]. Food Policy，2007，32 (2)：145-159.

Behrens J H，Barcellos M N，Frewer L J，et al. Consumer purchase habits and views on food safety：A Brazilian study [J]. Food Control，2010，21 (7)：963-969.

Bei L T，Simpson E M. The Determinants of Consumers' Purchase Decisions for Recycled Products：An Application of Acquisition-Transaction Utility Theory [J]. Advances in Consumer Research，1995，22 (1)：257-261.

Biswas A，Roy M. Leveraging factors for sustained green consumption behavior based on consumption value perceptions：testing the structural model [J]. Journal of Cleaner Production，2015，95 (MAY 15)：332-340.

Blackwell，R. D. ，Miniard P. W. ，Engel，J. F. Consumer Behavior (8th Eds) [D]. NY：The Dryden Press. Feldman，R. (2001).

Blanchard C M，Kupperman J，Sparling P B，et al. Do ethnicity and gender matter when using the theory of planned behavior to understand fruit and vegetable consumption？[J].

Appetite, 2009, 52 (1): 15-20.

Brewer, M S, Rojas, M, Consumer Attitudes toward Issues in Food Safety [J]. Journal of Food Safety, 2008, (28): 1-229.

Bruns K, Fjord T A, Grunert K G. Consumers' Food Choice and Quality Perception [J]. MAPP Working Papers, 2002.

Chekima B, Oswald A I, Wafa S A W S K, et al. Narrowing the gap: Factors driving organic food consumption [J]. Journal of Cleaner Production, 2017, 166 (10): 1438-1447.

Chen M F. Consumer attitudes and purchase intentions in relation to organic foods in Taiwan: Moderating effects of food-related personality traits [J]. Food Quality&Preference, 2007, 18 (7): 1008-1021.

Chien L H, Zhang Y C. Food Traceability System: An Application of Pricing on the Integrated Information [J]. Paper Presented at the 5th International Conference of the Japan Economic Policy Association, 2006, (12): 2-3.

Choe, Y C, Park J, Chung M. Effect of the food traceability system for building trust: Price premium and buying behavior [J]. Information Systems Frontiers, 2009 (11): 167-179.

Coombs, T. "Protecting organization reputations during a crisis: The development and application of situational crisis communication theory" [J]. Corporate reputation review, 2007, 10 (3): 163-176.

Cope S, Frewer L J, Houghton J, et al. Consumer perceptions of best practice in food risk communication and management: Implications for risk analysis policy [J]. Food Policy, 2010, 35 (4): 349-357.

Crano W D, Prislin R. Attitudes and Persuasion [J]. Annual Review of Psychology, 2006, 57 (1): 345 -374.

Dagher G K, Itani O. Factors influencing green purchasing behaviour: empirical evidence from the lebaneseconsumers [J]. Journal of consumer behaviour, 2014 (3): 188-195.

Denver S, Christensen T. and Krarup S. "How vulnerable is organic consumption to information?". Paper presented at Nordic Consumer Policy Research Conference towards a New Consumer Towards a New Policy [M]. Helsinki, 2007.

Dodds W B, Monroe K B, Grewal D. Effects of Price, Brand, and Store Information on Buyers' Product Evaluations [J]. Journal of Marketing Research, 1991, 28 (3): 307-319.

Dosman D M, Adamowicz W L, Hrudey SE. Socioeconomic Determinants of Health - and Food Safety - Related Risk Perceptions [J]. Risk Analysis, 2010, 21 (2): 307-318.

Elizabeth C. Redmond & Christo Pher J. Griffith. Aeom Parisonan devaluation ofreseareh method susedineonsumer food safety studies [J]. International Journal of Consumer Studies, 2003 (27): 17-33.

FAO. Report of the World Food Conference [R]. Rome, 1974.

FAO. World Food Security: A Reappraisal of the Concepts and Approaches [R]. Director-General's Report, Rome, 1983.

Fazio, Russ H. " How Do Attitudes Guide Behavior?" in Handbook of Motivation and Cognition: Foundations of Social Behavior [M]. Richard M. Sorrentino and Tory E. Higgins (Eds.) New York: Guilford Press, 1986: 204-243.

Federal Institute for Risk Assessment. Pesticide residues in food: public perceptions in Germany [EB/OL]. (2011) [2013-12-10]. http: //www. bfr. bund. de/cm/350/pesticide residues _ in _ food. pdf.

Fishbein M, Ajzen I. Theory-based Behavior Change Interventions: Comments on Hobbis and Sutton [J]. Journal of Health Psychology, 2005, 10 (1): 27-31.

Fishbein M, Ajzen I. Belief, attitude, intention and behavior: An introduction to theory and research [M]. MA: Addi-son-Wesley, 1975, 80-103.

Fukukawa, K. A Theoretical Review of Business and Consumer Ethics Research: Normative and Descriptive Approaches [J]. Marketing Review, 2003, 3 (4): 381-401.

Gan C, Chang Z, Tran M C, Cohen D A. Consumer attitudes toward the purchase of organic products in China [J]. International Journal of Business and Economics. 2016 (15): 117-144.

Gao Z, Shu S W, House L A, et al. Frenchconsumer . perception, preference of, and willingness to pay for fresh fruit based on country of origin [J]. British Food Journal, 2014, 116 (5): 805-820.

Gensch, Dennis H. A Two-Stage Disaggregate Attribute Choice Model [J]. Marketing Science, 19 87, 6 (3): 223-239.

Gracia Royo A, Magistris T D. Organic food product purchase behaviour: a pilot study for urban consumers in the South of Italy [J]. Spanish Journal of Agricultural Research, 2013, 5 (4): 439-451.

Grunert K G. Food quality and safety: consumer perception and demand [J]. European Review of Agricultural Economics, 2005, 32 (3): 369-391.

Haghjou M. , Hayati B. , Pishbahar E. et al. "Factors Affecting Consumers' Potential Willingness to Pay for Organic Food Products in Iran: Case Study of Tabriz" [J]. Journal of Agriculture Science and Technology, 2013 (15): 191-202.

Hammitt J K, Haninger K. Willingness to Pay for Food Safety: Sensitivity to Duration and Severity of Illness [J]. American Journal of Agricultural Economics, 2007, 89 (5): 1170-1175.

Hassan. L. M, E. Shiu, and D. Shaw, 2016, "Who Says There is an Intention-Behavior Gap? Assessing the Empirical Evidence of an Intention-Behavior Gap in Ethical Consumption" [J]. Journal of Business Ethics, 136 (2): 219-236.

Janssen M, Hamm U. Product labelling in the market for organic food: Consumer preferences and willingness-to-pay for different organic certification logos [J]. Food Quality And Preference, 2012, 25 (1): 9-22

Jin, WANG, Pengcheng, et al. The Research Comment on Organic Food Consumer Behavior [J]. 亚洲农业研究: 英文版, 2014 (6): 8-11.

John Thøgersen, Folke Ölander. Spillover of environment-friendly consumer behaviour [J]. Journal of Environmental Psychology, 2003, 23 (3): 225-236.

Johnson J, Tversky A. Affect, generalization, and the perception of risk [J]. Journal of personality and social psychology, 1983, 45 (1): 20-31.

Kalogeras N, Pennings J M E, Van Ittersun KoertConsumer Food Safety Risk Attitudes and Perceptions Over Time: The Case of BSE Crisis European Association, 1989 (3): 27-144.

Kaiser F G, Wolfing S, Fuhrer U. Environmental attitude and ecological behaviour [J]. Journal of Environmental Psychology, 1999, 19 (1): 1-19.

Kariyawasam, S, Jayasinghe-Mudalige, U, Weerahewa, J, Use of Caswell's Classification on Food Quality Attributes to Assess Consumer Perceptions towards Fresh Milk in Tetra-Packed Containers [J]. The Journal of Agricultural Sciences, 2007, 3 (1): 43-54.

Kim K S. Effects of emotion control and task on web searching behavior [J]. Information Processing K, Management an International Journal, 2008, 44 (1): 373-385.

Kornelis M, Jonge J D, Frewer L, et al. Consumer Selection of Food-Safety Information Sources [J]. Risk Analysis, 2010, 27 (2): 327-335.

Lea, Emma, Worsley et al. "Australians' organic food beliefs, demographics and values" [J]. British Food Journal, 2005 (107): 855-869.

Lewin, k. Field Theory in Social Science [M]. New York: Harpperand Brother publishers, 1951: 239 -240.

Liu P, Ma L. Food scandals, media exposure, and citizens' safety concerns: A multilevel analysis across Chinese cities [J]. Food Policy, 2016, 6 (3): 102—111.

Liu X, Xu L, Zhu D, et al. Consumers' WTP for certified traceable tea in China [J]. British Food Journal, 2015, 117 (5): 1440-1452.

Lobb A E, Mazzocchi M, Traill W B. Modelling risk perception and trust in food safety information within the theory of planned behaviour [J]. Food Quality And Preference, 2007, 18 (2): 384-395.

Loureiro M, Umberger W. A. Choice Experiment Model for Beef: What US Consumer Responses Tell Us About Relative Preferences for Food Safety, Country-of-Origin Labeling and Traceability [J]. Food Policy, 2007. 32 (4): 496-514

Lu J, Wu L, Wang S, et al. Consumer preference and demand for traceable food attributes [J]. British Food Journal, 2016, 118 (9): 2140-2156.

Ma L, Liu P. The missing links between regulatory resources and risk concerns: Evidence from the case of food safety in China [J]. Regulation&Governance, 2017.

Magkos F, Arvaniti F, Zampelas A. Organic food: buying more safety or just peace of mind? A critical review of the literature. [J]. Critical Reviews in Food Science and Nutrition, 2006 (46): 23-56.

Marcus Mergenthaler, Katinka Weinberger, Matin Qaim. Consumer Valuation of Food Quality and Food Safety Attributes in Vietnam [J]. Review of Agricultural Economics, 2009, 31 (2): 266-283.

Mc Cluskey, J. Grimsrud, Kouchi, H. Consumer response to genetically modified food products in Japan [J]. Agricultural and Resource Economics Review, 2003, 32 (2): 222-231.

Mcgee B B, Richardson V, Johnson G S, et al. Perceptions of Factors Influencing Healthful Food Consumption Behavior in the Lower Mississippi Delta: Focus Group Findings [J]. Journal of Nutrition Education & Behavior, 2008, 40 (2): 102-109.

Meneses G. , Palacio A. The Response to the Commitment with Block Leader Recycling Promotion Technique: ALongitudinal Approach [J]. Journal of Nonprofit and Public Sector Marketing, 2007, 17 (1): 83-102.

Michiel P M, M de Krom Understanding consumer rationalities: consumer involvement in European food saftey governance of avian influenza [J]. Sociologia Ruralist, 2009, 49 (1): 1-19.

Muhammad S, Fathelrahman E, Ullah R U T. Factors Affecting Consumers' Willingness to Pay for Certififed Organic Food Products in United Arab Emirates [J]. Journal of Food Distribution Research, 2015, 46 (1): 37-45.

Nuttavuthisit K, Thogersen J. The importance of consumer trust for the emergence of a market for green products: The case of organic food. Journal of Business Ethics, 2017 (140): 323-337.

Oliver Todt. Consumer attitudes and the governance of food safety [J]. Public Understanding of Science, 2009, 18 (1): 103-114.

On Food Quality Attributes to Assess Consumer Perceptions towards Fresh Milk in Tetra-Packed Containers [J]. The Journal of Agricultural Sciences, 2007, 3 (1): 43-54

Ortega D L, Wang H H, Wu L, et al. Modeling heterogeneity in consumer preferences for select food safety attributes in China [J]. Food Policy, 2011, 36 (2): 318-324.

Persaud A, Schillo S R. Purchasing organic products: role of social context and consumer innova-tiveness [J]. Marketing Intelligence And Planning, 2017, 35 (1): 130-146.

Peter, Ho, Eduard, et al. Biotechnology and Food Safety in China: Consumers' Acceptance or Resistance? [J]. Development and Change, 2006, 37 (1): 227-254.

Prices, and Consumer Preferences [J]. American Journal of Agricultural Economics, 1998, 80 (2): 277-287.

Rao A R, Monroe K B. The Moderating Effect of Prior Knowledge on Cue Utilization in Product Evaluations [J]. Journal of Consumer Research, 1988, 15 (2): 253-264.

Resano-Ezcaray H, Ana Isabel Sanjuán-López, Albisu-Aguado L M. Combining Stated and Revealed Preferences on Typical Food Products: The Case of Dry-Cured Ham in Spain [J]. Journal of Agricultural Economics, 2010, 61 (3): 480-498.

Roitner-Schobesberger B, Darnhofer I, Somsook S, et al. Consumer perceptions of organic foods in Bangkok, Thailand [J]. Food Policy, 2008, 33 (2): 112-121.

Ross V L, Fielding K S, Louis W R. Social Trust, Risk Perceptions and Public Acceptance of Recycled Water: Testing a Social-Psychological Model [J]. Journal of Environmental Management, 2014, 137 (C): 61-68

Shen L Y, Ochoa J J, Shah M N, et al. The application of urban sustainability indicators-A comparison between various practices [J]. Habitat International, 2011, 35 (1): 17-29.

Siegrist M. The Influence of Trust and Perceptions of Risks and Benefits on the Acceptance of Gene Technology [J]. Risk Analysis, 2000, 20 (2): 195-204.

Stobbelaar D J, Casimir G, Borghuis J, et al. Adolescents' attitudes towards organic food: a survey of 15-to 16-year-old school children [J]. International Journal of Consumer Studies, 2007, 31 (4): 349-356.

Sundaram D S, Taylor R D. An investigation of external information search effort: replication in in-home shopping situations [J]. Advances in Consumer Research, 1998, 25: 440-445.

Tait P, Saunders C, Guenther M, et al. Emerging versus developed economy consumer willingness to pay for environmentally sustainable food production: a choice experiment approach comparing Indian, Chinese and United Kingdom lamb consumers [J]. Journal of Cleaner Production, 2016, 124: 65-72.

Thompson G, Kidwell J. Explaining choices of organic produce: Price, cosmetic defects, and consumer characteristics [J]. American Journal of Agricultural Economics, 1997, 79 (5): 1710-171 1.

Thorsøe M H. Maintaining trust and credibility in a continuously evolving organic food system [J]. Journal of Agricultural & Environmental Ethics, 2015 (28): 767-787

Tobler C, Visschers V H M, Siegrist M. Eating green. Consumers' willingness to adopt ecological food consumption behaviors [J]. Appetite, 2011, 57 (3): 674-682.

Tonsor G T, Schroeder T C, Pennings J M, et al. Factors Impacting Food Safety Risk Perceptions [J]. Journal of Agricultural Economics, 2009, 60 (3): 625-644.

Tsakiridou E, Mattas K, Tzimitrakalogianni I, et al. The Influence of Consumer Characteristics and Attitudes on the Demand for Organic Olive Oil [J]. Journal of International Food & Agribusiness Marketing, 2006 (18): 23-31.

Vega-Zamora, Manuela, Parras-Rosa, Manuel, Murgado-Armenteros, Eva M, Torres-Ruiz, Francisco Jose. The Influence of the Term 'Organic' on Organic Food Purchasing Behavior [J]. Social and Behavioral Sciences, 2013 (81): 660-671.

Vega-Zamora M, Torres-Ruiz F J, Parras-Rosa M. Towards sustainable consumption: Keys to communication for improving trust in organic foods, Journal of Cleaner Production, 2019 (216): 511-519.

Wang P, Liu Q, Qi Y. Factors influencing sustainable consumption behaviors: a survey of the rural residents in China [J]. Journal of Cleaner Production, 2014, 63 (15): 152-165.

Wang Y, Liu J, Hansson L, et al. Implementing stricter environmental regulation to enhance eco-efficiency and sustainability: a case study of Shandong Province's pulp and paper industry, China [J]. Journal of Cleaner Production, 2011, 19 (4): 303-310.

Wier M, Jensen K O, Andersen L M, et al. The character of demand in mature organic food markets: Great Britain and Denmark compared [J]. Food Policy, 2008, 33 (5): 406-421.

Williamson P J. Sales and Service Strategy for the Single European Market [J]. Business Strategy Review, 1992, 3 (2): 17-43.

Wilson T D. Human information behavior [J]. Informing Science, 2000, 3 (2): 49-56.

Wongprawmas R, Pappalardo G, Canavari M, et al. Willingness-to-Pay for Multiple Units of Eco-Friendly Wheat-Derived Products: Results From Open-Ended Choice Experiments [J]. Journal of Food Products Marketing, 2016, 22 (6): 658-682.

Wu L, Wang H, Zhu D. Analysis of consumer demand for traceable pork in China based on a real choice experiment [J]. China Agricultural Economic Review, 2015, 7 (2): 303-321.

Yeung R M W, Morris J. Food safety risk-Consumer perception and purchase behavior [J]. British Food Journal, 2001, 103 (3): 170-187.

Yeung, R. M. W, Morris, J. Consumer perception of food risk in chicken meat. Nutrition&Food Science, 2001, 31 (6): 270-278.

Yin S J, Wu L H, Du L L, et al. Consumers' Purchase Intention of Organic Food in China [J]. Journal of the Science of Food and Agriculture, 2010, 90 (8): 1361-1367.

Yin S, Chen M, Xu Y, et al. Chinese consumers' willingness-to-pay for safety label on tomato: Evidence from choice experiments [J]. China Agricultural Economic Review, 2017, 9 (1): 141-155.

Yin S, Li Y, Xu Y, et al. Consumer preference and willingness to pay for the traceability information attribute of infant milk formula: Evidence from a choice experiment in China [J]. British Food Journal, 2017, 119 (6): 1276-1288.

Yin S, Wu L, Du L, et al. Consumers' purchase intention of organic food in China [J]. Journal of the Science of Food and Agriculture, 2010, 90 (8): 1361-1367.

Yiridoe, E. K. , S. Bonti-Ankomah, and R. C. Martin, 2005, "Comparison of Consumer Perceptions and Preference toward Organic Versus Conventionally Produced Foods: A Review and Update of the Literature", Renewable Agriculture and Food Systems, 20 (04): 193-205.

Yu X, Gao Z, Zeng Y. Willingness to pay for the "Green Food" in China [J]. Food policy, 2014, 45 (45): 80-87.

Zhang C, Bai J, Wahl T I, et al. Consumers' willingness to pay for traceable pork, milk, and cooking oil in Nanjing, China [J]. Food Control, 2012, 27 (1): 21-28.

Zwart A C, Mollenkopf D A. Consumers' assessment of risk in food consumption: implications for supply chain strategies [C]. Chain management in agribusiness and the food industry. Proceedings of the Fourth International Conference Wageningen, 25-26May2000. Wageningen Pers, 2000: 369-377.

附录一：农村问卷调查法实施、问题、技巧探析[*]

——以江西农村居民食品安全消费行为问卷调查为例

鲁婧[1] 邹晓娟[2]

（江西农业大学 人文与公共管理学院，江西 南昌 330045）

摘要： 问卷调查方法是农村社会调查研究的一种重要数据资料收集手段。本文基于问卷调查法理论，以江西省农村为背景、农村居民为对象、农村居民食品安全消费行为为范例，通过问卷数据资料收集的过程，概括并总结了农村问卷调查实施过程中遇到的主要问题和困境，最后归纳应对方法与技巧。由此，本文提出以下应对方法：①重视并做好调查人员的甄选和培训工作；②建立信任，提高被访者的合作意愿；③提升调研人员问卷访谈技能。

关键词： 农村问卷调查法；食品安全消费行为；农村居民

1. 引言

问卷调查法（简称问卷法）是以问卷为工具，直接对被调查者收集有关资料的社会调查法[①]，是调查研究中一种重要的资料收集方法。学术界从不同角度对问卷法进行了研究：①问卷法概念、特点、应用等的研究[②③④]。②问卷法的操作规范性研究，如问卷法实施原则、程序、技巧、注意事项和效度方面的研究[①⑤⑥⑦]。③问卷法在一些人文社会科学领域的应用研究，如井润田等（2008）对问卷法在管理学领域的应用现状进行了评述[⑧]；钟柏昌、李艺（2012），张晗（2013）分析了问卷法在教育领域的应用状况[⑨⑩]；张志华、章锦河等（2016）阐述了旅游研究中问卷调查法的应用规范[⑪]。④问卷法在农村社会调查的应用研究。风笑天（1989）认为因问卷法对被访对象文化水平的要求，不太适用于农村地区居民[①]；金国峰（2008）指出农村问卷调查要综合考

---

* 基金项目：国家自然科学基金一般项目（71463027）"农村居民食品安全消费行为形成机理及引导机制研究——以江西为例"；国家自然科学基金青年项目（71403112）"蔬菜追溯体系建设支持政策对农户参与行为的影响机理及政策优化研究"。

作者简介：1. 鲁婧（1993—），女，江西九江，在读硕士研究生，研究方向：政府治理和公共政策分析，Tel：17770031892，Email：396845019@qq.com。2. 邹晓娟（1967—），通讯作者，女，江西安福，副教授，硕士生导师，研究方向：农业经济管理和公共治理，Tel：15979003450；Email：550754959@qq.com。

虑地形类别、经济区位、村庄不同的经济类型以及被访对象多样性[12]；宗义湘等（2011）提出与村干部、农村居民交流是取得一手资料良好的形式，可作为对问卷法的有效补充[13]。

现有文献梳理发现，目前我国学界对问卷调查法的概念、原则、程序、方法、技巧及其在专业领域的应用做了较为广泛、深入的探讨，其研究观点和结果对问卷调查实践具有很好的指导和借鉴意义。但目前就行为问题的问卷调查应用研究较少，尤其是对农村居民行为问题的问卷调查法的具体实施研究文献尚为少见。故本文从农村现实和农村居民角度出发，基于农村居民食品安全消费行为问卷调查实践，探讨农村问卷调查实施过程中面临的主要障碍、问题，由此提出应对方法和技巧，以提升农村问卷调查的效率、效果。

2. 江西农村居民食品安全消费行为问卷调查实施过程概述

江西农村居民食品安全消费行为问卷调查是国家自然科学基金一般项目（项目编号：71463027）研究的主要资料收集方法。正式问卷调查开展前进行了预调查，以检验、测量问卷的效度和信度，并在此基础上对问卷进行了修改。同时，对问卷调查员进行了系统培训。大规模的正式问卷调查历时 10 个月（2015 年 7 月至 2016 年 4 月），共完成有效问卷 1204 份。

2.1 调研地点选取

本次问卷调查采用多段分层随机抽样法，选取江西省 11 个地级市，根据各市规模大小，从中分别随机抽取 2～7 个县，共抽取样本县 41 个。再以距县城距离远近为标准，结合立意抽样方法，选取样本乡镇和样本村。以此为基础，调研人员遵循随机抽样原则在样本村中先后对 1204 个农村居民进行了食品安全消费行为有效问卷调查。

2.2 时间的安排

农村和城市的环境、居民生活习性及方式差异明显。农村以农耕活动为主要生产方式，具有季节忙时、闲时的特点。因此调研人员充分把握农业生产的周期性条件，合理避开农忙时期，挑选农闲时间进行问卷调查，保证农村居民有充足时间填写调查问卷。

2.3 问卷资料数据收取方式

鉴于江西农村地域方言差异大、调查对象——农村居民文化水平普遍偏低（被访者初中及以下文化水平占比 58.1%；35 岁以上被访者占 69.7%，其中教育年限 9 年及以下的占 71.3%，6 年及以下的占 31.3%）、理解能力不高及问卷篇幅较长、内容结构复杂等特点，本问卷调查采取个别发放、调查员当面询问或指导填答为主、自填为辅的方式进行，以提升问卷调查效率和数据资料的信度。其次，调查人员是在辅助被访者完成问卷并现场确认完整性后再进行回收，由此确保问卷质量和后期数据统计分析工作顺利进行。

3. 江西农村居民食品安全消费行为问卷调查过程中遇到的主要问题

3.1 农村地域广，问卷调查成本高

江西农村居民食品安全消费行为问卷调查样本地遍布江西省 11 个地级市中的 41 个县多个乡（镇）村，调查点多、面广且分散，不同样本地之间距离远、地域广，加上农村地理环境复杂多样、交通不便等因素，增加了农村问卷调查实施难度，使问卷调查前期准备、问卷调查的实施均需要投入较大的时间、精力、人力和经费，因此问卷调查实施成本高。

3.2 被访者问卷访谈配合意愿低

3.2.1 被访者不愿花费时间与精力填答问卷

由于农业生产的季节性、农村生活事务的繁忙性以及当前江西农村"留守"问题的突出性，被访者不愿抽太多时间填答问卷。一方面，多数农村留守妇女不仅要承担家务重担，还要兼顾农业生产活动，压力大、缺乏安全感。在问卷调查中，不少女性被访者因手中的家务或农活拖累，不愿长时间接受问卷访问。另一方面，随着农村收入渠道的多元化，男性村民在农闲时节一般都会从事非农性劳动以获取更多收入。因此，不少男性村民觉得填答问卷既费神、费脑，又会耽误正事，故不愿花时间填答问卷。此外，许多村民虽然有充裕的时间填答问卷，但他们填答问卷的意愿并不高，因为他们认为问卷调查与自身无关，回答问卷麻烦，影响他们聊天、打牌、玩手机或看电视等活动。

3.2.2 被访者担忧自身利益安全，不愿填答问卷

首先，被访者务工报账制度是目前社会调查中的一大难题。按照财务报销制度规定，要登记被访者的真实姓名、身份证号、联系方式及家庭住址等具体信息，并要本人签名才能获取务工酬劳。由于长期以来农村的封闭生活氛围及生活经历养成了村民胆小怕事的性格，许多村民一听说要以实名制方式填写个人信息时，就不配合我们调研，担心自己不小心说错什么话或信息泄露，会给自己和家人在本村生活、办事带来诸多不便，女性及年长者的这种忧虑更为明显。其次，农村居民具有较高的警惕性、防范性甚至是恐惧心理。对问卷中一些涉及评价农村食品安全服务工作的问题，被访者回答时心存顾虑，甚至表现出明显的抵触情绪。特别是从事与食品生产经营活动有关工作的被访者，质疑调查目的，担心自己的观点、态度让政府部门知道而带来不必要的麻烦，因而做出中立、正向回答，或探寻调查员的态度以寻求提示[1]。甚至是夸大积极的一面、缩小负面情况。还有被访者则表现出厌恶、抵触情绪，直接放弃作答。

被访者不愿表达真实想法、反映实情的态度使调查员常得到"不知强为知之"的答案[⑮]。

3.2.3 被访者理解能力偏低，调查员通俗化解释困难

本次问卷调查是为国家自科基金项目收集第一手数据资料，为使数据信息尽可能的详细、丰富，问卷内容结构多元、题目较多、篇幅较长且涵盖不少专业性术语，完成一份问卷耗时较长（约30分钟），要求被访者具备较强的理解能力。在问卷调查过程中，调研人员发现，多数农村居民对问卷调查认知不足，害怕提笔做文字类事情。看到问卷篇幅和内容，就下意识地觉得答题难度大、填写问卷如同考试，畏难情绪油然而生，不少村民就直接拒绝访问。此外，调查员不熟悉调研地语言、把握不了村民的接受理解能力，在解释问卷题目时，难以做到表述简练化、准确化、通俗化，导致被访者对问卷题目含义理解模糊、产生歧义。例如在解释可追溯食品过程中涉及的"源头""从农田到餐桌"等一些词汇，调查员表述时不能将学术用语转化为当地用语，反而使被访者产生了更大的困惑。被访者填写问卷时遇到几次难理解的问题往往就没有信心和耐心继续填写问卷。再者，中老年被访者文化水平普遍偏低、理解能力较差，而且普通话接收和表达能力也差，调研人员与其沟通交流比较困难。

3.3 被访者填答问卷易受干扰

实际调研过程并非是严密控制下的实验环境，调查员难以预测并把握所有可能性影响因素。①旁人的言行影响、妨碍被访者填答问卷。农村居民闲暇之余喜欢聚一起聊天、玩耍。虽然调研人员一开始就向被访者强调了独立填答问卷的要求，但身边人员的好奇围观，并且情不自禁地发表意见或与被访者交谈，往往打断和干扰被访者，左右其独立思考和判断，从而影响问卷信度。②被访者接受问卷访问时常受意外事务打断。在本次问卷调查过程中，农村小商店、小摊贩老板很乐意成为被访者，但是他们在填答问卷时，往往"一心多用"，一边填答问卷或回答调研人员的提问，一边又要应付突然来的顾客，有时还要应答外面的招呼声。被访者精力的不集中可能影响问卷质量。

3.4 调查员调研经验和能力的欠缺影响被访者问卷填答效果

当面访问式问卷调查是调查双方的互动过程[⑯]，调查员的沟通方式、行为举止和素质必然会影响被访者的态度与观念。调查初期，因调研人员对农村居民习惯、行为方式不太了解，把握不住时间，问卷填答进程缓慢，严重影响了被访者接受问卷访问的信心。同时，不同的调查员对问题和选项理解存在差异，导致在解释问卷时可能会口径不统一，甚至融入主观态度、产生倾向性和引导性。譬如有时调查员不经意地先念出自己偏好或被选率高的选项，会对被

访者起暗示或引导作用。

3.5 开放性问题回答效果不佳

开放性问题通常置于问卷末尾，没有选项和答案，给予被访者更多表述的机会，具有良好的灵活性与创造性，但也对其知识水平和语言表达能力提出较高的要求[17]，需要被访者独立思考、组织语言回答。本次问卷调查的开放式问题是——谈谈您对农村食品安全治理工作的建议，被访者自愿回答的积极性不高。原因在于，一是被访者完成问卷前面的题目已经耗费较多的时间和精力，多已疲惫，失去了耐心，不愿再费神思考开放性问题。二是农村居民受教育程度不高、语言归纳概括能力不强，不太关注公共管理问题，因而对农村食品安全治理问题不甚了解甚至是陌生，加上概念较为抽象，因此被访者很难提出对策建议，即使回答也多是重复前面的选项，开放性问题的作用和效果未能有效发挥。

4. 农村问卷调查问题的处理技巧

4.1 甄选调研人员，做好问卷调查技能培训

首先，正式问卷调查前要挑选调查员。最好选择掌握社会调查知识、具备社会调查基本素质、拥有社会调查经验及技巧的人员。同时，在选择调查员时，应坚持自愿原则，挑选那些对调研问题感兴趣、做事积极认真、能吃苦耐劳、有责任感且沟通能力强的人员。其次，必须对调查员进行全面、细致的培训，培训内容应兼顾业务与思想两方面[18]。农村居民食品安全消费行为问卷调查培训内容包括调查目的、方法、问卷内容、专业术语、突发问题的预防和应对措施，落实各调查员的具体任务，并进行问卷调查模拟练习。调查者只有掌握并遵循调查的基本要求、实施程序、清楚理解问卷内容及专业知识，同时保持乐观积极的心态才能在调查过程中灵活变通、应对调查过程中各种困境与难题、提高调查效率。

4.2 建立信任，提升被访者合作意愿

取得信任、激发其兴趣是提升被访者合作意愿、促进农村问卷调查顺利开展的前提。合作意愿包括积极接受问卷访问、主动反馈及真实答题。

4.2.1 亮明身份、显示诚意，消除被访者的防备心理

①带好相关证明、证件。身份信息明确才能增加信任感。因此，在问卷调查正式进行前，调研小组应到单位开好调研证明，并设计、制作好"调查证"，在证件上注明调查员所在单位、身份、身份证号或学号、粘贴调查员照片。要求每位调查员在调研中必须配带调查证，并随身携带身份证、学生证。本次问卷调查中，调查单位在江西农村有一定的知名度和影响力，使得被访者一看调

查员佩带的证件上单位名称，马上就对他们产生了一种亲切感。同时，调查员应向被访者强调问卷资料只用于学术性研究及信息的保密性，以消除被访者的担忧。②注意穿着、言行的合宜性。调查员穿着不宜过于正式，应尽量休闲、整洁，又贴近农村生活。同时，语言要亲切、通俗，态度要友善，以拉近双方距离。如调查员在问卷访问开始前，先和被访者以聊一下食品购买常识、活动等既切合调研目的又容易引起农村居民关注的话题，可消除对方的陌生感和排斥心理。③以报酬或礼品回报被访者的付出。被访者填答问卷是一种劳动的付出，要消耗他们一定的体力、脑力和时间，而且具有一定的机会成本，理应获得相应的经济回报。因此，调查员在问卷访问前就应说明完成一份问卷会给予礼品作为回报，由此提高农村居民的收益感，增强问卷调查的正规性[19]。此外，为防止被访者因排斥务工报表的填写而拒绝问卷访问，可在他们填完问卷后再要求他们填写。通过上述举措，可在一定程度上消除被访者的防备心理、获取信任，进而提升合作意愿。

4.2.2 巧用熟人关系与行政资源

考虑到农村环境的陌生性及农村居民的自我防范意识，调查员运用熟人关系和行政资源调动农村居民参与问卷调查、提高合作意愿。①由个人交互关系（即熟人关系）所形成的熟人社会是建立在血缘和地缘关系之上的熟人认同和信任，在农村表现尤为显著[20]。本次问卷调查通常做法是通过熟人（如课题组成员的亲戚、朋友、同学等）直接联系或间接联系样本村。直接联系方法是由熟人带领直接入户调查，或者寻找人员聚集的地方，诸如村镇商店、诊所等，由熟人向村民介绍调查员并说明调研目的，进而展开问卷调查。间接联系方法是由熟人出面找其当地朋友作向导进入样本村调研。②巧借政府资源。即通过官方的许可与支持，如政府相关部门、村委会领导干部等，自上而下地逐级深入[21]。这样能增强调查的合法性、迅速获取被访者信任、减少拒访现象的发生，适用于学术性调查研究[22]。即事先由课题负责人发函联系好当地政府部门的相关领导或工作人员，让其通知样本村村干部或村里影响力强的村民，由他们召集被访者集中填答问卷。借助行政资源开展农村问卷调查，一要向官方人员说明抽样原则，避免立意抽样。二要避免官方人员的行政地位、权力的影响给被访者造成无形压力，导致回答失真。

4.3 事前准备、事中用心、事后交流总结

农村问卷调查是动态发展的过程，调查员要灵活有效地应对各类突发情况，而调研过程中的客观影响因素可以通过调查者的主观能动性改变[23]。

4.3.1 熟悉问卷内容、了解调研地情况

调查员扎实的准备工作是问卷调查顺利实施的基础。首先，调查员要尽可能多地阅读农村居民食品安全消费行为和问卷调查法的相关文献。同时，调查员要研究、熟悉问卷内容，理解其中的概念、专业术语、相关知识，力求在实际调查过程中能对各个问题做出标准化、简章化、通俗化的解释和答疑。其次，调查员应通过广泛而多样化的渠道充分了解所要调查村落的环境、人文文化、风俗习性及主要禁忌等背景情况，由此规划调查路线、安排好调查时间，与被访者进行良好沟通，有效应对各类突发状况。

4.3.2 把握与农村居民的沟通技巧、用心沟通

语言是实现良好互动的媒介[24]，而良好的态度和必要的尊重是搭建沟通桥梁的基础，更是获得被访者理解与信任的一剂"良药"。调查员在实际调查中发现，农村居民情感淳朴，若能形成良好的情感互动，调查便能顺利开展。首先，调查员应礼貌、平等待人，尊重被访者。同时，应换位思考，了解调研地农村居民行为、习惯特点，用心寻找他们感兴趣的话题。其次，调查员发放问卷时最好采用"向您了解食品安全消费情况"等贴近生活的表述方式，以减轻被访者心理负担和顾虑。要尽量简单、明了、通俗地解释问卷题目和选项含义，强调答案没有对错、好坏之分。此外，调查员应始终秉承"价值中立"原则，避免倾向性、暗示性提问以及个人态度观点对被访者问卷填答的影响[25]。

4.3.3 细致揣摩被访者的心理活动

首先，根据我国农村的乡土社会特点，此次问卷调查恰当地利用了从众效应和示范效应。在一些农村居民活动比较多的场所，如乡镇卫生院、村诊所、村商店等地点发放问卷，先让接受问卷访问意愿高、看起来影响力较强的农村居民填答问卷，由他们带动那些迟疑的旁观者随之也加入问卷访问行列。其次，及时消除被访者随意填答或半途而废的心理。在问卷调查过程中，调查员要留心观察被访者填答问卷的神态、倾听他们的话语。被访者遇到专业性术语或敏感问题时，往往会迟疑、回答语句含糊甚至失去耐心、想放弃作答。一旦发现这类情况，调查员应立即安抚并通过解释、转换提问方式或鼓励等方法，以使被访者继续填答。

4.3.4 掌握提高开放性问题回答率的技巧

一方面，开放性问题没有选项，需要被访者自主思考和归纳作答，填答率不高是社会调查中的普遍现象，文化程度较低的农村居民回答起来更是困难。但另一方面，开放性问题能够扩充和深化调查内容，是对问卷封闭性问题信息的有益补充。要提高开放性问题回答率，调查人员应当依据农村居民的心理特点，遵循由此及彼、由表及里的原则，从浅显易懂的问题入手，鼓励被访者表

达自己的观点。例如问及"改善农村食品安全治理工作的建议"时，可先从农村食品安全治理现状、问题和原因等角度出发，鼓励被访者发表意见与想法，调查员代其归纳填写。还可在被访者边填答封闭性问题边发表意见时，适时融入开放性问题，让被访者不经意间回答开放性问题，调查员将其观点归纳并记录。

4.3.5　及时交流、总结经验、提升应变能力

问卷调查不仅仅是一项资料收集工作，也是调查员不断积累调研经验和成长的过程。因此，当每天（次）的问卷调查结束后，首先，调查员要进行自我总结。每个调查员要撰写调研心得，归纳总结当天（该次）问卷调查过程中遇到的问题、障碍、经验及感想。其次，要召开调研小组交流会。每次问卷调查工作结束后，调研小组负责人应召集调查员一起，交流各自在问卷调查中发现的问题、难题及应对方式，讨论问题解决方法、技巧，总结经验，强调下次调研注意事项，由此提高调查团队整体的调研水平和效率。

5. 结论与展望

本文通过江西农村居民食品安全消费行为问卷调查的实践，总结了农村问卷调查中遇到的常见问题、经验和应对技巧，由此课题组调研人员体会到了农村问卷调查实施的艰巨性和挑战，并深化了对农村居民行为问卷调查法的认知。但本文研究也存在不足之处——本次农村问卷调查内容以行为问题为主，只对农村居民行为方面的问卷调查实践进行了初步的探讨，没有涉及农村社会、政治和管理等敏感性问题。因此今后应当加强农村社会调查法的广度和深度方面的探究，同时，也需要更多学者对问卷调查法在农村社会、政治、管理等方面的运用开展理论和实践上的研究。

参考文献

蔡禾，2004. 语境与问卷调查［J］. 中山大学学报（社会科学版）（03）：115-120＋128.

曹锦清，2000. 黄河边的中国：一个学者对乡村社会的观察与思考[M].上海：上海文艺出版社.

风笑天，1989. 论问卷调查的特点和适用范围［J］. 华中师范大学学报（哲学社会科学版）（06）：24-28.

风笑天，1993. 问卷法［J］. 青年研究（05）：39-43.

风笑天，1994. 方法论背景中的问卷调查法［J］. 社会学研究（03）：13-18.

郭乃振，1997. 问卷调查的几种设想形式［J］. 浙江统计（06）：20.

韩广俊，2015. 问卷调查法在定量与定性研究中的应用［J］. 才智（10）：343.

金国峰，2008. 农村调查研究的方法与技巧［J］. 统计与决策（15）：2.

金秀芝，孙丽范，2008. 对入户调查居民配合程度下降问题的思考 [J]. 统计与咨询（03）：35.

井润田，高遐，柳银军，2008. 国内问卷调查研究方法的综述：现状与建议 [J]. 管理学家（学术版），1（01）：53-57＋97.

李国武，2005. 对进入实地的社会学反思 [J]. 江苏行政学院学报（03）：58-62.

李晔，刘华山，2006. 问卷调查过程中的常见问题与解决办法 [J]. 教育研究与实验（02）：61-64.

吕承文，高韩桔，2017. 转型期熟人社会视角下农村治理探究 [J]. 河南工业大学学报（社会科学版）（03）：77-83.

马天芳，2012. 社会调查的调查主体因素分析 [J]. 中国统计（05）：52-54.

潘桂萍，2001. 浅谈问卷调查中非抽样误差的控制 [J]. 辽宁师范大学学报（04）：19-20.

陶永明，2011. 问卷调查法应用中的注意事项 [J]. 中国城市经济（20）：305-306.

王振威，2008. 对"官人"调查研究方法之反思 [J]. 调研世界，（03）：47-48.

曾琪，2008. 谈谈问卷调查法在实际运用中的几点认识 [J]. 消费导刊（21）：242.

曾五一，黄炳艺，2005. 调查问卷的可信度和有效度分析 [J]. 统计与信息论坛（06）：13-17.

张晗，2013. 问卷调查法在初中思想品德课教学中的应用研究 [D]. 济南：山东师范大学，2013.

张志华，章锦河，刘泽华，2016. 旅游研究中的问卷调查法应用规范 [J]. 地理科学进展，35（03）：368-375.

赵红，2006. 收集资料的方法——问卷法 [J]. 继续医学教育（29）：34-37.

郑晶晶，2014. 问卷调查法研究综述 [J]. 理论观察（10）：102-103.

钟柏昌，李艺，2012. 问卷调查方法在教育研究领域的应用状况分析[J].开放教育研究，18（06）：74-79.

周康敏，2015. "以人为本"设计调查问卷 [J]. 秘书（11）：20-22.

宗义湘，王余丁，孙玉存，2011. 农村社会调查的操作程序及应注意的问题 [J]. 农村经济与科技（02）：100-101.

附录二：座谈法在社会调查中的应用探析

——以江西省农村食品安全治理调研为例①

谢强强　邹晓娟

（江西农业大学，人文与公共管理学院，江西　南昌　330045）

摘要： 随着社会各界对社会生活中一些深层次问题的持续关注，社会调查变得越来越重要。恰当地使用社会调查方法，有助于提高资料收集的效率及研究结论的准确性。而座谈法因其资料收集的快、广、深及结构灵活等特性，恰好弥补了其他调查方法固有的缺陷，但因调查地域的广泛性和问题的复杂性，座谈法在社会调查的实际应用过程中既有一般座谈法的特点，又具有操作上的独特性。文章以农村居民食品安全治理座谈为例，阐述了座谈法应用中应把握的关键点、方法和技巧，分析了座谈法在社会调查中面临的挑战，最后进行了讨论和应用展望。

1　引言

座谈法也称集体访谈法、焦点（专题）小组法，是基于结构化或者半结构化、非结构化①，将若干个访谈对象集中起来，同时进行访谈的方法②。座谈法是收集社会生产、生活主体的相关资料和数据，深入了解农村社会、经济、管理问题的一种重要的调查方法，也是毛泽东开展农村调查最为常用和推崇的、行之有效的调查方法之一③。在社会调查中，通过座谈法收集研究资料，不仅能帮助人们更好地认识社会、经济、生活状况及其运行规律，为政府宏观决策提供现实依据，而且可以为调查问卷的设计、理论的构建和验证提供丰富的实证材料。同时，座谈法因时效性高、可控性强、收集的资料广而深，常常成为我国各参政议政团体（党派）社会调研的首选方法，也是学术界定性研究收集资料的重要手段。

目前，学术界关于座谈法及其应用方面的文献不多。笔者分别在"中国知网"和"中国科技期刊数据库"以"座谈法""集体访谈法""焦点小组法"及

①基金项目：国家自然科学基金一般项目（71463027）"农村居民食品安全消费行为形成机理及引导机制研究——以江西为例"；国家自然科学基金青年项目（71403112）"蔬菜追溯体系建设支持政策对农户参与行为的影响机理及政策优化研究"。

作者简介：谢强强（1992—），男，甘肃榆中，硕士研究生，研究方向：政府治理和公共政策分析。邹晓娟（1967—），女，江西安福，副教授，硕士生导师，研究方向：农业经济管理和政府治理。

"小组访谈法"等关键词进行检索，共检索出相关研究文献 32 篇。这些文献主要集中于"座谈法理论、方法和技术的论述及其应用研究"和"基于座谈法的数据资料来研究医疗卫生、市场营销及教育等问题"，而关于座谈法在社会调查中的具体应用研究尚未发现。因此，笔者结合"农村食品安全治理"集体座谈全程参与经历，辅之以"农村土地确权"① 集体座谈经验，以国家自然科学基金一般项目"农村居民食品安全消费行为形成机理及引导机制研究——以江西为例"（以下简称"农村食品安全消费行为调查"）为课题支撑，探讨座谈法在社会调查实践中应把握的关键点、面临的主要问题及处理方法，在此基础上，对座谈法的方法和技巧进一步总结和讨论。

2　座谈法应把握的几个关键点

座谈法通常分为四个阶段，即准备阶段、建立座谈小组阶段、实施访谈阶段以及分析和报告阶段④。每个阶段都有决定座谈成败的几个关键环节，把控好这些关键环节，将使座谈事半功倍。

2.1　充分准备是座谈法成功的前提

一项调查的开展，前期的准备工作是必不可少的，调查准备工作是否充分，将直接关系到调研工作是否能够有序地进行，以及收集资料的准确性和完备性。调查项目的主持者及其调研小组成员在正式座谈开展之前必须弄清调研目的、需要收集的信息类型、范围及质量、为何需要以及通过谁来获取这些信息，因此前期的准备工作需要做好以下几方面工作：

首先，明确调研目的，制定科学的调研计划。只有明确调研目的，才能在座谈中做到有的放矢、节约成本、保证信息质量。同时，明确的调研目的也是制定科学的调研计划和高质量座谈提纲的基础。因此，在进行"农村食品安全治理问题"调研前，调研小组围绕选题，前后耗时 2 个月的时间，多渠道、全方位查找并阅读相关文献资料，组织调研成员多次讨论、交流，在熟悉江西省及各县市食品安全治理实践进展及各级政策文件内容的基础上，最终确定此次调研主要以座谈调查为主，辅之以实地调查的形式补充、印证座谈信息资料。调研总体目的为：通过调研了解当前江西农村食品安全监管过程中存在的主要问题，以及农村食品安全利益相关者对食品安全及其监管的诉求，探讨如何构建江西农村食品安全长效治理机制，在省政协会议上建言献策；同时，通过座谈为国家自然科学一般项目"农村居民食品安全消费行为形成机理及其引导机

---

① 国家自然科学基金重点项目（71333004）"农村土地与相关要素市场培育与改革研究"子项目"农村土地承包经营权确权颁证"。

制"收集定性资料,并进一步检验和完善"农村食品安全消费行为调查问卷"中的问题和答案。在整个调研过程中,要引起调查小组全体成员关注调查目的,把握调研方向和进程,消除不确定性和变化的不良影响,就必须制定一份科学、翔实的调研计划。为此,调研小组经过多次讨论,进一步分解了"江西农村食品安全治理问题"调研总目标,制定了一份涵盖行动内容、进程、方式、方法、分工等内容的调研计划,拟定了座谈提纲,并提前一周将座谈提纲、座谈小组构建方案及调研行程发给县市场监督管理局座谈负责人,一方面,便于他确定座谈小组成员,通知农村食品安全相关职能部门准备座谈所需的文件和纸质材料;另一方面,能使座谈人员根据明确的中心议题展开讨论交流,保证座谈会的顺利进行并取得预期效果⑤。

其次,巧用联络方法、建立座谈小组。座谈小组一般由 12～15 人组成,座谈小组成员的标志是形成群体互动㉔——小组成员会对调研人员提出的问题及组内其他人员提出的问题做出回应。因此,选择座谈小组人员时必须遵循几个基本原则。首先,这些人必须是自愿参与座谈并且是互不认识的,以免在回答提问和讨论议题时形成干扰。其次,座谈小组成员要有一定的同质性,即座谈小组人员应具备某些共同的重要特征,如从事相同的职业、处于相同行业、有同等的经济条件或社会地位、共同的兴趣或利益和相同的经历等。第三,小组人员要有代表性,并且熟悉调研主题相关情况;第四,小组人员要有较强的沟通能力和表达欲望。同时,建立座谈小组,要在明确调研目的和内容的基础上,巧用联络方法联系座谈对象。为了推进"农村食品安全治理问题"座谈的实施,课题组运用了社会调查中经常用到的巧借行政资源的方法⑤⑥,调研小组通过借助江西省民革委员会的帮助,与江西省民革江西农业大学支委商议决定,座谈会最终选在江西省 2012 年全国食品药品安全示范县 F 县和第二批全国食品安全示范县 S 县的市场管理局进行。按照上述座谈小组成员选择原则,调研小组首先确定了座谈小组成员的结构,并且采取判断抽样和简单随机抽样相结合的方式,确定座谈小组人数(座谈小组成员构成如下表 1 所示)。座谈小组人员虽然来源不同,但他们都是食品安全利益相关者,都对食品安全问题十分关注,并且都是其所在部门(单位、村)的代言者。

F、S 两县座谈小组人员构成表

单位:人

身份特征	代表典型性	人数
县主要分管领导	县食品安全委员会	2

(续)

身份特征	代表典型性	人数
县政协领导	县政协	1
县市场监管局领导及科员	食品安全监管部门	3
食品安全协管人员	农村食品安全村级协管人员	2
村民	农村食品消费者	3
超市主管、食品公司主管等	食品生产、经营者	3

最后，人力、物力、财力准备。一项调查活动还极大地受到调查者本人态度及方法的影响，它包括调查者的教育背景、情感及价值取向，对各种调查方法的清醒认识及把握[①]。座谈调查开始之前，选择合适的调研人员显得尤为重要，是该项调查得以顺利完成的保障。首先，调研小组成员应当对座谈过程的相关细节和注意事项有充分翔实的了解，除此之外，在选择其他调研人员时，尽量挑选对座谈法比较熟悉，对实地调查经验较为丰富的人员，对于第一次参与座谈的调研人员，一定要进行严格、规范的培训和演练。其次，要提前准备座谈所需材料和物品，包括调研人员身份的相关证明材料、该项调查详细的访谈提纲和问卷、调研人员使用的记录本、座谈小组成员的务工费、访谈录音设备等；另外，根据调研性质，如果需要在公开媒体进行宣传，还需配带相机，以便收集图片信息，在后期宣传时使用。最后，针对此次访谈调查做详细的经费预算，保证各项工作的顺利开展。

2.2 恰当运用访谈技巧是有效座谈调研的保证

充分的准备工作是座谈法得以顺利实施的前提，掌握座谈技巧和艺术是收集有效资料的关键。为了在有限的时间和固定的座谈流程内容，尽可能收集到丰富、翔实的且有效的资料，达到预期目的，在座谈开展的过程中主要需要注意以下几点。

（1）抓住主题、把控时间。座谈中，能否紧扣主题，恰当把控时间节点，直接影响收集资料的数量和质量。座谈会时间一般为2～3小时，而在这有限的时间里座谈小组成员不仅要回答调研人员的提问，还要保证所有预设问题都能得到讨论的机会，这对会场的主持人和调研小组的提问人员都提出了很高的要求，一个问题探讨的时间太久可能在深度上有了保证，但难以保证资料信息的广度。因此，在座谈开始时，主持人首先要向与会人员明确座谈主题和范围、介绍座谈程序和规则，避免无效讨论。同时，在座谈交流过程中，主持人或调研人员要防止座谈小组成员谈论与主题无关的话题或长时间纠结某个问题，应适时用委婉的语言或问题中断对方的发言，但用语要注意不伤害对方的自尊和表达意见的积极性。

（2）制造轻松氛围、自如问答。座谈并不是单一的靠一问一答这样固定的模式去获取资料，而是双方要互动交流。因此，在这个环节主持人的身份很重要，会场主持需要提前做好功课，熟悉问题，座谈中要用亲和、平等乃至幽默的语言引导座谈小组成员回答问题、发表意见，降低与会人员的紧张感和不适应感。为了调动座谈小组成员参与的积极性，主持人和调研人员可以考虑请那些思维活跃、有观点的参会人员先发言。同时，主持人和调研人员要主动倾听，适时以提问、咨询或非语言行为如微笑、点头等方式给予回答问题者、发表意见的座谈小组成员以反馈，并且要注意那些沉默寡言者、发言少或欲言又止的座谈小组成员，调研人员要用请教或探讨的提问方式，引导他们回答问题、发表看法。在提出问题时一定要谦虚，尊重参与的被访对象。在"食品安全治理问题"座谈中，来自食品安全管理部门、食品企业代表发言踊跃，都热切地陈述自己工作中或单位、公司、作坊里所遇到的许多食品安全相关问题和诉求，但村民代表却很少说话，因此，调研人员用亲和的语言，专门提了几个农村食品安全消费、监管方面的问题，并用期待的眼神鼓励他们回答。对他们发言的一些感兴趣的细节，调研人员又以探讨的方式进一步与之交流。这样一来，座谈小组成员发言的积极性全都被调动起来了，座谈会结束后，大家都觉得意犹未尽。

（3）翔实收集资料、捕捉意外信息。在座谈实施过程中，除了对特定问题的探讨以外，将座谈过程中的资料进行记录是一项非常重要的工作，也是对调研人员要求比较高的一项工作。座谈过程中，除了要安排几个调研人员做记录外，其他提问的调研人员也要作重点记录。在"农村食品安全治理问题"座谈过程中，调研人员开始采取结构式访谈形式，就座谈提纲上的问题，例如"请介绍贵县农村食品安全管理机制、模式、方法和技术？取得了哪些成效和经验？在保障农村食品安全方面有哪些创新举措？""你们对农村食品安全治理有何诉求？"等几个主要问题和座谈小组成员展开了充分的交流。座谈调研除了能获取较为广、深的资料信息外，还经常引出研究者所没有想到的一些内容，这也是个体访谈所收集不到的资料[①]。在非结构化座谈阶段，座谈小组中的食品安全监管部门代表谈到了许多有关基层食品安全监管机构改革的深层次问题及诉求、观点，这些信息是调研人员的意外收获，也是不容忽略的重要信息，这些信息资料成了后来省政协提案的重要依据。上述资料信息如果光靠书面记录，显然会遗失一些重要的信息，或信息记录出现偏差等问题，所以在记录的时候要学会记录重点，记录新观点，这些都将是座谈结束后撰写调研报告的重要依据。除此之外，为了保证收集信息的完整性，在访谈过程中课题组借助录音设备，对访谈的音频资料进行了收集，值得注意的是，并不是所有人员都同意采取录音设备进行数据收集，因此，在使用录音设备前，一定要向被访对象解释，采用录音设备收集的数据只用做课题研究，绝无他用，并在征得对方同意的情况下方可使用。

2.3　资料的整理加工是座谈法成效的关键环节

座谈法的最后一个环节便是加工整理资料，该部分的主要任务包括对我们收集的信息进行统一整理，并根据调查方案和调查目的撰写调查报告，由此整理出此次座谈的最终成果，使其在课题研究中真正地发挥应有的作用。通过座谈法收集到的资料与通过问卷调查法收集到的资料有着定性和定量的区别，定性资料广、散且不便于定量分析，因此定性资料的整理难度也大。

一方面，恰当分类、及时补充，保证收集资料的完整性和条理性。收集的一手资料包括在座谈会上调查对象提供的文字性资料和数据，以及调研人员记录的文字性资料和音频资料。座谈结束后，调研人员应及时碰头，检查审核座谈记录和纸质材料，并将其进行归类、编码。另外，要及时查漏补缺。如发现有遗漏的资料信息，应打电话或发邮件告知对方补充缺失资料。除此之外，还要将音频资料转化成易于分析的文字资料，方便后期的分析和调查报告的撰写。最后要再次根据调查目的和座谈提纲，对收集到的资料进行核对，以确保资料完整性和真实性。

另一方面，形成集体座谈调研的最终成果。一般而言，调研成果形式有调查报告、论文或著作等，但究竟以何种形式呈现，因调研目的、成果去向而定。分析方法的恰当选择，是撰写一份高质量的调研成果的重要条件。开展"江西农村食品安全治理问题"调研是为了在政协会议上向江西省委、省政府及省食品安全主管部门建言献策而开展的，因此，调研小组负责人采用定性分析法撰写调研成果，并以提案的形式呈现。

3　座谈法所面临的问题

农村社会调查因其调查对象的独特性，决定了它具有区别于其他调查的自身特点。结合农村社会调查的实际情况和农村社会调查独有的特点，发现要展开一项课题的调查工作并非一件容易的事。座谈法看似简单，实则不然，因其形式比较固定，难以创新，加上现在调查方法的多样化，使座谈法使用的频率开始降低，座谈法因其独特的性质，自身也要面临一些与其特征相对应的问题。座谈与人们在实际生活中的交谈有着很相似的地方，但是作为一种数据收集的方法，又与其有着实质性的差别。结合实际座谈情况，笔者梳理出了以下几个要面临的问题。

①座谈多以集体访谈形式进行，协调座谈对象参与难度大。前文已经描述，座谈法不同于个别访谈和问卷访谈，是以集体参与为主，这就需要被访对象要有统一的时间，但是要协调基层多个单位、部门及农村相关人员的统一时间是件不容易的事，这也是打乱调研计划、影响调研进程的主要因素。一个行之有效的方法就是，要找到一个关键性座谈小组成员的联络人或招集人，这个人应该是调研主题领域或部门有一定地位或影响力的人。开展"农村食品安全治理问题"座谈调研，调研小组首先通过民革江西省委领导出面联系江西省食品安监局主管领导，再由他出面联系座谈地市场管理局主管领导，然后让其负责按调研计划里的抽样方案组建座谈小组成员，决定座谈时间和具体座谈地及实地调研地点。②调研人员综合素质的高低，同样影响座谈的质量。谈话一般都是面对面进行的，被访者和调查人员之间是相互影响的。两者谈话的语气以及发言的主次关系等，都可能会影响到收集数据的质量。礼貌和真诚才能打动被访者，让其吐露真言，因此座谈法还要面临的问题是如何让被访者讲真话。③座谈过程中，可能发生因领袖作用、群体压力而导致的群体偏移和从众行为。座谈会中，由于领导在场，座谈小组普通成员，如村民和食品安全监管工作人员，可能刻意或不自觉地隐瞒或改变实情，使自己的陈述内容迎合领导的观点、符合众人的意见，而不能轻松、自如地表达自己真实见解。因此，访谈员在座谈中除了做个好的倾听者外，还要扮演好观察者的角色。要随时观察座谈人员的非语言行为，准确判断其信息的真实性和客观性，并及时深入发问，或者会后进行个别访谈深入了解一些个案，包括座谈会上有顾忌、不便说的事⑧，以获取真实信息资料。

4 讨论与思考

座谈法相较于其他的数据收集方法更具有弹性、实施成本较低，收集到的材料表面效度很高，结果得出快。另外，座谈法也存在诸如资料难以进行定量分析、座谈小组间差异较大且代表性不高、对协调人员的技巧要求高及必须在有益环境下开展等不足，在以后的座谈调研中必须特别关注、科学处理。

在前期联络和确定调研时间时，首先，要将调查对象部门的工作时间和课题调查时间相结合，选择双方都有充裕时间保证的时段，做到不妨碍公务，又能保证座谈的顺利开展；其次，确定具体的时间段之后，提前与被访部门取得联系，双方斟酌之后确定具体的时间点，方便后期工作的安排；再次，根据调研计划，确定座谈所需时间及实地调研地的数目及距离。

从座谈法本身而言，需要注意以下几个方面的内容。其一，科学制定调研计划和访谈提纲。调研方案的制定，既要考虑其可行性、针对性，还要考虑它的必要性、原则性、普适性[8][9]。凡事预则立，不预则废，设置一个恰当合理、涵盖内容全面的提纲是调研结果的质量保证，从农村食品安全治理问题座谈经验看，在设置提纲之前需要不断查阅调研主题领域内的资料，另外还需查阅座谈地的资料，在普遍性的原则上体现其地方的特殊性。其二，访谈技巧的使用，在集体访问时，除了要制定调查提纲，要挑选好参加调查的人员，调研人员在调动座谈小组成员踊跃交流时要有较高的组织领导能力和亲和力，这样才能使座谈气氛热烈，即所谓的谈而不泛，谈而不散[10]。如果准备不充分，在座谈谈时会出现难以提出针对性的问题、不能很好地引导座谈小组成员发言，收集不到需要信息的情况。所以，在正式座谈过程中，访谈人员要善用提问技巧和倾听艺术，在有限的时间内获取尽可能多的有效资料。其三，对调研人员的培训至关重要，特别是要系统地对调研小组人员要进行包括倾听、记录、座谈纪律及拍照等内容的培训，以减少座谈失误，保证调研工作的顺利开展。除此之外，调查者特别是初次参与调研的人员要好学，勤学，提前熟悉调研方案和座谈提纲以及与调研主题相关的理论和实践知识，能在座谈开始后有充分的准备获取整场座谈的重要资料，这将成为确保座谈调查成功的关键。

参考文献

艾尔，巴比，2015. 社会研究方法（第 11 版）[M]. 北京：华夏出版社 . 09：306

陈秋苹，1988. 大学生农村社会调查存在问题及对策分析 [J]. 高等农业教育（1）：76-78.

风笑天，2015. 社会研究方法（第四版）[M]. 北京：中国人民大学出版社 08.

和珊珊，罗玉洁，2009. 大学生农村社会调查的技巧 [J]. 经营管理者（11）：165.

李劼，2005. 对社会调查中常用态度与方法的初步分析 [J]. 中央民族大学学报（04）53-57.

孙中华，2015. 谈谈农村调查研究的意义和方法 [J]. 农村工作通讯（05）12-14.

王乐君，2013. 谈谈怎样做好农村调查研究 [J]. 农村工作通讯（07）36-39.

王璐，黄建伟，邹晓娟，2015. 农村社会调查的方法与技巧——以安义、南昌两县农村土地确权和流转调查为例 [J]. 江西农业学报（11）：115-119.

伊丽莎白森 . 奥沙利文，加里 . R. 拉苏尔等，2014.08. 公共管理研究方法 [M]. 北京：中国人民大学出版社：177.

周沛，1995. 毛泽东农村社会调查与职业社会学家农村社会调查分析—兼论社会学的学科性与科学性 [J]. 南京大学学报（哲学 . 人文 . 社会科学）（04）：100-108.

附录三：农村居民食品安全消费行为调查问卷

（节选）

《中华人民共和国统计法》第十五条规定："属于私人、家庭的单项调查资料，非经本人同意，不得泄露。"

亲爱的朋友：您好！

我们是国家自然科学基金项目（编号：71463027）调查小组成员，非常感谢您在百忙之中抽时间填写这份调查问卷。农村食品安全关乎每位农村居民的身体健康和切身利益，为了解您的食品安全消费行为，我们在江西省选择了20个县50个村开展了此项调查，您所填写的资料和答案只供研究人员阅读和使用，不会向外界透露，请放心根据您的实情填写，整个过程约15～20分钟。

另，我们将送给您一件小礼物，以感谢您的支持与合作！

江西农业大学国家自科基金项目调研小组

注：问题食品包括"三无"、过期变质、假冒伪劣和仿牌的等对身体健康有害的食品。

被访者姓名_____联系电话_____地址：_____县/区_____乡/镇_____村
访问员姓名_____联系电话_____访问时间_____年_____月_____日

一、被访者个人信息（在选中的选项代号上划"√"或在"__"上填写答案）

1. 您的性别____、年龄_____岁、婚姻状况_____（A 已婚；B 未婚；C 丧偶；D 离异）。

2. 您的身体状况____（A 很好；B 较好；C 一般；D 较差；E 很差），12岁以下孩子有____个

3. 您的文化程度____ A 小学及以下；B 初中；C 高中/中专；D 大专；E 本科及以上。

4. 请勾选在符合您情况的选项

项目	选项	项目	选项
（1）是否留守人员	A 是；B 否	（2）是否村干部	A 是；B 否

（续）

项目	选项	项 目	选项
（3）是否从事过与食品有关工作	A是；B否	（4）是否外出务工过	A是；B否
（5）是否常看电视新闻？	A是；B否	（6）是否玩微信	A是；B否

二、被访者家庭情况（在选中的选项代号上划"√"或在"_____"上填写答案）

1. 您家有____人，年龄最长者____岁，年龄最小的有____岁，家庭成员中最高文化程度是____ 。

2. 您家离县城____公里、离乡（镇）____公里。

3. 请在与您家庭（成员）状况相符的选项打"√"

项 目	选 项	项 目	选 项
（1）家中是否有公职人员	A是；B否	（2）是否有信教人员	A是，____教；B否
（3）是否有与食品相关工作者	A是；B否	（4）是否有医卫工作者	A是；B否
（5）家庭结构	A. 独居户；B. 夫妻户；C. 夫妻小孩户；D. 三代同堂户；E. 其他____		
（6）家庭月均食物支出（元）	A.≤500；B. 501～1 000；C. 1 001～1 500；D. 1 501～2 000 E. ＞2 000		
（7）家庭年毛收入（元）	A.≤2万；B. 2万～4万；C. 40 001～6万；D. 60 001～8万；E. ≥8万		
（8）家中有____（可多选）	A. 孕妇　B. 过敏体质者　C. 慢性病患者　D. 传染病患者　E. 其他____		

三、农村居民食品安全认知情况

1. 您对下列各个事件的风险危害程度及发生的可能性看法如何？（请在对应项打"√"）

风险类别	危害程度					近两年内发生的可能性				
	非常大	较大	一般	较小	非常小	非常大	较大	一般	较小	非常小
（1）贫困										
（2）传染病/瘟疫										
（3）（水）资源短缺										
（4）农资价格上涨										
（5）食品安全事件										
（6）意外事故										
（7）自然灾害										

2. 您对下列多重农村食品安全风险的感知情况是（ 　 ）？

	（1）对身体健康的实际影响有多大？	（2）它们对社会的影响程度如何？	（3）对健康产生的后果要多长时间显现？
	① 没影响；② 较小影响；③ 一般；④ 较大影响；⑤ 很大影响	① 轻微后果；② 一般后果；③ 较重后果；④ 很重后果；⑤ 灾难性后果	① 一周内；② 1周－1个月；③ 1－6个月；④ 6个月后；⑤ 不知道
地沟油	①；②；③；④；⑤	①；②；③；④；⑤	①；②；③；④；⑤
毒奶粉	①；②；③；④；⑤	①；②；③；④；⑤	①；②；③；④；⑤
瘦肉精	①；②；③；④；⑤	①；②；③；④；⑤	①；②；③；④；⑤
毒豆芽	①；②；③；④；⑤	①；②；③；④；⑤	①；②；③；④；⑤

3. 您对当前农村市场上下列食品的安全认知是（ 　 ）

类别	事项	①很安全	②较安全	③一般	④不太安全	⑤很不安全
（1）食品种类	奶粉类（婴儿奶粉）	①	②	③	④	⑤
	饮料（烧酒/橙汁/可乐）	①	②	③	④	⑤
	鲜活肉类（猪肉）	①	②	③	④	⑤
	卤菜（如卤鸭/鸡）	①	②	③	④	⑤
	蔬菜	①	②	③	④	⑤
（2）不同生产者加工的食品	个体（作坊）无证加工	①	②	③	④	⑤
	正规/品牌食品加工厂	①	②	③	④	⑤
	自己种植或加工	①	②	③	④	⑤
（3）不同销售地点的食品	超市/食品专卖店	①	②	③	④	⑤
	县城农贸市场	①	②	③	④	⑤
	乡镇农贸市场/小卖部	①	②	③	④	⑤
	流动摊点	①	②	③	④	⑤

4. 您对以下安全食品概念、特征（或作用）的了解程度是（ 　 ）

安全食品类别		相当清楚	比较清楚	一般	听说过	没听过
可追溯食品						
质量认证食品	绿色食品					
	有机食品					
	无公害食品					

5. 您对食品安全相关法律、法规等内容的了解程度是（　　　）

问题	不清楚	不太清楚	一般	比较清楚	很清楚
（1）《食品安全法》已颁布和执行					
（2）食品质量问题的投诉渠道/方法					
（3）直接入口的食品包装规定					
（4）对购买到问题食品的赔偿规定					

6. 您对以下食品安全事件的认识情况是（　　　）

	（1）对事件的知晓程度 ①知道　②听说过 ③不知道	（2）对身体健康的危害的了解程度 ①非常清楚，②比较清楚 ③一般　④不太清楚 ⑤不知道	（3）对政府部门处理事件经过的了解程度 ①非常清楚　②比较清楚 ③一般　④不太清楚 ⑤不知道
地沟油	①；　②；　③	①；　②；　③；　④；　⑤	①；　②；　③；　④；　⑤
毒奶粉	①；　②；　③	①；　②；　③；　④；　⑤	①；　②；　③；　④；　⑤
瘦肉精猪肉	①；　②；　③	①；　②；　③；　④；　⑤	①；　②；　③；　④；　⑤
毒豆芽	①；　②；　③	①；　②；　③；　④；　⑤	①；　②；　③；　④；　⑤

7. 食用下列_____可能会造成食物中毒？（可多选）

A 烂生姜　B 牛肉炒栗子 C 鸡蛋加糖精　D 萝卜炒木耳 E 发芽土豆　F 未煮熟的蚕豆　G 其他_____

8. 您认为目前农村是否存在食品安全隐患？（　　　）

A. 是（选此项，请接着回答 8a）　　　　　　B. 否

8a. 您认为导致目前农村食品安全隐患的原因依次是：第一_____；第二_____；第三_____

A 监管不力　B 法律不健全　C 生产经营者道德缺失　D 消费者食品安全意识低　E 其他_____

四、食品安全信息搜寻和信任情况

1. 您搜寻食品安全信息的行为（　　　）

A 十分频繁　B 频繁　C 偶尔　D 甚少　E 从不

2. 你经常关注下列_____食品的质量安全信息？（可多选）

A 肉类（猪肉）　B 儿童奶粉　C 卤食品　D 果蔬菜　E 水果　F 饼干糕点　G 其他_____

3. 您通常关注食品的信息依次是：第一_____；第二_____；第三_____

A原料成分　B价格　C营养价值　D包装　E生产方式　F添加剂
G其他_____

4.您获取食品安全信息的途径依次是：第一_____;第二_____;第三_____

　　A网站　B亲朋　C书纸/杂志　D科普宣传/讲座　E微信　F广播电视　G其他_____

5.您对以下机构提供的食品安全信息（安全性、营养性、检测、规范等）的信任度是_____?

	政府机构	食品企业	专家/权威机构	大众媒体	朋友家人	商家	其他____
①非常信任							
②比较信任							
③不确定							
④不太信任							
⑤很不信任							

五、食品购买意愿及行为

1.您是否是家中主要食品选购成员（　　）

A.是　B.否，主要由_____购买食品

2.您购买食品（物）所看重的因素、购买地点是（　　）

问题	（1）您购买时主要看重哪些因素？	（2）您购买时常去地点
选项	①价格；②品牌；③产地/生产者④新鲜度；⑤保质期；⑥认证标识；⑦其他	①农村集市/墟场；②县城集市；③县城超市/批发部；④村里小店；⑤乡镇批发部/超市；⑥其他_____
奶粉类	①；②；③；④；⑤；⑥；⑦	①；②；③；④；⑤；⑥
饮料	①；②；③；④；⑤；⑥；⑦	①；②；③；④；⑤；⑥
鲜活肉类	①；②；③；④；⑤；⑥；⑦	①；②；③；④；⑤；⑥
卤菜	①；②；③；④；⑤；⑥；⑦	①；②；③；④；⑤；⑥
蔬菜/水果	①；②；③；④；⑤；⑥；⑦	①；②；③；④；⑤；⑥

3.对没有标签/包装的食品，您的购买依据依次是：第一_____；第二_____；第三_____

　　A价格　B味道　C外观　D他人消费经验　E不购买　F其他_____

4.您家在购买自家食用的食品与宴席用的食品上是否有差别？

　　A有（选此项请回答4a）　　B无

4a. 差别主要表现在_____？（可多选）

  A 价格 B 质量 C 营养价值 D 口感 E 外观 F 其他_____

5. 您是否愿意购买有安全认证标识的食品？（ ）

  A 是   B 否（选此项请回答 5a）

5a. 您不愿意购买安全认证食品的原因依次是：第一_____；第二_____；第三_____

  A 不相信 B 价格过高 C 种类太少 D 购买不方便 E 没听过 F 其他_____

6. 您是否愿意为保障食品安全质量支付额外费用？（ ）

  A 是（选此项请回答 6a）   B 否

6a. 您最多可接受安全食品价格高出普通食品多少？（ ）

  A 0％－20％ B 21％～40％ C 41％～60％ D 61％～80％ E 81％～100％ F 100％以上

7. 下列描述与实际情况相符的是（ ）

描 述	完全符合	比较符合	一般	不太符合	不符合
(1) 在购买某食品前，我会搜寻该食品的相关信息					
(2) 我会用其他同类产品来代替问题食品					
(4) 购买食品时，我会仔细阅读产品上的说明					
(5) 买到问题食品时，我会要求退货/投诉/曝光					
(6) 家人和亲友支持我购买安全食品					
(7) 别人购买了安全食品，我也购买					
(8) 权威/公众人物影响我是否购买安全食品					
(9) 我自己可以决定是否购买安全食品					
(10) 我总是购买有质量安全认证的食品					

六、食品安全经历及行为

1. 您/家人是否有过食源性疾病？（ ）

  A 有，是_____疾病   B 否

2. 下列食品安全活动经历与您相符的选项打"√"？

问题	①很不符合	②不符合	③不确定	④符合	⑤很符合
(1) 向他人介绍食品安全消费知识					
(2) 总是用安全的方式处理/准备食物					

（续）

问题	①很不符合	②不符合	③不确定	④符合	⑤很符合
（3）以前接受过食品安全教育					
（4）有比较丰富的食品安全知识和经验					

……

九、农村居民对食品安全的态度和看法

1. 您对下列食品安全问题的恐怖和担忧情况是（　　　）?（请在对应项打"√"）

问题	1）您觉得此食品安全问题可怕吗	2）您对这些食品安全问题的担忧程度
选项	A不可怕；B不太可怕；C无所谓；D比较可怕；E非常可怕	A不担忧；　B不太担忧；　C一般　D比较担忧；E十分担忧
变质/过期	A；　B；　C；　D；　E；	A；　B；　C；　D；　E；
药物残留/超标	A；　B；　C；　D；　E；	A；　B；　C；　D；　E；
添加剂违规	A；　B；　C；　D；　E；	A；　B；　C；　D；　E；
假冒伪劣	A；　B；　C；　D；　E；	A；　B；　C；　D；　E；

2. 请根据下列描述如实勾选您的态度（　　　）

描述	完全同意	比较同意	说不准	不太同意	不同意
（1）食品安全消费有利于身体健康					
（2）食品安全消费有利于环境保护					
（3）食品安全消费能降低社会医疗成本					
（4）食品安全消费会增加家庭经济支出					

3. 您对下列食品安全问题的看法和接受程度是（　　　）

问题	（1）现有科学已充分认识到这些食品安全问题的危害吗?	（2）社会控制这些食品安全问题危害的程度
选项	A全面认识；B较多认识；C一般；D有些认识；E无认识	A全不能控制；B多数不能控制；C一般；D多数可控制；E完全可控制
变质/过期	A；　B；　C；　D；　E	A；　B；　C；　D；　E
药物残留/超标	A；　B；　C；　D；　E	A；　B；　C；　D；　E
添加剂违规	A；　B；　C；　D；　E	A；　B；　C；　D；　E
假冒伪劣	A；　B；　C；　D；　E	A；　B；　C；　D；　E
问题	3）您能接受这些食品安全问题风险吗?	

（续）

变质/过期	A不能接受；B较不能接受；C一般；D较能接受；E完全能接受
药物残留/超标	A不能接受；B较不能接受；C一般；D较能接受；E完全能接受
添加剂违规	A不能接受；B较不能接受；C一般；D较能接受；E完全能接受
假冒伪劣	A不能接受；B较不能接受；C一般；D较能接受；E完全能接受

4. 您对下列食品安全事件的态度和看法是（　　　）?

问题	（1）对政府防范此类事件能力的信任度	（2）对政府的处理结果的满意度	（3）您对不同事件的责任归因
选项	①非常信任；②比较信任；③不确定；④不太信任；⑤很不信任	①非常满意；②比较满意；③一般；④不太满意；⑤很不满意	①安全标准/法规不严；②政府监管不严；③公众风险意识不强；④生产者无良知；⑤其他_____
地沟油	① ② ③ ④ ⑤	① ② ③ ④ ⑤	① ② ③ ④ ⑤
毒奶粉	① ② ③ ④ ⑤	① ② ③ ④ ⑤	① ② ③ ④ ⑤
瘦肉精	① ② ③ ④ ⑤	① ② ③ ④ ⑤	① ② ③ ④ ⑤
毒豆芽	① ② ③ ④ ⑤	① ② ③ ④ ⑤	① ② ③ ④ ⑤

十、食品安全服务及评价

1. 您村是否进行过食品安全消费知识的宣传教育（　　　）

A 是（回答此选项的请接着回答 1a 和 1b 题）　　B 否

1a. 提供宣传教育的主体是（　　　）

A 政府部门　B 医药卫生部门　C 高等院校　D 非营利组织　E 其他_____

1b. 食品安全消费宣传教育的主要内容有（　　　）

A 安全消费常识　B 食品质量问题投诉方法　C 食品质量鉴别知识　D 其他_____

2. 是否有食品安全监管部门到您村检查食品质量?

A 是（选此项的请接着回答 2a 题）　　　B 否

2a 每年检查的次数是（　　　）

A.0 次　B.1—2 次　C.3—4 次　D.5 次及以上

3. 您遇到食品安全问题时，是否向有关部门投诉（　　　）

A 是　　　B 否（选此项的请回答 3b 题）

3b. 不投诉的主要原因是（　　　）

A 不知道如何投诉　B 投诉不能解决问题　C 投诉需花费太多时间和精力　D 未造成严重后果　E 相关部门不作为　F 其他_____

4. 您对农村食品安全服务工作及安全消费情况的满意程度

问题	非常满意	比较满意	一般	不太满意	很不满意
(1) 食品安全消费知识的宣传工作					
(2) 食品安全的监管工作					
(3) 食品安全问题投诉的处理工作					
(4) 食品安全问题信息的通报					
(5) 食品安全风险的防范工作					

5. 您对以下食品安全知识/信息宣传途径的偏爱次序是 (   )？

第一_____；第二_____；第三_____

A 广播电视　B 微信　C 报纸杂志　D 专家讲座　E 现场咨询　F 网络宣传　G 其他_____

6. 食品安全事件一旦发生，您希望获得哪些服务信息 (   )？（可多选）

A 问题食品流通状况　B 事件处理情况　C 危害/影响程度　D 事件发展态势　E 其他_____

7. 请您对下列农村食品安全治理观点的支持程度进行选择 (   )？

	①不同意	②不太同意	③不确定	④比较同意	⑤完全同意
要建立农村食品安全宣传教育机制	①	②	③	④	⑤
当前农村食品安全信息渠道单一	①	②	③	④	⑤
缺乏农村食品安全信息传递机制	①	②	③	④	⑤
农村食品安全监管主体单一	①	②	③	④	⑤
形成食品安全消费经验共享机制	①	②	③	④	⑤
农村居民健康教育不足	①	②	③	④	⑤
农村食品安全问题处罚不严	①	②	③	④	⑤

8. 您认为下列_____主体在农村食品安全监管中发挥作用？（可多选）

A 政府监管部门　B 媒体　C 消费者　D 医疗卫生部门　E 民间组织　F 村委会　G 其他_____

9. 关于强化农村食品安全管理的对策建议，请您进行优先顺序选择：

第一_____；第二_____；第三_____

A 健全食品安全标准　B 完善群众举报制度　C 加强食品安全消费宣传　D 加强食品质量检查；　E 多渠道公布食品安全信息　F 严惩食品安全事件责任人　G 多元主体参与监督　H 其他_____

10. 您对农村食品安全治理工作还有什么对策和建议？

后　记

　　《农村居民食品安全消费行为形成机理及引导机制研究——以江西为例》是由我主持的国家自然科学基金项目（编号：71463027）的主要研究成果。本书的出版由该项目资金全额资助。

　　在此之际，我最想说的是，搞学术太累、太难了。在得知自己的国家自然科学基金项目立项了，我着实高兴了一段时间。一是几年以来一直坚持申报的主题及研究设计终于获得了评审专家认可；二是作为硕士生导师，可以凭借项目更好地培养研究生的研究能力，但在完成项目研究过程中却深深地感受到，做研究是一件煎熬人的苦差事，需要好的身体和精力。

　　自国家自科项目立项以来，本人身体不时出现健康问题，致使研究工作经常遇阻，从而心理更加焦虑不安。所幸，在研究团队、专家及研究生的协助下，终于完成研究工作，顺利结题。

　　在此，我首先要衷心感谢我的研究生谢强强、张媛、陈芳芳、鲁婧、陈燕、周桃霞和胡迪同学，他们在项目研究过程中付出了不懈的努力和辛勤的汗水。在课题数据资料收集过程中，他们几个多次跟随我深入南昌、宜春、吉安、抚州、新余、赣州等地的农村开展入户问卷调查、个人深度访谈和集体座谈，甚至在我身体不适时，谢强强同学帮我带领硕士研究生和本科生赴靖安、奉新等地开展问卷调查。在数据资料收集工作完成后，谢强强、张媛、陈芳芳、鲁婧几位同学又协助我完成问卷数据输入、整理和分析工作。

　　其次，感谢民革江西省委会参政议政部部长刘毅、副部长肖涵静及民革江西农业大学委员会魏洪义副主委，他们为本课题开展实地调研及部分研究成果转化为省政协提案提供了指导和帮助。同时，要感谢李道和教授、李连英副教授为本书的撰写提供指导和建议。

在此，还要感谢家人对我本书写作的支持和帮助，他们的付出是我前进的动力！

最后，谨向书中所列出参考文献的诸位作者表示感谢，他们的科研成果为我的研究奠定了坚实基础。

邹晓娟

2020 年 11 月

图书在版编目（CIP）数据

农村居民食品安全消费行为形成机理及引导机制研究：
以江西为例/邹晓娟著．—北京：中国农业出版社，
2021.1

ISBN 978-7-109-27745-8

Ⅰ.①农…　Ⅱ.①邹…　Ⅲ.①农村－食品安全－居民
消费－研究－江西　Ⅳ.①F713.55

中国版本图书馆 CIP 数据核字（2021）第 017463 号

中国农业出版社出版

地址：北京市朝阳区麦子店街 18 号楼

邮编：100125

责任编辑：王秀田

版式设计：杜　然　责任校对：刘丽香

印刷：北京中兴印刷有限公司

版次：2021 年 1 月第 1 版

印次：2021 年 1 月北京第 1 次印刷

发行：新华书店北京发行所

开本：700mm×1000mm　1/16

印张：12.25

字数：260 千字

定价：58.00 元